Wolfgang Brenner

Die ersten hundert Tage

Reportagen vom deutsch-deutschen Neuanfang 1949

HERDER

FREIBURG · BASEL · WIEN

FSC
www.fsc.org
MIX
Papier aus verantwortungsvollen Quellen
FSC® C083411

www.herder.de

Satz: Carsten Klein, Torgau
Herstellung: CPI books GmbH, Leck

Printed in Germany

ISBN Print 978-3-451-38181-2
ISBN E-Book 978-3-451-80893-7

Inhalt

Das Jahr 1949

Der Westen

1949 ist das Jahr, in dem die Bundesrepublik Deutschland und die Deutsche Demokratische Republik gegründet wurden. Für die Leute im Land spielten die parlamentarischen Rituale in Bonn und Ost-Berlin jedoch kaum eine Rolle. 1949 war ein belangloses Jahr, so scheint es.

Aber das ist falsch. In jeweils drei Monaten, also in etwa hundert Tagen, wurde aus den Besatzungszonen wieder ein Land. Ein neues Land, das aus zwei Staaten bestand. Aber dabei waren die Vorgänge in Bundestag und Volkskammer weniger wichtig. Wichtig waren die Haupt- und Staatsaktionen am Rande, die kleinen Revolutionen und Revolten.

Die Gründung der beiden deutschen Staaten im Jahr 1949 verlief weitgehend geräuschlos. Es gab kaum etwas, was die Deutschen im Mai und im Oktober dieses Jahres weniger interessierte. Das hatte viele Gründe. Erstens hatten die meisten Menschen im Nachkriegsdeutschland andere Sorgen. Die Zeit des großen Hungerns war zwar vorbei, aber immer noch lebten die Deutschen in einer Mangelgesellschaft, und sie mussten viel Energie darauf verwenden, ihren Alltag zu bewältigen. Dann konnten noch so salbungsvolle Erklärungen nicht darüber hinwegtäuschen, dass der

Parlamentarische Rat in Bonn ebenso wenig wie der Volkskongress in Ost-Berlin nicht wirklich über den Aufbau und die Zukunft zweier neuer Staaten entschied. Das taten die Siegermächte und die hatten auch weiterhin das Sagen – mal mehr, mal weniger.

Die Deutschen spielten Staat. Währenddessen gingen die Demontagen weiter (siehe S. 229). Die Deutschen durften auch weiterhin ihre Interessen in der Welt nicht selbst vertreten, und fast jede wichtige politische Entscheidung musste vor den Besatzern bestehen, auch wenn diese offiziell keine Besatzer mehr waren.

Kein Wunder, dass sich die Menschen nur für Randdetails der Staatsgründungen interessierten – wenn überhaupt. So wurde ausführlich darüber berichtet, wie viele Kilo die deutschen Teilnehmer des Währungs-Konklaves von Rothwesten bei Kassel zugenommen hatten, aber wenig darüber, was dort beschlossen worden war. Und was die Sitzungen des Parlamentarischen Rates betraf, so interessierte sich die Öffentlichkeit mehr für die Anzahl der in der Kantine gegessenen und noch mehr für die nicht gegessenen und vergammelten Buttercremetorten als für die Ergebnisse der mühsamen Diskussionen. Das in der Öffentlichkeit am heißesten diskutierte Thema war das sogenannte »Elternrecht« – das Recht der Eltern, allein zu bestimmen, welche Schule ihre Kinder besuchten. Das jedenfalls ergab eine Analyse der Eingaben an den Parlamentarischen Rat: Von 5131 Eingaben betrafen 2690 das Elternrecht, 314 das Wahlrecht, 353 die Bundesflagge, 15 die Nationalhymne – fünf verlangten das Deutschlandlied und die schwarz-weiß-rote Fahne des Deutschen Reiches.[1]

Die Menschen beschäftigten sich, wenn sie schon mal Zeit fanden in ihrem Alltagskampf, mit ganz anderen Ereignissen als den Staatsgründungen in Bonn und Ost-Berlin. Mit Ereignissen, von denen sie glaubten, darin ihren wahren Zustand und manchmal sogar ihre Zukunft zu erkennen. Von solchen Ereignissen handelt dieses Buch. Es geht dabei nicht immer um Politik, aber Politik spielt immer eine Rolle. Es geht um das Überleben, um die Hoffnung auf eine bessere Zukunft, um die hilflose Suche nach Glück, um scheinbare Banalitäten und um profane Kämpfe auf Leben und Tod, um Helden und Narren eben. Mit einem Wort: um den Alltag im Jahr 1949. Die Ereignisse, die hier erzählt werden, klingen manchmal wie aus einer fremden Welt. Aber sie haben sich in der BRD und der DDR zugetragen, und sie haben das Leben in den beiden deutschen Staaten über Jahrzehnte hinweg eher bestimmt, als die offizielle Politik das tat.

Dennoch: Das Jahr 1949 ist das deutsche Gründungsjahr. In diesem Jahr wurden aus den vier Besatzungszonen die beiden deutschen Staaten Bundesrepublik Deutschland und Deutsche Demokratische Republik. Der Weststaat entstand am 8. Mai 1949 – genau vier Jahre nach dem Ende des Zweiten Weltkrieges – auf dem Boden der seit 1945 bestehenden drei Westzonen. Der Parlamentarische Rat verabschiedete an diesem 8. Mai mit 53 Stimmen aus der CDU/CSU, der SPD und der FDP das Grundgesetz der BRD. Gegenstimmen: zwölf.

Der Oststaat entstand am 7. Oktober 1949 auf dem Gebiet der Sowjetischen Besatzungszone. Also fast ein halbes Jahr später – und zehn Tage vor dem 30. Jahrestag der Oktoberrevolution von 1919. Die vom Volksrat im Mai 1949 gebilligte Verfassung wurde zur Verfassung der DDR erklärt.

Auf den ersten Blick haben beide Staaten unabhängig voneinander ihre spezifischen Geburtswehen durchgestanden. Aber das täuscht. Trotz der (noch) unsichtbaren Grenze, die der beginnende Kalte Krieg zog, waren die Geschicke eng miteinander verzahnt. Was ja auch kein Wunder ist, denn hinter allem, was geschah, standen der große Krieg und die Verbrechen des Nationalsozialismus.

Im Westen hatten die Besatzungsmächte den Verfassungsentwurf des Parlamentarischen Rates zuerst abgelehnt – was für viele ein Hinweis darauf war, dass es über dem provisorischen Parlament immer noch eine Instanz gab, der dessen Entscheidung gefallen musste. Die Westalliierten meldeten ernste Bedenken an gegen die Vollmachten, die die deutsche Polizei bekommen sollte, gegen die Geltung des Grundgesetzes in West-Berlin und gegen die Neuregelung der Ländergrenzen. Im Vorfeld hatte es schon erhebliche Kritik an der Steuerhoheit des Bundes gegeben. Die Westdeutschen ahnten bereits, dass die Sieger (oder einige davon) einen schwachen deutschen Staat wollten, dessen Zentralmacht sich mit starken Bundesländern zu arrangieren hatte.

Es stand auch eine Drohung im Raum, die jedem neuen deutschen Selbstbewusstsein von vorneherein die Spitze nahm: Am 1. Juli 1948 hatten die drei Militärgouverneure der USA, Großbritanniens und Frankreichs den Ministerpräsidenten der westdeutschen Länder die sogenannten Frankfurter Dokumente überreicht. In diesen war in einer Art Tagesbefehl niedergelegt, was die Londoner Konferenz der Außenminister vorher beschlossen hatte: Bis spätestens 1. September 1948 sollte ein Parlamentarischer Rat einberufen werden, seine Mitglieder wurden von den Landtagen gewählt (ein Delegierter pro 750 000 Einwohner). Eine Verfassung sollte nur in Kraft treten, wenn zwei Drittel der Länder sie billigten, vor allem aber wenn die Militärgouverneure sie für gut befanden. Die Frankfurter Dokumente enthielten einen Vorbehalt, der sich in das politische Gemüt aller Beteiligten einbrannte: Die Militärgouverneure werden sofort die Ausübung ihrer vollen Machtbefugnisse wieder aufnehmen, falls ein Notstand die Sicherheit bedroht und um nötigenfalls die Beachtung der Verfassung und des Besatzungsstatutes zu sichern. Basta.

Das hieß: Demokratie gab es für das Volk, das den letzten Krieg zu verantworten hatte, nicht als Freifahrtschein. Es gab sie unter Vorbehalt und mit der Möglichkeit, jederzeit wieder in die Autokratie der Nachkriegsjahre zurückgestoßen zu werden, falls die Deutschen im Westen ihre sowieso begrenzten Freiheiten missbrauchten. Nicht wenige fragten: Ist das dann noch eine Demokratie? Dazu gehörten nicht nur die Nationalgesinnten, dazu gehörten auch Sozialdemokraten wie der SPD-Parteivorsitzende Kurt Schumacher und Konservative.

Wie angeordnet konstituierte sich der Parlamentarische Rat am 1. September 1948 in Bonn. Er bestand aus 65 stimmberechtigten Abgeordneten. 27 gehörten der CDU/CSU, 27 der SPD, fünf der FDP, zwei der KPD, zwei der DP und zwei dem Zentrum an.

Trotz der demonstrativen Willfährigkeit der starken Gruppe um den Präsidenten des Parlamentarischen Rates Konrad Adenauer gab es erhebliches Murren bei den Alliierten. Den Franzosen passte die ganze Richtung nicht. Sie hätten das Ruhrgebiet gerne für sich gehabt und beobachteten die internationale Verwaltung des deutschen Kohle- und Stahlzentrums mit Unbehagen. Überhaupt sahen sie nicht ein, dass die Wirtschaft des Nachbarn, der ihr Territorium in den letzten 80 Jahren drei Mal überfallen hatte, so kurz nach der Niederlage wieder florieren sollte. Jede deutsche Mark war für sie ein weiterer Schritt in Richtung einer neuen Militärmacht am Rhein. Eine aus heutiger Sicht verständliche Position – doch damals war die Not der Nachkriegszeit in Deutschland noch überall spürbar, und die Menschen fürchteten eine Beschränkung ihrer bescheiden anwachsenden Wirtschaft. Die Amerikaner hingegen forcierten die Wiederherstellung deutscher Wirtschaftskraft, weil sie die weitaus höchsten Unterstützungszahlungen leisten mussten und es deshalb zuhause schon Proteste gab.

Am 26. März 1949 nahmen die Westalliierten 31 Grenzkorrekturen zugunsten der Nachbarstaaten vor. Die Ministerpräsidenten der betroffenen deutschen Länder hatten um direkte Verhandlungen gebeten (siehe S. 135). Die alliierte Antwort auf die zaghaften Proteste: Kein Grund zur Aufregung, in Ostdeutschland betrugen die Annexionen deutscher Territorien durch Polen bzw. die UdSSR das 600-Fache dieser Korrektur.

Das war kein gutes Zeichen für die Stabilität des neuen Staates.

Im selben Monat geriet die Arbeit des Parlamentarischen Rates ins Stocken. Die alliierten Militärgouverneure lehnten die vorgesehene Balance zwischen Bund und Ländern ab. Sie wollten mehr Macht für die Bundesländer und damit eine schwächere Zentralregierung. Sofort machten die Deutschen Gegenvorschläge, die aber am 25. April 1949 in Bausch und Bogen abgelehnt wurden. Die SPD verlor die Geduld und wollte keine weiteren Zugeständnisse an die Besatzer mehr machen. Der neue Staat schien schon vor seiner Gründung zu scheitern, weil er sich keine Verfassung geben konnte.

Doch die Westalliierten hatten sich längst besonnen. Die Konfrontation mit der UdSSR wurde immer schärfer, wie die Berliner Blockade zeigte. Die Amerikaner arbeiteten daran, ihren nuklearen Vorsprung auszubauen, und die Russen standen kurz davor, eine eigene Atombombe zu testen (siehe S. 169). Die Amerikaner brauchten ein starkes Westdeutschland und keinen in die Knie gezwungenen Staat der Besiegten. Deshalb hatten sich die drei Außenminister auf ihrer Tagung in Washington am 8. April 1949 auf ein Papier geeinigt, das den Deutschen entgegenkam: Der Bund sollte eine eigene Finanzhoheit bekommen, und die Gesetzgebung sollte zwischen den Ländern und der Zentralregierung so aufgeteilt werden, dass der neue Staat handlungsfähig wurde. Seltsam war nur, dass die Militärgouverneure in den Westzonen diesen Durchbruch nicht weitergaben. Sie ließen die Deutschen noch zwei Wochen zappeln – vielleicht um die Konfrontation auf die Spitze zu treiben und ihnen so vorzuführen, dass ohne die Alliierten in Deutschland kein Staat mehr zu machen war.

Am 23. Mai 1949 kamen in Bonn die Ministerpräsidenten der Länder, die Landtagspräsidenten, die Vertreter der Militärregierungen und des Frankfurter Wirtschaftsrates zusammen. In einem Staatsakt wurde das Grundgesetz den Deutschen verkündet. Alle Mitglieder des Parlamentarischen Rates unterzeichneten die neue Verfassung, auch die Vertreter Berlins – nur die zwei kommunistischen Ratsmitglieder weigerten sich (siehe S. 107). Die Vertreter Bayerns im Parlamentarischen Rat unterschrieben auch, obwohl der Landtag in München seine Zustimmung zum Grundgesetz verweigert hatte.

Am selben Tag trafen sich die Außenminister der Großen Vier: Die USA, Großbritannien und Frankreich lehnten den Vorschlag der UdSSR ab, in Deutschland das Viermächte-Regime wiederherzustellen, weil damit die BRD auch noch den letzten Rest an Souveränität verloren hätte. Die Sowjetunion hingegen wehrte sich gegen den Vorschlag, durch Ausdehnung des Grundgesetzes auf die SBZ zu einer Vereinigung Deutschlands zu gelangen. Die Fronten waren verhärtet.

Am 14. August 1949 wurde der erste Bundestag gewählt. 18 Parteien waren zur Wahl zugelassen. Das Spektrum war breit: Es reichte von der rechtradikalen Deutschen Reichspartei DRP bis zur KPD. Die Wahlbeteiligung lag bei 78,5 Prozent.

Das Ergebnis erinnert ein wenig an die Wahlausgänge der letzten Jahre: CDU/CSU waren mit 31,0 Prozent die Gewinner. Die SPD folgte mit 29,2 Prozent auf dem zweiten Platz. Der Abstand zwischen den beiden Großen war also geringer als in unseren Tagen. Die FDP kam auf beachtliche 11,9 Prozent. Die KPD erreichte 5,7 Prozent, kam also in den Bundestag. Die Bayernpartei errang 4,2 Prozent, die rechte Deutsche Partei 4,0 Prozent, das Zentrum 3,1 Prozent, die Wirtschaftliche Aufbauvereinigung WAV 2,9 Prozent. Die radikale Deutsche Reichspartei 1,8 Prozent, die Südschleswigsche Wählervereinigung 0,3 Prozent.

Konrad Adenauer, der starke Mann dieser Jahre, lehnte eine Koalition mit der SPD ab, die das Wirtschaftsministerium für sich beanspruchte. Seine Begründung für die Absage an eine Große Koalition klingt für uns, die wir seit Jahren eine Angleichung der Volksparteien aneinander erleben, kurios: Es herrsche ein zu großer Gegensatz zwischen seiner Partei und der SPD – vor allem in der Frage der Wirtschaftsform des neues Staates. Unter diesen Umständen sei es für ihn unmöglich, einen sozialdemokratischen Wirtschaftsminister zu akzeptieren. Adenauer teilte ebenfalls mit, sein Arzt habe ihm bestätigt, dass er gesundheitlich in der Lage sei, das Amt des Bundeskanzlers für zwei Jahre zu übernehmen. (Adenauer wurde mehrmals hintereinander Bundeskanzler – bis 1963, also nicht zwei, sondern 14 Jahre.) Als Bundespräsident schlug Adenauer Theodor Heuss von der FDP vor. Heuss erklärte später, er habe davon aus der Presse erfahren.

Am 12. September 1949 wählte die Bundesversammlung den Bundespräsidenten. Kandidaten waren Heuss (FDP), Kurt Schumacher (SPD) und Amelunxen (Zentrum). Heuss siegte erst im zweiten Wahlgang. Er schlug daraufhin dem Bundestag Adenauer als Kanzler vor.

Eine Woche später, am 20. September 1949, wurde das erste Kabinett Adenauer vereidigt. In seiner Regierungserklärung bekannte sich der 73-jährige Kanzler zur sozialen Marktwirtschaft. Er hoffte inständig auf ein Ende der Demontagen, ein Thema, das den Deutschen besonders am Herzen lag.

Adenauer begründete noch einmal seine Ablehnung einer Großen Koalition: Das Land brauche eine starke Opposition – auch ein Argument, das wir in letzter Zeit wieder gehört haben. Der Kanzler versprach die Amnestierung von Nationalsozialisten und bat die Alliierten, die noch verbliebenen deutschen Kriegsgefangenen freizulassen. Die Bundesregierung lehnte die Anerkennung der Oder-Neiße-Grenze ab – im Gegensatz zur ersten DDR-Regierung, die sie einen Monat später als polnisch-deutsche Grenze anerkennen sollte.

Der Osten

Die beiden Staatsgründungen sind nicht unabhängig voneinander abgelaufen. Das eine war eine Reaktion auf das andere. Auf die Währungsreform im Westen und die Einführung der D-Mark als alleiniges Zahlungsmittel in West-Berlin kam die Berliner Blockade. Auf die Blockade kam die Gründung der BRD. Als der Osten sich mit einem neuen deutschen Staat konfrontiert sah, lenkte er ein und stellte ein vereintes Deutschland zur Diskussion – was der Westen als eine Finte ansah, da in der SBZ machtpolitisch längst klare Verhältnisse geschaffen worden waren. Dass dort nichts geschah, ohne dass die Russen dem zustimmten, konnte der Westen jedoch nicht monieren, denn in seinem Herrschaftsbereich hatten die Besatzungsmächte auch das Sagen. Dass aber die SED die Macht fest in den Händen hielt und keine andere heimische Kraft neben sich duldete, sah er als eine Gefahr für ein künftiges einiges Deutschland an. Die Sowjets würden ihr System exportieren, fürchtete man. Dass das westliche System in den Osten exportiert werden könnte, glaubte damals keiner.

Als der Westen Stalins fragwürdiges Angebot ignorierte und seine BRD weiter entwickelte, sah sich die Sowjetunion gezwungen, dem West-Staat etwas entgegenzusetzen. Man könnte sagen:

Die beiden Staaten schaukelten sich gegenseitig hoch. Eigentlich wollte jede Seite die Einheit, zumindest wurde das immer wieder bekräftigt. Aber sie kam nicht zustande, weil sich die beiden Kräfte misstrauten und auf jeden zaghaften Schritt des einen eine donnernde Reaktion des anderen folgen musste.

Seit Kriegende hatte sich Stalin mehrmals dafür ausgesprochen, Deutschland als Einheit zu erhalten. Fortan gehörte die Forderung nach einer deutschen Einheit zum festen Instrumentarium der Politik in der SBZ. Das ließ den Westen, der sich in dieser Frage in die Ecke gedrängt fühlte, nicht gut aussehen. Ein absurder Mechanismus wurde in Gang gesetzt: Die Sowjets forderten nun bei jeder Gelegenheit die deutsche Einheit. Die Westalliierten waren sich darüber uneins und wollten sich auch durch Stalin nicht dazu drängen lassen. Zudem vermuteten sie, dass die Russen ihren Statthaltern über zentrale Institutionen einen Platz an den Hebeln der Macht sichern wollten. Deshalb zeigten sich auch die Amerikaner und die Briten skeptisch, wenn aus dem Osten ein neuer Vorschlag in Richtung Einheit kam. Die Franzosen waren sowieso grundsätzlich dagegen, dass Deutschland wieder zentral regiert wurde.

Die Einheit war in aller Munde. Aber umso mehr lief alles auf eine Teilung hinaus.

Die Sache war aber viel verworrener – und zeigte, dass die Alliierten eben nicht nur wortkarg waren, wie Sieger das zu sein pflegen. Sie hatten einfach keinen detaillierten und für alle verbindlichen Plan für das Land, das sie besiegt und besetzt hatten.

Wie sollte unter diesen Bedingungen ein Friedensvertrag mit Deutschland zustande kommen? Der war doch aus der Sicht der Westalliierten die Voraussetzung für eine rechtliche Klärung der Oder-Neiße-Grenze. Aber nur eine gemeinsame Vertretung der Deutschen kam als Vertragspartner der Alliierten in Frage. Diese

Voraussetzung konnte nicht eintreten, wenn nicht mal Frankreich seine Zustimmung dazu gab.

Ein Ende des langen Jammers war nicht in Sicht. Zwar wollten die Amerikaner aus finanziellen Erwägungen die wirtschaftliche Einheit, die ihre Steuerkassen entlastet hätte. Aber sie wollten den Russen nicht politisch nachgeben – und somit entstand eine gegenseitige Blockade.

Schon am 26. November 1947 hatte der Vorstand der SED alle Parteien, Gewerkschaften und Massenorganisationen im ganzen Land (!) dazu aufgerufen, zu einem Deutschen Volkskongress für Einheit und Frieden zusammenzukommen.

Am 6. und 7. Dezember konstituierte sich der Deutsche Volkskongress in Berlin. Von den 2215 Abgeordneten gehörten 893 der SED an. Der Rest bestand aus Mitgliedern der CDU, der SPD (auch aus dem Westen) und der liberaldemokratischen Partei. Eine Abordnung des Volkskongresses wurde nach London geschickt. Sie sollte die Wünsche der Vollversammlung der dort tagenden Außenministerkonferenz vortragen: einen Friedensvertrag, aber auch eine Regierung für ganz Deutschland und freie und geheime Wahlen. Doch die Delegation wurde in London nicht vorgelassen. Der Osten fühlte sich düpiert.

Am 17./18. März 1948 traf sich in Berlin der Zweite Deutsche Volkskongress. Die 2000 Delegierten verstanden sich als »*einzige* gesamtdeutsche Repräsentanz«.

Selbstbewusst bestätigte der Volkskongress die Oder-Neiße-Grenze und beschloss ein Volksbegehren über die deutsche Einheit. Es wurde ein Deutscher Volksrat mit 400 Mitgliedern gewählt. Der Volksrat sollte zwischen den Kongressen die Vorbereitungen für einen deutschen Staat im Osten treffen. Am Tag nach der Wahl von Wilhelm Pieck (SED) zum Vorsitzenden des Volksrats löste sich der Alliierte Kontrollrat im Streit auf.

Der Osten gab seine Einheits-Ambitionen auf und orientierte sich enger an der Sowjetunion. Diese Moskau-Justierung war auch im Alltag zu spüren – z. B. in der Arbeitswelt. Am 5. Februar 1949 fand in der SBZ die Konferenz der Hennecke-Aktivisten statt – das waren Musterarbeiter, die Unglaubliches vollbrachten. Viele ihrer Kollegen aber sahen in den Aktivisten einfach Normbrecher (siehe S. 259).

Die Entwicklung von Deutschland Ost und Deutschland West war zwar nicht entkoppelt, sie bewegte sich aber nun in verschiedene Richtungen. Und das immer schneller. In der Nacht vom 23. auf den 24. Juni 1948 hatten die Sowjets West-Berlin hermetisch abgeriegelt. Der Personen- und Güterverkehr wurde unterbrochen. Strom gab es für die West-Berliner nur aus dem Osten.

Ende Januar 1949 gibt Stalin der US-Agentur INS ein Interview. Er scheint einlenken zu wollen. Der Osten leidet mittlerweile selbst unter der Blockade, weil auch keine Waren mehr von West-Berlin in den Osten der Stadt gelangen (Gegenblockade). Stalin willigt ein, die Blockade Berlins zu beenden – allerdings nur, wenn sofort eine Viermächtekonferenz einberufen wird. Er will im Kreis der Sieger im letzten Moment verhindern, dass sich ein eigenständiger Staat im Westen bildet und damit der Weg zu der auch von ihm angestrebten Einheit (allerdings zu seinen Bedingungen) für lange Zeit verbaut ist. Die Westmächte gehen auf seine Bedingungen nicht ein. Dennoch knickt die Sowjetunion ein und beendet die Berliner Blockade am 12. Mai 1949 – vier Tage nach Gründung der BRD. Das ist die erste große Niederlage der UdSSR – die Blockade, nicht die BRD.

Innenpolitisch wurden in der SBZ die Zügel fester angezogen. Im September 1948 distanzierte sich die SED-Führung von der Lehre eines deutschen Sonderwegs zum Sozialismus. Anton Ackermann, der stärkste Verfechter des deutschen Sonderwegs, musste

Selbstkritik üben und einen Knicks in Richtung Osten machen (siehe S. 263) Gleichzeitig wurde die Kasernierte Volkspolizei gebildet, eine quasimilitärische Truppe, die mit schweren Waffen für einen Einsatz gegen den Westen trainierte (siehe S. 205). Ostdeutschland war nun ein fester Teil des sowjetischen Systems und musste auch dafür sorgen, dass die sowjetische Atombombe möglich wurde (siehe S. 169).

Seit Oktober 1948 hat der Deutsche Volksrat seinen Verfassungsentwurf fertig: Darin ist von Bürgerrechten die Rede, aber auch von strafbaren Delikten wie Boykotthetze – ein Hebel gegen jede Art von Opposition. Es soll eine Volkskammer und eine Länderkammer geben. Beide sollen gemeinsam den Staatspräsidenten wählen. Hat eine Fraktion 40 Angeordnete, kann sie sich an der Regierungsbildung beteiligen.

Am 15. und 16. Mai 1949 fanden die Wahlen zum Dritten Deutschen Volkskongress statt. Sie liefen über Einheitslisten, die willkürlich festlegten, wie stark der Anteil der Parteien war: Die SED sollte 25 Prozent der Sitze im Kongress bekommen, CDU 15 Prozent, LDP 15 Prozent, NDPD 7,5 Prozent, DBD (Bauernpartei) 7,5 Prozent. Ein Zehntel aller Sitze ging an den Gewerkschaftsbund FDGB, ein Zwanzigstel an die Freie Deutsche Jugend FDJ, ein Zwanzigstel an den Kulturbund, je 3,7 Prozent an den Demokratischen Frauenbund und an die Vereinigung der Verfolgten des Naziregimes VVN und die restlichen zwei Prozent entfielen auf Genossenschaften. Als der Ausgang der Wahl kein klares Votum für den Volkskongress erbrachte, ließen die Länder-Innenminister die Stimmen neu auszählen: »unbeschriebene Zettel gelten als Ja-Stimmen, ebenso Streichungen«.[2] Die 1400 Volkskongress-Mitglieder aus der SBZ und die 600 Westdeutschen wählten die 400 Mitglieder des Zweiten Deutschen Volksrates.

Am 7. Oktober 1949 war es dann so weit: Der Volksrat unter Vorsitz von Wilhelm Pieck erklärte sich zur provisorischen Volkskammer. Damit war die DDR gegründet. Kuriosum am Rande: Schon einen Tag später, nämlich am 8.10.1949, schloss die DDR einen Handelsvertrag ab, das erste Interzonen-Handelsabkommen mit der feindlichen BRD.

Die vom Volksrat ausgearbeitete Verfassung sah nun Wahlen vor – so wie in Westdeutschland wenige Wochen nach der Gründung der BRD Wahlen zum ersten Deutschen Bundestag stattgefunden hatten. Doch im Osten wurden sie kurzerhand auf den Herbst 1950 verschoben. Am 10. Oktober 1949 bestimmten die fünf Landtage der SBZ die 34 Mitglieder der Länderkammer. Am nächsten Tag trafen sich Volkskammer und Länderkammer, um Wilhelm Pieck zum Präsidenten der DDR zu wählen. Am 12. Oktober 1949 bestätigt die Volkskammer die Regierung des Ministerpräsidenten Otto Grotewohl und seiner Stellvertreter Ulbricht (SED), Kastner (LDPD), Nuschke (CDU). Die SED hält sechs der 14 Ministerien. Das Aufbauministerium bekommt die neue nationaldemokratische Partei NDPD. In seiner Regierungserklärung beklagt Grotewohl, dass die Westmächte Deutschland gespalten hätten. Er bekennt sich zur Oder-Neiße-Grenze und zur Freundschaft mit der Sowjetunion.

Damit besteht Deutschland aus zwei Staaten. Zwei Staaten, die sich gegenseitig nicht anerkennen. Das wird 40 Jahre so bleiben.

Die Geschichten

1. Im äußersten Westen des Landes explodierte eine ganze Stadt. Wo vorher emsig Aufbau betrieben worden war, war nur noch eine Trümmerwüste. Die Bewohner hatten gewusst, dass sie auf einer Zeitbombe saßen, und sich gewehrt. Aber die Zeitbombe gehörte einer Besatzungsmacht ... (S. 25ff.)
2. In der Kultur brach nach der Währungsreform eine große Krise aus. Die Menschen gingen nicht mehr ins Theater, sie kauften von der harten Mark lieber Wurst und Schuhe. Die Künstler mussten wieder hungern. So begannen Operettensängerinnen zu ringen. Damenringkämpfe wurden zu einem Politikum – und zu einem Aufreger. (S. 35ff.)
3. Die Deutschen sehnten sich auch 1949 nach der Ferne, der Exotik – und nach der Natur. Tiere standen hoch im Kurs. Tiere und Zoos. Deshalb war es kein Wunder, dass im jungen Deutschland ein Zookrieg ausbrach – mittendrin ein damals schon berühmter und charismatischer Veterinär. Dr. Bernhard Grzimek wurde von seiner braunen Vergangenheit eingeholt und von neidbesessenen Kollegen bedrängt. Am Schluss bleiben fast 100 Tiere auf der Strecke – vergiftet. (S. 53ff.)
4. In Berlin wurde die Gladow-Bande verhaftet. Die jungen Kriminellen hatten jahrelang Raubüberfälle und Morde verübt und davon profitiert, dass die Stadt polizeitechnisch geteilt war. Nun mussten sie bezahlen. Der noch nicht volljährige Anfüh-

rer, für viele ein Volksheld, starb unterm Fallbeil, während der eigentliche Drahtzieher glimpflich davonkam. Grund: Er war der Henker der Besatzungsmächte und er saß in West-Berlin, wo die Todesstrafe (fast) abgeschafft war. (S. 77ff.)

5. Max Reimann war der Frontmann der westdeutschen Kommunisten. Er überredete seinen Genossen Kurt Müller zu einem Besuch in Ost-Berlin. Dort wurde der Bundestagsabgeordnete verhaftet und nach Sibirien geschickt. Der Mann, der das KZ der Nazis überlebt hatte, musste nun das Lager Stalins überstehen. (S. 107ff.)
6. Im Osten kam es zu einem Putsch – dem sogenannten UGO-Putsch, der als kleiner Tarifstreit begann, aber durchaus das Zeug dazu hatte, die Supermächte USA und UdSSR in einen neuen Krieg zu verwickeln. (S. 119ff.)
7. Kurz vor der Verabschiedung des Grundgesetzes im Westen wurden noch große Teile des deutschen Staatsgebietes annektiert. Die Menschen, die davon betroffen waren, wechselten über Nacht und ohne ihre Zustimmung ihr Staatsgebiet. Ein ehrgeiziger Ministerpräsident begab sich deshalb auf eine Odyssee. Er wollte seine Bürger zurückhaben und Kanzler werden. Um es vorweg zu sagen: Beides misslang. (S. 135ff.)
8. In der VW-Stadt Wolfsburg spielen sich eigenartige Dinge ab. Die Stadtspitze wird von einer Landeskommission abgesetzt. Grund: Es sitzen nur noch Rechtsradikale im Rathaus. Die VW-Arbeiter haben dafür gesorgt – das sind in der großen Mehrheit Flüchtlinge aus dem Osten. Unter denen bricht ein heftiger Streit aus. Eine starke Gruppe will 1000 Lastwagen mit schlagkräftigen Männern in den alten Osten schicken, um die Polen »in Verlegenheit zu bringen«. (S. 149ff.)
9. In Süddeutschland versucht eine Gruppe Geschäftsleute, illegal Uran zu verkaufen. Die Amerikaner schicken einen Ge-

heimagenten und die Möchtegern-Atomhändler kommen vor ein Militärgericht. Die Russen sind kurz davor, ihre A-Bombe zu testen – deshalb droht den Deutschen die Todesstrafe. (S. 169ff.)

10. In Hamburg wird ein chinesischer Rauschgiftring aufgedeckt. Es stellt sich aber schnell heraus, dass die Dealer aus Fernost harmlos sind – verglichen mit der Gefahr, die die legalisierte und verharmloste Wehrmachtsdroge Pervitin für das junge Deutschland darstellt. (S. 189ff.)
11. Der Berliner Polizeipräsident Markgraf verschwindet spurlos, als der Boden in Ostdeutschland zu heiß für ihn wird. Er soll sein Dienstmädchen in ein sowjetisches KZ gesteckt haben, weil es ein Kind erwartete. Das Kind war von Markgraf – aber der hat mächtige Gönner. (S. 205ff.)
12. Im Ruhrgebiet kommt es nach der BRD-Gründung zu Krawallen: Die Briten betreiben die Demontage der Paraffinindustrie. In der Kohleveredelung hatten die Deutschen einen Spitzenplatz, deshalb vermuten die Gewerkschaften, dass Londoner Wirtschafts-Kreise einen Konkurrenten ausschalten wollen. Es geht um fast 40 000 Arbeitsplätze. Da sie die Besatzer nicht frontal angreifen können, halten sich die Demonstranten an einen Deutschen, einen Abriss-Unternehmer namens Müller, der als Demontage-Müller eine traurige Berühmtheit erlangt … (S. 229ff.)
13. Der VW-Käfer kommt nur stockend in Fahrt – im Südwesten aber hat er unerwartete Konkurrenz: Das kleine Crèmeschnittchen ist billiger und einfacher zu haben. Und dann heißt es auch noch, der französische Kleinwagen sei eine deutsche Erfindung. (S. 247ff.)
14. Im Osten wird der sowjetische Stachanow-Kult auf deutsche Art weitergeführt. Adolf Hennecke bricht alle Normrekorde,

die SED trägt ihn auf Händen. Straßen werden nach ihm benannt. Bei der Nationalpreisverleihung in Weimar bekommt Hennecke sogar die begehrte 1. Klasse. Doch in der Weimarer Innenstadt gibt es Proteste gegen Hennecke, der alles andere als beliebt bei der Bevölkerung ist. (S. 259ff.)

Roter Schnee

Anfang Juli 1949 begaben sich der Polizeichef von Trier und der Leiter der Gendarmerie des Kreises auf eine Dienstreise durch die Nordeifel. Über die mit kräftigen Heckenriegeln bestandenen Hochebenen und durch schmale, dunkle Täler gelangten sie nach Prüm. Ihr Ziel war das dortige Munitionslager.

Am Eingang des Bergbunkers wurden die beiden höchsten Polizeioffiziere der Region von einer Patrouille der französischen Besatzungsmacht empfangen. Die Franzosen teilten ihnen mit, dass ihnen der Zugang zu der Anlage nicht erlaubt sei. Obwohl die Polizisten darauf hinwiesen, dass die Bevölkerung wegen des Depots in großer Unruhe sei, schickte man sie kurzerhand weg.[1]

Dass die Franzosen – die Betreiber des Prümer Munitionslagers – es nicht gerne sahen, wenn Deutsche sich um ihre Liegenschaften kümmerten, war allgemein bekannt. Im Frühjahr 1948 hatte sich der örtliche Stadtrat mit dem Munitionsdepot beschäftigt. Der zuständige Stadtinspektor war beauftragt worden, sich über die Einlagerung von gefährlichen Stoffen im Prümer Stadtgebiet zu beschweren. Doch bevor er überhaupt tätig werden konnte, wurde ihm von höherer Stelle signalisiert, er habe sich aus den »Besatzungs-Angelegenheiten der Franzosen« gefälligst herauszuhalten.

Auch Johannes Rüdel hatte lange gewarnt. »Sie reden sich um Kopf und Kragen«, bremste deshalb der rheinland-pfälzische Ministerpräsident Peter Altmeier den für den Kreis Prüm zuständigen Landrat, als Rüdel sich in der Sache Munitionslager allzu weit aus dem Fenster lehnte. Schließlich betraf die Klage des Kommunalpolitikers die Besatzungsmacht.

Es ging um den Kalvarienberg, am Stadtrand von Prüm gelegen.

»Man weiß, die Leute von Prüm sind fromm«, schrieb die *Zeit* damals. »Den Berg, der am 15. Juli 1949 Feuer spie, nannten sie Kalvarienberg. Der Kreuzweg führte hinauf mit den Stationen des Leidens Christi. Droben stand eine Kapelle, neben dem Munitionsdepot (...)«[2]

Der biblische Berg war vollgestopft mit Munition. Sie war in ein Bunkersystem eingelagert, das die Wehrmacht 1939 bei Errichtung des Westwalls als Bereitschaftsunterkunft gegraben hatte. Nach Informationen der *Zeit* soll es sich sogar um einen »Luftschutzkeller für tausend Soldaten« gehandelt haben und: »Darüber lagen fünfzig Meter gewachsene Erde.« Die US-Army hatte die Stollen nach dem Krieg für ihre Sanitätseinrichtungen genutzt, zudem waren bis Ende 1946 obdachlos gewordene Prümer Bürger dort untergebracht worden. Das Bunkersystem bestand aus einem 100 Meter langen und 60 Meter breiten Hauptstollen und mehreren Querstollen, es reichte bis zu einer Tiefe von 30 Metern in den Berg hinein.

Die Bewohner der umliegenden Dörfer und der Stadt hatten mehrmals die Räumung des Kalvarienberges verlangt. Sie lebten in Angst.

Nicht zu Unrecht, wie sich am 15. Juli 1949 zeigte.

Beim damals prominenten *Zeit*-Autor Jan Molitor (ein Pseudonym von Josef Müller-Marein, ab 1957 Chefredakteur) klingt das Prümer Lied, als habe Bert Brecht ihm den Stift geführt: »Die

Leute von Prüm saßen in den Wäldern. Acht Uhr dreiundzwanzig abends.«[3]

Vier Wochen nach der Ausrufung des neuen westdeutschen Staates flog ihm seine Vergangenheit um die Ohren. Im Kalvarienberg bei Prüm brach gegen 19 Uhr ein Brand aus, die Feuerwehr versuchte mit 140 Mann im Innern des Berges zu löschen, aber sie gelangte nicht zum eigentlichen Brandherd, weil sie keine Sauerstoffgeräte zur Verfügung hatte.[4]

Als die stählernen Stollentüren zu glühen begannen, zog der Einsatzleiter seine Männer ab: »Die Feuerwehr von Prüm kam angerasselt, Meyer schickte sie weg. Was sollten sie denn ausrichten gegen einen Berg voll Sprengstoff!«[5] Um 20.22 Uhr geschah das, was die Prümer seit Jahren befürchtet hatten: 500 Tonnen Munition explodierten und jagten einen ganzen Berg in die Luft. Die Bergspitze löste sich, hob sich um die Höhe eines Hauses und prallte dann wieder auf den Berg. Dabei wurde das rotgelbe Eifeler Vulkangestein pulverisiert und legte sich als feiner Staub über die ganze Region. Fast eine Stunde lang herrschte eine totale Finsternis. Die Explosion war in Trier und Koblenz zu hören.

Die Eifelstadt Prüm war während eines Luftbombardements am Tag vor Weihnachten 1944 schon zu über 92 Prozent zerstört worden. Zwei Stunden lang hatten die alliierten Flugzeuge Prüm angegriffen, in sieben »Wellen«. Später empfahl der erste US-Stadtkommandant, die Stadt an anderer Stelle neu aufzubauen. Doch die Prümer wollten ihre alte Stadt wiederhaben.

Kinder mit den wenigen Überresten, die aus den Trümmern ihres Heims geborgen werden konnten

Im Sommer 1949 hatten sie den Wiederaufbau fast schon geschafft, aber über 900 Einwohner waren noch ausgesiedelt und mussten im Umland leben – ein Glücksfall, sonst hätte es mehr Tote gegeben. Am 15. Juli wurde Prüm ein zweites Mal dem Erdbeben gleichgemacht. Mehr als vier Jahre nach Kriegsende.

Landrat Rüdel hat an diesem Abend vielen das Leben gerettet, indem er kurzerhand die gesamte Stadt räumen ließ. Bei Molitor/Müller-Marein/Brecht war es der Gendarmerie-Hauptmann Meyer mit seinem »guten Gesicht«: »Meyer ließ die Glocken der zerstörten Kirche läuten, Männer mit Schellen liefen herum: ›Räumt die Stadt!‹«

In noch nicht einmal einer Stunde war Prüm von 2700 Einwohnern geräumt. Da es keine Sirene in der Stadt gab, mussten die Bürger von Ausrufern alarmiert werden.[6] Einige blieben in ihren Kellern zurück – darin hatten sie Routine. Auf diese Art hatten sie fünf Mal alliierte Bombenteppiche (mehr oder weniger) überstanden. Möglicherweise hatten die häufigen Luftangriffe der Westalliierten im Jahr 1944 dem Bunker im Kalvarienberg gegolten.

Eine Stunde nach Ausbruch des Brandes explodierte der Berg. Der Gendarmeriemeister Ohberg war mit seinem Schwager Josef Remmelt zum Brandort geeilt. Die Explosionswelle enthauptete sie in Ohbergs Dienstwagen.[7]

Die Presse sprach später von der »Hölle von Prüm«.[8]

Die gesamte Oberstadt lag in Trümmern. Ausgerechnet der Straßenzug Langemarckstraße, Stainkaulstraße und Reginostraße, in dem sich die wenigen Prümer Häuser befanden, die den Krieg unbeschadet überstanden hatten, war nun total zerstört.[9] Jan Molitor fand die richtigen Worte: »An der Tiergartenstraße – sie gleicht einem Pfad, der durch den Staub führt, als sei er quer durch roten Schnee gebahnt –, an der Tiergartenstraße also nageln zwei Männer für ein halbdemoliertes Haus ein neues Dach aus Brettern.«[10]

Viele der durch die Explosion zerstörten Häuser waren in letzter Zeit erst wieder aufgebaut worden. Es gab nur zwölf Tote (ein kleines Wunder), neun Schwerverwundete und 51 Leichtverletzte. 970 Menschen waren obdachlos geworden. Unter den Toten war auch die 72-jährige Katharina Zimmer, besser bekannt als »Zimmesch Kettchen«. Sie war Ende 1944 der einzige Mensch gewesen, den die Amerikaner in Prüm angetroffen hatten, als sie die Stadt erstmals betreten hatten. »Zimmesch Kettchen« hatte öfters behauptet, die Schwester von Adolf Hitler zu sein. In Prüm nahm das niemand ernst; aber die Amerikaner sollen etwas irritiert gewesen sein, schon kurz hinter der Grenze eine nahe Verwandte des Führers anzutreffen.

Das örtliche Krankenhaus wurde völlig zerstört, von 240 Häusern waren nur noch Geröll und Staub übrig. Hätte der Landrat (oder Molitors famoser Gendarmeriekommissar Meyer) beim Ausbreiten des Brandes nicht die Evakuierung aller Einwohner befohlen, hätte ein Großteil der Einwohner die Katastrophe nicht überlebt.

Die Explosion des Kalvarienberges war im Umkreis von 60 Kilometern zu sehen. 250 000 Kubikmeter Gestein wurde aus dem Berg geschleudert und auf einer Fläche von fast 100 Hektar verteilt. Der feine, rote Staub der Vulkanerde ging selbst noch im 20 Kilometer entfernten Gerolstein nieder. Die Erdbebenwarte in Stuttgart (rund 350 Kilometer entfernt) registrierte die Detonation der 500 Tonnen Munition, die im Kalvarienberg gelagert waren. Molitor: »Das sah, wie eine Frau es beschrieb, so aus, als weinte der Himmel blutige Tränen (…)«

Die luxemburgische Garnison in Bitburg und die französische Besatzungsbehörden schickten ihre Sanitäter. So konnte im Hotel »Goldener Stern« eine Unfallhilfestelle eingerichtet werden, die die Verletzten betreute. Der rheinland-pfälzische Ministerpräsident Altmeier und sein Gesundheitsminister Johann Junglas trafen noch in der Nacht in Prüm ein, um Hilfs- und Spendenaktionen zu organisieren.

Die Bevölkerung im ganzen Land zeigte sich betroffen von dem Unglück in der schon im Krieg arg gebeutelten Eifelstadt. Vor allem als publik wurde, wie heftig sich die Prümer gegen das Munitionslager in ihrer Stadt gewehrt hatten und wie kühl die französische Besatzungsmacht diese Beschwerden immer wieder abgewiesen hatte. Es kamen Spenden aus ganz Deutschland zusammen: Schulklassen opferten ihre Ausflugskassen, Betriebe sammelten für den Wiederaufbau. Mithilfe dieser Gelder gelang es relativ schnell, die Not zu lindern und den erneuten Wiederaufbau in Angriff zu nehmen.

Bis heute weiß man nicht, wie es zu dem Unglück kam. Der ehemalige Verteidigungsminister Rudolf Scharping (SPD) versuchte Ende der Neunzigerjahre zusammen mit dem Französischen Archivamt, etwas Licht ins Dunkle der Ereignisse zu bringen, musste aber schon nach kurzer Zeit aufgeben.

Umso heftiger wird bis heute spekuliert. Angeheizt durch die Tatsache, dass die französische Besatzungsmacht der Stadt Prüm nach dem Unglück zwei Millionen Mark gezahlt hat, weil der Bunker nicht ausreichend gesichert war. Die Zahlung war allerdings mit der Verpflichtung verknüpft, dass die Schuldfrage nicht weiter verfolgt werden durfte. Von einer beabsichtigten Sprengung war die Rede, die dann außer Kontrolle geraten sei, aber auch von Fahrlässigkeit der Wachmannschaften und von einem technischen Defekt in den damals nur provisorisch verlegten elektrischen Leitungen. Es wurde aber auch Sabotage vermutet – wie jedes Mal, wenn in diesen Jahren ein Unglück geschah. Die Alliierten witterten überall versprengte Nazis, was sich meist als Trugschluss erwies, oder militante Besatzungsgegner, was durchaus realistisch war.

In Prüm fiel ein erster Verdacht auf die Wachmannschaft selbst, eine international besetzte Gruppe, zu der viele *displaced persons* gehörten. Für besondere Aufregung sorgte die Entdeckung, dass zwei Wachmänner, ein Jugoslawe und ein Ungar, kurz nach der Explosion nach Australien verschwunden waren.

Die *Zeit* verfügte über Informationen, die die Wachmänner-These stützten: »Die Wächter, sagen die Leute, waren betrunken, und noch vom Leichnam des einen hat man Blutproben genommen.« Und: »Der Hauptwächter des Depots, der Ungar Barany – der wollte sogar, als die Katastrophe nahte, hinauf zum Berg (›Er war nicht nüchtern‹, sagten die Leute), und Gendarmeriemeister Hoberg hielt ihn fest, wollte nicht, daß er in sein Verderben rannte; da kam die Explosion, zentnerschwere Betonklötze segelten durch die Luft; beide wurden sie erschlagen, Hoberg und Barany.«

Oder aber: Sabotage von deutschen Widerstandsgruppen. Ein Bekennerschreiben sorgte für Aufsehen: eine »Kampfgruppe zur Erzwingung eines gerechten Lastenausgleichs« nahm die Verantwortung für einen Anschlag im Kalvarienberg-Bunker auf sich. Angeblich wollte sie damit die Aufmerksamkeit der Welt auf die ungerechte Behandlung der Deutschen lenken. Die Behörden aber spielten diese Spur, die sie für wenig glaubwürdig hielten, herunter.[11]

Anfang 1949 war die Öffentlichkeit noch der Meinung, in dem Stollensystem des Kalvarienberges sei Munition der Wehrmacht gelagert – die Anwohner sahen bis Ende 1948, wie tagtäglich Zwangsverpflichtete mit LKWs Material anlieferten, die Bomben und Granaten putzten, in Kisten verpackten und in den Berg einlagerten.[12]

Erst später stellte sich heraus, dass es sich bei der explodierten Munition größtenteils um modernen Sprengstoff aus Beständen der US-Army gehandelt hatte, den die Franzosen in Prüm eingelagert hatten, um damit die Reste von Hitlers Westwall zu sprengen.[13]

Der Prümer Krater gehört zu den größten weltweit, die durch Menschenhand entstanden sind. Er ist 190 Meter lang, 90 Meter breit und 27 Meter tief. Die Explosion zerstörte auch die Kalvarienberg-Kapelle, was bei der tiefgläubigen Eifel-Bevölkerung besonderen Unmut hervorrief. Jan Molitor in der *Zeit* über den spirituellen Schaden – schön, aber leider nicht ganz faktengetreu: »Wie der Kadaver eines überdimensionalen Walfisches mit seinem geschwungenen Rücken. In diesem Ungetüm klafft eine Wunde –: zweihundert Meter lang, fünfhundert Meter breit, sechzig Meter tief. Von hier ist die Zerstörung ausgegangen.«

Bleibt die eine große Frage: »Ist es über alle Maßen außergewöhnlich zu nennen (um diesen gelinden Ausdruck zu gebrauchen), daß derartig nahe einer menschlichen Siedlung ein derartig großes Sprengstoffdepot angelegt wurde, so ist gleichfalls über alle Maßen außergewöhnlich die Tatkraft eines Mannes zu nennen, der Tausenden das Leben gerettet hat.« Gemeint ist natürlich der famose Gendarmeriechef Meyer, dem Jan Molitor, als er auf dem Kalvarienberg weilte, unbedingt ein Denkmal errichten wollte. Zurück im sichern Hamburg vergaß er diesen hehren Vorsatz schnell wieder. Schade.

Catch-as-catch-can

Düsseldorf – München

Die Henrichs führten ein Tourneetheater, das nach dem Krieg von der Sehnsucht der geschlagenen Deutschen nach der Klassik profitierte – oder sagen wir: nach der authentischen Bühnenkunst, die selbst Kriegen und Hungersnöten trotzt. Da man sich nach 1945 im besiegten Deutschland nur sehr mühsam ernährte, versuchte das Manager-Ehepaar, das eine fahrende Truppe über Wasser halten musste, sein Angebot so zu diversifizieren, dass ihr Theater überall Resonanz fand – ob in Altötting, in Frankfurt am Main oder in Bad Oldesloe.

Die Henrichs machten die Erfahrung, dass selbst in der Lyrik- und Hochdramatik-versessenen Nachkriegszeit dennoch die leicht gesagten und schwungvoll gesungenen ewigen Wahrheiten die besten Chancen hatten. Also verschrieben sie sich der großen Tradition der mitteleuropäischen Operettenliteratur.

Mit diesem Gepäck kamen die Henrichs und ihre Entourage ganz wunderbar durch die schlimmen Jahre zwischen 1945 und 1948. Wo sie auch gastierten, sie zelebrierten die »Lustige Witwe« oder »Die Maske in Blau« vor knallvollen Häusern, und sie bekamen nicht nur ihre Buffos und Soubretten satt, sie konnten sogar eine Reserve für die Tourneekasse zurücklegen.

Dann kam die D-Mark. Die Leute hatten endlich richtiges, zugkräftiges Geld in der Tasche. Plötzlich verfolgten sie andere Pläne, denn die harte Währung war zu fast allem gut. Für die Henrichs hielt das Leben eine bittere Wahrheit bereit: Kultur ist immer dann gefragt, wenn man mit seinem Geld nichts oder nur wenig Reelles erwerben kann. Die Theaterbegeisterung ließ nämlich mit dem Aufkommen der neuen D-Mark schlagartig nach. Die Leute starrten jetzt weniger gerne auf die Bühne und auf die eher bescheidenen Arrangements, die ihnen das renommierte Tourneetheater Henrichs zu bieten hatte. Sie hatten eine schon fast vergessene Ästhetik wiederentdeckt: die Ästhetik der prall gefüllten Auslagenschaufenster der Lebensmittelläden, speziell der Metzgereien mit ihren farbenvollen Stillleben aus rohem Schinken am Stück, geräucherter Mettwurst im Ring und rosa Schweinehälften. Für das Theater, speziell für das landläufige Operettentheater der Henrichs hatten die DM-Deutschen nach ihrer Völlerei zwar wieder den Sinn, aber nicht mehr das Geld. Die 60 DM Handgeld waren schnell verprasst.

Das verbitterte die Theaterfamilie. Schließlich betrieb man die Pflege der Kultur bereits seit mehreren Generationen und sah sich den Riesen, auf deren Schultern man stand, ebenso verpflichtet wie der klassischen Bühnenliteratur, die nun in traurige Vergessenheit zu geraten drohte. Nach der Winterpause 1948/49 war es dann so weit: Die Traditionsfirma Henrichs war kurz davor, das Handtuch zu werfen. Während die ebenso darbenden Zirkusse sich noch eine Weile hielten, indem sie ihren Tierbestand an die in kleinen Pritschenwagen durch das Land vagabundierenden Zoodirektoren (siehe S. 53) veräußerten oder die hungernden Artisten die ebenfalls hungernden Raubtiere aufaßen, konnten die um vieles sensibleren Theaterleute ja ihre lyrischen Tenöre oder kleinen Kammersängerinnen nicht veräußern.

Wie das bei erfolglosen Theaterdirektoren so ist: Sie ergeben sich dem Trunk oder werden depressiv. Bei dem Impresario Henrichs drohte gleich beides einzutreten. Da hatte seine etwas bodenständigere Frau eine Geschäftsidee: »Bevor wir verhungern, gehen wir ins Unterhaltungsgeschäft.« Direktor Henrichs glaubte schon, die unzureichende Ernährung und die harten Wanderjahre hätten seine Gemahlin geistig zermürbt. Doch die First Lady des Tourneetheaters war sehr wach und dazu noch realistisch. »Erst kommt die Mark, dann kommt in ihrem Gefolge der Weststaat. Und die Amerikaner sind die großen Sieger. Auf sie starrt in Zukunft die Welt, nicht mehr auf seriöses deutsches Bildungsgut. Der Bildungsbürger ist sowieso längst in Russland erfroren, und wenn das nicht eingetreten ist, ist er in der Zone vor lauter Hunger zum Normalverbraucher depraviert. Und der ist ganz auf die Segnungen der neuen Welt ausgerichtet. Worauf warten wir also noch – gründen wir eine ›Olympia-Damen-Sportschau‹!«

Die Olympischen Spiele waren durch den Krieg unterbrochen. Seit 1936, als Hitlerdeutschland sie zu einer bis dahin beispiellosen Massenveranstaltung hochgepuscht hatte, hatte es keine offiziellen Sommerspiele mehr gegeben. Im Jahr 1948 wurden sie in London fortgesetzt, allerdings ohne die Kriegsverlierer Deutschland und Japan. Die Deutschen kannten das schon – auch nach dem Ersten Weltkrieg waren sie zu den Spielen 1920 in Antwerpen und 1924 in Paris nicht eingeladen gewesen. Was also wollte Madame Henrichs mit ihrer Olympia-Schau – und dann auch noch ausgerechnet 1949, im Jahr nach den Spielen ohne die Achsenmächte?

Sie benutzte das Label Olympia nur, um dem Ganzen eine möglichst kosmopolitische und wenig martialische Anmutung zu geben. Ansonsten hatte die Theaterdirektorin ein eher ruppiges Konzept. Sie begann damit knapp vier Wochen vor der Gründung des Weststaates, im April 1949 in Düsseldorf.

Bei der Olympia-Schau der Firma Henrichs in Düsseldorf ging es eigentlich nur um eine Sportart: um das Ringen. Und noch eine Einschränkung war gemacht worden – eine, die das Interesse der sportbegeisterten Bevölkerung allerdings schlagartig weckte: Es ging bei der Olympia-Schau von 1949 um Damenringkampf. Und was dem IOC überhaupt nicht gefallen hätte: Man kämpfte nicht nach den griechisch-römischen Regeln.

Madame Henrichs ließ ihre Soubretten im Freistil aufeinander los: Catch-as-catch-can, wie die Fachwelt sagt.

Frau Henrichs hatte wahrlich keine Kosten und Mühen gescheut. Sogar ein erfahrener Freistilringer (heute würde man sagen: ein Körpercoach) war angeheuert worden. Der schon etwas ältere und für den Ring nicht mehr taugliche Kämpfer arbeitete ein Trainingsprogramm speziell für Anfänger aus dem Operettenfach aus. Zwei Monate lang trainierte er die Elevinnen aus dem Henrichs-Theater.

Währenddessen rührte die in diesen Dingen erfahrene Theaterführung die Werbetrommel. In Düsseldorf wurden Plakate aufgehängt, die die Veranstaltung vollmundig ankündigten. »In Wien und Paris wegen Ueberfüllung polizeilich geschlossen!«, gab der Veranstalter bekannt. Die Nerven des sportbegeisterten Publikums waren bis zum Zerreißen gespannt. Fanden doch 1949 auch die Europameisterschaften im Freistilringen in der Türkei statt (allerdings mit männlichen Sportlern) und errangen schon im Vorfeld so viel Aufmerksamkeit, dass der türkische Staat eine Sondermarke zu dem Ereignis herausbrachte.

Im Atrium von Düsseldorf fand die deutsche Premiere der Henrichs-Olympia-Schau vor nicht ganz besetztem Haus statt. 20 ehemalige Operettensängerinnen betraten im Gänsemarsch und beim Klang von »Auf in den Kampf, Torero!« die Manege. Die Damen wirkten etwas verlegen. Aber die Hemmungen nahm ihnen der professionelle Kampfrichter Willi Traber, als er Sportlerin für Sportlerin mit ihrer jeweiligen Biografie vorstellte. Auch wenn man den Damen ihre Unerfahrenheit im Ring noch anmerkte – so waren sie selbst für das verwöhnte Düsseldorfer Publikum eine Augenweide: Die Operettenprofis waren durch ihre Bühnenarbeit nicht nur gut trainiert, sie wirkten auch höchst attraktiv, wenn sie statt Ballkleid oder Krinoline einen kargen, zweiteiligen Freistilringerdress trugen, der aus einer kurzen, engen Sporthose und einem bikiniähnlichen Oberteil bestand.

Varieté Palette in Frankfurt im Mai 1949

Die von Kampfrichter Traber präsentierte Ria Siglar sah aus, als hätte sie schon einige harte Kämpfe im Trainingscamp hinter sich: Sie trug Pflaster auf der Nase und am rechten Bein. Die Gegnerin der Ria Siglar war eine nicht mal 45 Kilo leichte, grazile Dame. Sie hatte sich von der Abendgage der Veranstalterin anlocken lassen. Wie man hörte, war sie Mutter eines Kindes und Gattin eines arbeitslosen Kriegsheimkehrers – und sie hatte Probleme, ihre Familie satt zu kriegen. Deshalb hatte sie sich für den Ringkampf gemeldet. Ihr Mann saß übrigens bleich und etwas desorientiert im Publikum.

Der Kampf zwischen der gut trainierten Ria Siglar und der Münchner Mutter dauerte gerade mal sieben Minuten. Dann lag die Münchnerin mit beiden Schultern auf dem Boden und hatte den Fight nach den Regeln verloren.

Danach betrat Lucy Strauß den Ring. Das war natürlich ein Künstlername genau wie Ria Siglar. Lucy sah aus wie »ein üppiges Pin-up-girl«. Ihre Gegnerin nannte sich Agi Thielmanns. Über das »blasse Geschöpf mit dem scharfen Gesicht« war zu erfahren, dass sie während des Krieges einer KdF-Truppe als Schauspielerin zugeteilt worden war. Auf einer Tournee an der Ostfront geriet sie mit ihrem Ensemble in russische Gefangenschaft. Dann musste Agi Thielmanns eine Weile in einem Uranbergwerk im tschechischen Sankt Joachimsthal schuften (siehe S. 169). Als sie dieser Mühle endlich entrinnen konnte, war sie ein körperliches Wrack – aber in der Tourneetheatergruppe der Henrichs wurde sie wieder hochgepäppelt.

Ihre Gegnerin Lucy war eine wahre Schönheit, das Publikum liebte sie auf Anhieb. Nicht nur wegen ihres fabelhaften Aussehens – auch ihr Kampfstil machte Eindruck in Düsseldorf: Sie sprang ihre völlig überraschte Gegnerin an und nahm sie in die Beinschere. Doch dann setzte die Uranbergarbeiterin Agi einen Armhebel an, aus dem Lucy sich befreien wollte, indem sie in die Brücke ging. Aber die trotz ihres etwas schmächtigen Aussehens durchaus robuste Agi drückte die Brücke ein. Das Publikum pfiff empört – obwohl Agi gegen keine Regel verstoßen hatte.

Anita Müller aus Köln war Sportstudentin. Ihre Gegnerin stellte das Kontrastprogramm zu der schlanken Sportlerin dar: Lilo

Conenberg spielte das Modepüppchen. Sie trug ein rotes Trikot, das ganz besonders eng saß, und hatte ihre Haare zu Löckchen gedreht. Da schien Madame Henrichs ihre Finger im Spiel gehabt zu haben. Lilo war alles andere als eine Modepuppe.

Es dauerte nicht lange, da floss Blut aus der Nase der völlig überrumpelten Sportstudentin. Die adrette Lilo scheute sich auch in der nächsten Runde nicht, ihre Gegnerin an den Haaren zu reißen. Doch Anita ließ sich durch solche Gemeinheiten nicht erschrecken. Kurz vor Ende des Kampfes setzte sie einen gekonnten Hüftschwung an und siegte. Die schöne Lilo war so unsportlich, ihrer Gegnerin den Handschlag zu verweigern.

Im nächsten Kampf traf die Riesin Macky Merkelbach auf eine verbissene Erni Schimmel. Fräulein Schimmel griff unvermittelt an, während Macky noch ins Publikum lächelte. Trotz ihrer körperlichen Überlegenheit hatte Macky große Mühe, der Erni standzuhalten. Da zeigte sich eine deutliche Konditionsschwäche. Allerdings ging die bissige Erni dann zu weniger sportlichen Techniken über: So setzte es für die hochgewachsene Macky Schläge auf den Hintern. Auch ein schmerzhafter Nackenhebel wurde angesetzt, der selbst beim Freistil umstritten ist. Der Fight ging über die gesamte Distanz von zwölf Minuten. Zum Schluss schaffte es die völlig erledigte Macky doch noch, Erni auf beide Schultern zu legen.

Dann nahm Conny Konstantin Margot Köster in den Schwitzkasten und schlug ihren blonden Wuschelkopf auf die Matte. Ein seriös wirkender Herr am Ring setzte mitten im Kampf eine Prämie von zehn Mark auf die Siegerin. So geschäftstüchtig, wie die Chefin agierte, kann dieser Einsatz auch ihr Werk gewesen sein. Die zehn Mark bekam nach einem sehr hart geführten Kampf die blonde Margot.

Frau Henrichs erläuterte danach der versammelten Presse den Gemütszustand ihrer Kämpferinnen, die von der Operettenbühne in den Ring hatten wechseln müssen: »Erst war ihnen zu Mute wie einem Professor, der die Straße kehren muß. Aber jetzt haben sie sich damit abgefunden. Sie wollen alle wieder zum Theater zurück. Es ist nur ein Ausweg. Aber es gibt noch Schlimmeres.«[1] Fürwahr. Vor allem in diesen Zeiten.

Das Geschäftsmodell der Theaterdirektorin schien aufzugehen: Es gab bereits Angebote aus der Schweiz und vom Hippodrom in Antwerpen. Längst war die Truppe der Frau Henrichs nicht mehr die einzige Damenfreistilformation auf dem europäischen Markt. Es hatte sich eine Gruppe in Wien gebildet, die schon durch Italien reiste. Das jedoch schreckte die wackere Frau Henrichs nicht: Sie dachte bereits an einen Wettkampf mit den österreichischen Ringerinnen. Vorerst aber hatte sie, wie man hörte, mit ihrer Operettentruppe in Deutschland noch genug Engagements.

In Süddeutschlands Metropole München ging man weniger entspannt mit der neuen Attraktion des ehemaligen Tourneetheaters Henrichs um. Die Stadt war schon aufgewühlt, als für den 6. Juli 1949 die ersten Damenringkämpfe angekündigt wurden. Die Öffentlichkeit hatte sich Mitte Mai sehr darüber echauffiert, dass eine spanische Artistengruppe im Stadion an der Grünwalder Straße einen echten Stierkampf veranstalten wollte. Tierschützer und Mitglieder des Stadtrates machten mobil gegen die Spanier: Man warf ihnen nicht nur Tierquälerei vor, sondern auch Verrohung der Sitten. Als die Stierkampfveranstaltung kippte, wollten die Veranstalter als Ersatz die Damenfreistilgruppe Henrichs nach München holen. Das gab noch mehr Diskussionen: Die Sittenwächter wollten nicht einsehen, dass man nach dem abgewendeten Stierkampf nun etwas noch viel Schlimmeres, nämlich einen Damenringkampf, in der Stadt dulden sollte.

Schließlich wurde im Stadtrat, wo die Wogen ungewöhnlich hochschlugen, beschlossen, dass sich die Kirche, der Landtag und die Stadtväter ein Bild vom Charakter der Ringkämpfe machen sollten. Die Veranstalterin musste für die Gutachter eine Gratisvorstellung mit ihren Damen arrangieren, zu der das Publikum keinen Zutritt hatte. Zur allgemeinen Verwunderung zeigten sich die Kirchenvertreter und Politiker jedoch sehr angetan von der Attraktion. So wurde eine erste Kampfveranstaltung für den 6. Juli 1949 im Zelt des Zirkus Schallmann an der Bayerstraße genehmigt. Die Damenfreistilringkämpfe fanden ohne Störung statt, das Interesse war größer als bei der Premiere in Düsseldorf – dafür hatten die aufgeregten Stadtratsmitglieder gesorgt.[2]

Wien – Nürnberg

Das klassische Ringen nach griechisch-römischen Regeln verlor in der Nachkriegszeit immer mehr an Faszination. Im Gefolge des Freistilringens kam mit den US-Truppen eine nordamerikanische Spielart nach Europa, das Catchen. Die Kämpfe waren kleine Kampfballette, die Gegner setzten sich mit oft grausamen und dramatischen Attributen als Charaktere in Szene. Die Leute liebten dieses Spektakel – auch wenn es mit dem olympischen Ringen so gut wie gar nichts mehr zu tun hatte.

Ausgerechnet neben der russischen Kommandantur im IV. Bezirk Wiens fanden Anfang Juni 1949 die ersten Damenringkämpfe statt. Die Russen sahen die kapitalistische Verirrung mit Misstrauen, die feine Wiener Gesellschaft hingegen gab sich gerne die Ehre. Vor dem Viermastzelt des Zirkus Rebernigg fuhren abends die elegantesten Karossen vor, und die Damen der wiedererwachenden Hautevolee schlüpften verstohlen ins Halbdunkel der Manege. Sie wollten ungern gesehen werden, denn die Veranstaltung, derentwegen sie gekommen waren, galt als halbseiden. Was aber noch schlimmer war: Während sie sich im Zirkus Rebernigg angesichts der ineinander verkrallten Frauenkörper angenehm schauderten, bleiben die Traditionstheater der Stadt gähnend leer.

Auch in Österreich gab es seit 1948 eine Kulturkrise: Ähnlich wie in Deutschland hatte man eine Reform der aufgrund enormer UdSSR-Kredite inflationär gewordenen Währung vorgenommen. Nach dem im November 1947 erlassenen Währungsschutzgesetz traten dieselben Effekte wie im nördlichen Nachbarland auf: Die Österreicher hatten plötzlich wieder einen harten Schilling (vorher war es auch ein Schilling gewesen, aber ein weicher), demzufolge gab es mehr und bessere Waren, und das Interesse an der Kultur, das vorher rege gewesen war, erlosch. Die Theater wehrten sich gegen ihren drohenden Bankrott. Es wurde um die Einführung eines Kulturgroschens gestritten, also einer generellen Abgabe, mit der auch den gefährdeten Theaterbühnen über die Runde geholfen werden sollte. Die Entscheidung zog sich hin, und die Nerven in Wien lagen blank.

Umso katastrophaler für die klassische Kulturszene Wiens war die Abwanderung ihrer angestammten Klientel in den Zirkus Rebernigg. Aber gegen die Attraktion, die dort geboten wurde, kam selbst das beliebte Wiener Volkstheater nicht an: Damenringkämpfe und zwar Freistil, also *Catch-as-catch-can* (ohne Regeln). Ebenso wie die in Not geratene deutsche Theaterfamilie Henrichs wusste sich der Wiener Theaterleiter Trau in der Baisse nicht anders zu helfen: Er schulte seine hungernden Schauspielerinnen auf Damenringen um.

Monatelang trainierte Trau 14 ausgesuchte »Amazonen« im Wiener Diana-Bad. Die Damen waren zwischen 17 und 40 Jahre alt und zwischen 68 und 80 Kilo schwer. Wie sich später herausstellte, waren unter ihnen nicht nur Burgtheaterschauspielerinnen.

Tau hatte sich auf den Amüsierbühnen der Stadt umgetan und dort Tänzerinnen und Sängerinnen rekrutiert, denen der unmittelbare Körpereinsatz vor einem geneigten Publikum nicht ganz so fremd war wie seinen Tragödinnen. Als Pressemann holte er sich den Theaterkritiker der kommunistischen *Volksstimme* Gura.

Der Mann war ein PR-Naturtalent. Er betonte der Presse gegenüber immer wieder, dass es sich bei der Damenringer-Riege um feinfühlige Charakterdarstellerinnen aus dem klassischen Bühnenfach handelte, was die Sensationslust der Wiener noch mehr anstachelte. Es war ja weit erregender, zwei verdiente Kammersängerinnen fast nackt aufeinander losgehen zu sehen als zwei Matronen aus dem Halbweltmilieu. Auf diese Weise machten Gura und Tau schnell Gewinn mit ihrem Spektakel.

Die ersten Erfahrungen sammelte die Truppe nicht in ihrer Heimatstadt, sondern auf ihrer Probetournee durch Italien. Dort war die Resonanz allerdings noch nicht so überwältigend wie an der Donau. Bemerkenswert war lediglich, dass der Papst ein zweiwöchiges Gastspiel der Wiener Riege in Vatikanstadt erlaubte – so berichtete das jedenfalls der PR-Agent Gura der heimischen Presse. Möglicherweise ist der Hinweis auf die Großzügigkeit der Kurie aber auch nur ein raffinierter Versuch gewesen, die Proteste abzubiegen, die sich in Wien seit dem ersten Auftritt der Damenringerinnen erhoben hatten. Eine katholische Jungfrauenkongregation fühlte ihr sittliches Empfinden besonders gekränkt, aber auch gestandene ÖVP-Nationalrätinnen liefen Sturm.

Einige der Wiener Gegner beriefen sich nicht so sehr auf die guten Sitten, die die Wettkämpfe womöglich verletzten, als dass sie Besorgnis um die Unversehrtheit der Damen angesichts des gefährlichen Sports anmeldeten. Der geschickte Pressemann Gura pflegte solche Manöver mit dem Hinweis darauf zu parieren, dass alle Techniken, auch die riskant aussehenden, über Monate hinweg sorgsam eingeübt worden waren und damit ihren aggressiven Charakter völlig verloren hätten.

Was der Presseagent nicht sagte: Alles, was die leichtgeschürzten Damen in der Manege des Zirkus veranstalteten, war – Theater. Schließlich waren die Kontrahentinnen von Hause aus Schauspielerinnen. Sie bekamen 110 Schilling pro Abend, hatten Kinder zu versorgen, und dachten nicht daran, im Ring etwas zu riskieren.

Die 38-jährige Erszi Fekete, angeblich aus Budapest, gehörte zu den ältesten Ringerinnen der bunten Truppe. Die Mutter einer Tochter war früher Drahtseilakrobatin. Als Damenringkämpferin verdiente sie aber besser und konnte ihrem Kind eine solide Ausbildung finanzieren. Ihr wurde eine besondere Rolle in dem Zirkus der Amazonen zugedacht: Sie gab die »wilde Frau«, die allabendlich mit unfair aussehenden Techniken ihre graziler wirkenden Gegnerinnen traktierte. Wenn Erszi um sich schlug, kniff, stieß oder trat, geriet die Menge erst recht in Aufruhr. Selbst die feinen Damen in den Logen pfiffen empört und stießen Beleidigungen aus, unter denen »Alte Wildsau« noch harmlos klang.[3]

Ebenso wie ihr deutsches Pendant, die schillernde Henrichs-Truppe, wollten auch die Wiener Ringerinnen wieder in ihre angestammten Berufe zurück. Die meisten kamen von den Schauspielbühnen. So hatte die 23-jährige Salzburgerin Dina Lehner schon am renommierten Wiener Volkstheater gespielt und war als »Heilige Johanna« auf Tournee gewesen. Als auch dort die Zuschauer wegblieben, musste sie Eis am Stiel verkaufen. So zeigte sie sich glücklich, dass sie endlich wieder ein geregeltes Einkommen hatte und nicht mehr hungern musste. Dass sie dabei ihren Ruf als Künstlerin aufs Spiel setzte und ungewollt einen »Bruch mit der Bürgerlichkeit« vollzogen hat, nahm sie in Kauf, auch wenn damit die Rückkehr auf die Bühne schwieriger wurde. Dennoch wurden die Damenringer noch von der Artistengewerkschaft vertreten, die sonst penibel darauf achtete, unter ihren Arbeitnehmern keine Damen zu haben, die einem anrüchigen Gewerbe nachgingen.

Direktor Trau plante ein Gastspiel in Bern – auch wenn der Züricher Frauenverein bereits gegen Auftritte der Wiener Amazonen in der Schweiz protestiert hatte. Pressechef Gura kam der Protest der ehrbaren Schweizerinnen gerade recht. Das kurbelte das Interesse an den Freistilringerinnen noch mehr an.

Grund für das Gastspiel im Nachbarland war plötzlich aufgetauchte Konkurrenz. Seit einiger Zeit zog ein mysteriöser Maskenmann die Aufmerksamkeit der Wiener Öffentlichkeit auf den Tribünen am Heumarkt ganz auf sich. Den Veranstaltern des Internationalen Ringkampfturniers um den Großen Preis von Österreich war in ihrem Refugium, dem Hallenbau des Wiener Eislaufvereins, ein anonymer Brief unter der Tür durchgeschoben worden. Der Schreiber, der sich nur knapp IK nannte, bat um Beachtung: »Lassen Sie mich zum Turnier zu. Ich schlage jeden Gegner.« Die Ringkampfmanager waren ebenso überrascht wie begeistert: Sie engagierten den Unbekannten.

IK pflegte vor jedem Kampf eine kurze Ansprache an das Publikum zu richten, in der er erklärte, er sei durch sein hohes Amt gezwungen, unerkannt zu bleiben, zeige sich aber gerne bereit, mit jedem in den Ring zu steigen, der sich das zutraue. Eigenartigerweise trug er im Ring einen Strickpullover, die eng sitzende Maske ließ nur Löcher für Mund und Augen.

Der zweieinhalb Zentner schwere Franzose Maurice Moreau trat zuerst gegen den Maskenmann an. Der Kampf dauerte nur wenig länger als eine Minute. Der Maskenmann hatte Moreau angesprungen und ihn so lange gewürgt, bis sein schwerer Gegner ohnmächtig wurde. Das schreckte jedoch keinen Herausforderer ab. Abend für Abend stellten sie sich dem Kapuzenmann, der beim Klang des Gladiatorenmarsches in den Ring marschierte.

Meistens brachte der geheimnisvolle Kämpfer seine schwergewichtigen Gegner mit einem Würgegriff aus dem Judo-Repertoire zur Strecke – unter ihnen auch angebliche Europa- und Weltmeister. Als er sich jedoch an dem überaus beliebten Ringer Bob Martin vergriff (später heißt es, Bob sei Franzose aus der Normandie, andere führten ihn als umgänglichen Belgier, dabei war er wohl wie alle anderen Akteure – ein Wiener), tobte das Publikum vor Wut. Maskenmann und Ringrichter mussten die Flucht ergreifen, der Mob zerstörte die Ringhalle und verletzte zwei Polizisten schwer. Als Martin-Fans an den Masten mit den Tiefstrahlern zu rütteln begannen und man eine Katastrophe befürchten musste, schritt die Polizei ein. Vier Einsatzwagen mit je 20 Polizisten erschienen – wegen ihrer grünen Uniformen vom aufgehetzten Mob hämisch als »Spinaterer« begrüßt. Sie räumten die Veranstaltungshalle.[4]

Nach diesem Vorfall muss fortan ein Sicherheitsdienst die Auftritte des Maskenmannes begleiten. Die Massen kommen trotzdem – und gefährden damit die Einnahmeerfolge der Damenringkämpfe im Zirkus. Die sind für die feine Gesellschaft nicht mehr ganz so interessant, seit sich ein vorgebliches Mitglied ihrer Kreise im Ring bewährt. Und das auch noch, ohne jemals eine Abendgage abgeholt zu haben, wie der Veranstalter beteuert. Ganz Wien rätselt über die Identität des Maskenmannes. Einige behaupten, es handele sich um den höchsten Judo- und Jiu-Jitsu-Lehrer der Wiener Polizei. Andere glauben, in ihm einen Ministerialdirektor aus einem Ministerium erkannt zu haben.

Nach seinen ersten Erfolgen bekam der Maskenmann IK den tönenden Beinamen »Würger von Wien« verpasst. Unter diesem Markenzeichen trat er noch jahrelang in Erscheinung, ohne dass seine Identität gelüftet worden wäre. Allerdings verlor die Wiener Gesellschaft das Interesse an der Herkunft des Champions, der seine Gegner immer mit dem gleichen Würgegriff besiegte und deshalb auch kampftechnisch weit weniger zu bieten hatte als die feschen Ex-Schauspielerinnen der Trau-Truppe.

1951 gastierte IK in Nürnberg und brachte auf bewährte Manier den Ex-Weltmeister Herbert Audersch erst zu Boden und dann um das Bewusstsein.

Seine Gegner hatten immer wieder versucht, ihm während des Kampfes die Maske herunterzureißen. Doch das war keinem bisher gelungen, was seinen Ruf noch festigte. Manche behaupteten, unter der Maske stecke der ungarische Raubtierdompteur Ignaz Karajan (IK). Da er nach seinen Kämpfen angeblich in einer englischen Limousine in der britischen Stadtkommandantur Wiens verschwand, vermuteten andere, hinter dem Pseudonym IK verberge sich ein hoher britischer Besatzungsoffizier.

Der Mann mit der Maske absolvierte zwischen 1949 und 1950 von all dem unbeeindruckt rund 60 Freistilkämpfe. Nur zwei Mal hat er verloren, einmal gegen den Superschwergewichtler Black Panther, der den vergleichsweise leichten IK zu greifen bekam und ihn mehrmals so kräftig mit dem Kopf auf den Ringbogen aufschlug, dass dieser mit einer Gehirnerschütterung ins Krankenhaus eingeliefert wurde, wo er sieben Tage lang behandelt werden musste. (Wieso bei dieser Gelegenheit seine eigentliche Identität nicht gelüftet werden konnte, bleibt ein Geheimnis des an Geheimnissen reichen Freistilmilieus.)

In einem inoffiziellen Kampf wurde der Maskenmann auch vom Jiu-Jitsu-Lehrer der Wiener Universität, Dr. Peltoonen, auf die Matte gelegt. Einen Revanchekampf gegen Peltoonen aber gewann der Maskenmann.

Anlässlich seines Kampfauftrittes in Nürnberg gelang es dem örtlichen Sportreporter Erhard Mossack, in der Casinogaststätte des Austragungsortes ein Interview mit dem Ringerstar aus Wien zu führen. Beinahe wäre es dem Reporter bei dieser Gelegenheit gelungen, einen Blick in den Reisepass des Maskenmannes zu werfen, aber dieser entriss Mossack das Dokument im letzten Moment und machte sich davon.

Mossack war verärgert – und er hegte einen Verdacht: Der Maskenmann hatte einen deutlichen tschechischen Akzent. In Nürnberg-Langwasser, unmittelbar neben dem ehemaligen Reichstagsgelände, befand sich das größte deutsche Lager für *displaced persons* aus Tschechien. Dorthin begab sich Mossack, um die Tschechen, die vor den Kommunisten in den Westen geflüchtet waren, zu befragen. Vielleicht kannte ja jemanden einen Flüchtling, der sich schon in der alten Heimat in Ringerkreisen bewegt hatte …

Seit 1948 waren 24 000 Tschechen in den Westen emigriert, unter ihnen auch Anhänger des Dr. Benesch, die erst geholfen hatten, die Sudetendeutschen zu verjagen, und dann bei den moskautreuen Kommunisten in Ungnade gefallen waren. Selbst unter diesen Exiltschechen gab es ständig Reibereien. Im Tschechenlager »Valka« (»Krieg«) hatte es sogar kürzlich bei einer Schlägerei zwischen rivalisierenden Exilgruppen zwei Tote und 30 Verletzte gegeben.[5]

Der findige Nürnberger Reporter hoffte, dass womöglich jemand eine alte Rechnung mit dem Maskenmann offen hatte und deshalb plauderte. Mossack musste nicht lange suchen. Ein ehemaliger Gefängniswärter hegte den Verdacht, dass sich hinter dem Maskenmann der Häftling Igor Kriskowsky (IK) verbarg. Um sich Privilegien zu verschaffen, hatte Kriskowsky während des Krieges mit den Deutschen kollaboriert und zahlreiche Tschechen, die dem Widerstand nahestanden, an die Gestapo verraten. Diese waren dann gehängt worden. Nach dem Krieg hatte man Kriskowsky den Prozess gemacht und ihn zu einer Haftstrafe verurteilt. Prompt hatte Erhard Mossack seine Schlagzeile: »Ist I.K. der Henker von Prag?«

Der Reporter Mossack kannte sich in der Materie bestens aus. Im Krieg war er Mitglied der Waffen-SS gewesen und hatte in der Totenkopf-Division gedient, seine Einheit war für die Konzentrationslager zuständig und in Polen an zahlreichen Säuberungsaktionen beteiligt gewesen. Mossack selbst wurde verdächtigt, im Mai 1940 in Le Paradis in Frankreich Kriegsverbrechen gegen britische Soldaten begangen zu haben. Nichtsdestotrotz diente er sich nach dem Krieg den amerikanischen Besatzungsbehörden als Informant an. Angeblich verfügte er über Informationen über eine geheime deutsche Widerstandsaktion.[6] Sein Fall wurde in unseren Tagen wieder publik, weil sein Sohn einer der Hauptverdächtigen im Komplex der Panama-Papers war.

Später stellte sich heraus, dass Mossack auf der falschen Fährte gewesen war. Zwar stimmte die Vermutung, dass der Maskenmann aus Tschechien kam. Er war aber nicht der Henkersknecht Kriskowsky, sondern der Flüchtling Franz Josef Krivincka, ein Dachdeckermeister aus Mährisch-Striebau, der dort am 25. April 1912 geboren worden war. Allerdings hatte Krivincka einer tschechischen SS-Formation, dem sogenannten »Wenzelsturm«, angehört. Insofern war sein SS-Kollege Mossack im Lager »Valka« der Wahrheit ziemlich nahe gekommen. Wegen seiner Vergangenheit bei der SS hatte Krivincka nach Österreich fliehen müssen, als die Kommunisten in Prag die Macht übernommen hatten. Frau und drei Kinder hatte er in Tschechien zurückgelassen.

Der Dachdeckermeister aus Mährisch-Striebau war in Mähren siebenmal Weltergewichtsmeister im Ringen gewesen. Zweimal wurde er sogar tschechoslowakischer Halbschwergewichtsmeister. 1943 war er ins Profilager gewechselt und prompt Protektoratsmeister geworden. In Wien hatte Krivincka zehn Monate in Haft gesessen, weil er verdächtigt wurde, in seiner Heimat an Kriegsverbrechen beteiligt gewesen zu sein. Die Briten weigerten sich jedoch, ihn nach Prag auszuliefern – weniger, weil sie an seine Unschuld glaubten, als wegen Animositäten gegenüber der dortigen kommunistischen Regierung. Wieder auf freiem Fuß tauchte er in der Ringerszene unter und verwandelte sich in den »Würger von Wien«.

Die Maske hatte er also nicht getragen, um durch seine Ringleidenschaft die hohe soziale Stellung nicht zu gefährden, die er angeblich innehatte: Er musste im Licht der Öffentlichkeit einfach befürchten, erkannt und wieder wegen Kriegsverbrechen vor Gericht gezerrt zu werden.

Der Würgegriff, mit dem er lange seine Gegner paralysiert hatte, soll ihm der deutsche Arzt Dr. Donne in der Haft beigebracht haben. Wie es hieß, handelte sich um eine Technik, mit der im Mittelalter Chirurgen ihre Patienten betäubten, bevor sie zur Tat schritten. Wie gesagt: Die Freistilszene ist reich an Lügen und Legenden.

Krieg im Zoo

Der Fall Grzimek

Die westdeutsche Republik war gerade mal zwei Monate alt, da begab sie sich schon auf glattes internationales Parkett. Die Frankfurter Staatsanwaltschaft sah sich im Juli 1949 gezwungen, bei der italienischen Polizei förmlich um die Auslieferung eines Deutschen zu bitten. Es handelte sich um den 26-jährigen Zoologie-Studenten Dieter Christ, den die Frankfurter aufgrund internationaler Fahndungsmaßnahmen in Mailand vermuteten. Die italienische Polizei zeigte sich kooperativ: Sie nahm den gesuchten Deutschen in Rom fest. Allerdings erwies sich bald, dass die Auslieferung schwierig werden würde. Es bestand zwar ein diesbezügliches Abkommen mit Rom, und in dem Fall Christ ging es um mehrfachen (um genau zu sein: hundertfachen) Mord. Allerdings um Mord an Tieren, und das war nach dem Gesetz der BRD 1949 nur Sachbeschädigung und damit kein Verbrechen. Das deutsch-italienische Auslieferungsabkommen deckte nur Verbrechen ab, keine Vergehen.

Der gesuchte Dieter Christ sollte bei dem bevorstehenden Verfahren als Zeuge aussagen, gleichzeitig wurde er aber verdächtigt, an der Tiermordserie mitgewirkt zu haben – was den Zoologie-Studenten davon abhielt, freiwillig nach Deutschland zurückzukehren.

Die Causa wirbelte viel Staub auf. Das ganze Land sprach davon – sogar ein Kinofilm wurde über den Fall gedreht. Dabei wussten im Sommer 1949 nur die wenigsten, wie vertrackt der Fall wirklich war – es ging um alte Rechnungen, um neue Seilschaften, natürlich um die Nazivergangenheit und um die neue Miefigkeit, die sich mit der Gründung der Bonner Republik entfalten konnte.

Seit eineinhalb Jahren starben im Frankfurter Zoo Tiere. Begonnen hatte es im Dezember 1947 mit einem Zebra, das plötzlich einging, ohne vorher sichtbar krank gewesen zu sein. Zur gleichen Zeit wurde ein bis dahin kerngesunder Elefant von Krämpfen geschüttelt. Er musste mit einem Flaschenzug aus seinem Gehege geborgen werden. Wenige Tage später starben auf einen Schlag 30 Fasane und Papageien.

Der damals durch seine Tierkolumnen im *Illustrierten Blatt* schon überregional bekannte Zoodirektor Dr. Bernhard Grzimek glaubte erst, es mit einer Seuche zu tun zu haben. Der erfahrene Veterinär machte deshalb ein einfaches Experiment: Er ließ den Mageninhalt von mehreren toten Fasanen im staatlichen Veterinäruntersuchungsamt an Mäuse verfüttern. Als diese sofort eingingen, schickte Grzimek Proben aus den Körpern der verendeten Zoo-Tiere zur chemischen Analyse. Das Ergebnis: In allen Tierkörpern fanden sich Reste eines starken Herzgiftes: Natriumfluorid wurde vor allem zur effektiven Schädlingsbekämpfung benutzt, in der Medizin fand es wegen seiner starken Wirkung keine Verwendung. Allerdings war das Gift in jeder Drogerie zu kaufen. Man brauchte 1949 nur einen Giftschein dazu, also eine Bescheinigung, dass man irgendwie mit Schädlingsbekämpfung zu tun hatte. Das hatten viele.

Nur fünf Tage nach der Natriumfluorid-Entdeckung verendeten im Robbenbecken des Frankfurter Zoos fünf Nutrias. Gleichzeitig brach ein Rehbock zusammen und starb. In diesen Tagen wird auch ein Einbruch in das Büro des Zoodirektors entdeckt. Obwohl Wertsachen vorhanden waren, waren sie nicht angerührt worden: Die Einbrecher hatten sich offensichtlich nur für die Akten der Zooverwaltung interessiert.

Die Zeitungen berichten detailliert über die ungeklärten Todesfälle im Frankfurter Zoo. Die Menschen reagieren entsetzt. Zwar ist das ganz große Sterben noch gar nicht so lange her – aber wenn es um Tiere geht, gelten in der sich gerade formierenden Wirtschaftswundergesellschaft andere Aufregungsfaktoren als bei Menschen.

Als im Januar 1948 fünf Biber, eine afrikanische Zibetkatze und ein Pavian folgen, beschäftigt sich nicht mehr nur die Zooverwaltung mit dem Fall. Bis zum 22. Februar 1948 sind in Frankfurt schon 46 Tiere vergiftet worden. Und es werden immer mehr. Hundert Tiere sollte der Grzimek-Zoo bis zum Ende der Anschlagsserie verloren haben.

Die Stadt Frankfurt hatte sich Anfang 1948 in einer Presseerklärung an die Bevölkerung gewendet und um Mithilfe bei der Aufklärung der Todesfälle gebeten: »Seit 29. Dezember sind 44 wertvolle Tiere des Frankfurter Zoologischen Gartens von unbekannten Tätern vergiftet worden. Hierdurch ist nicht nur ein erheblicher finanzieller Schaden für die Stadt entstanden, auch alle Tierfreunde sind über diese Untaten bekümmert. Der Frankfurter Magistrat (…) hat für Angaben, die zur Ermittlung des Täters und seiner Helfershelfer führen, eine Belohnung von 30 000 Mark ausgesetzt.«

Das war die höchste Belohnung, die in Deutschland bei einem Verbrechen ausgelobt worden war. Die Stadt Frankfurt hatte viele Gründe, sich so freigiebig zu zeigen. Zum Beispiel den, dass der Deutsche Tierschutzbund in Frankfurt ansässig war und der Oberbürgermeister Walter Kolb als dessen Vorsitzender fungierte.

Der erfolgreiche Bernhard Grzimek hatte nach nicht einmal drei Jahren am 10. Januar 1948 seinen Posten als Direktor vorübergehend räumen müssen. Ein amerikanisches Militärgericht hatte ihn zu 5000 RM Geldstrafe verurteilt. Grzimek hatte bei seiner Befragung verschwiegen, dass er Mitglied der NSDAP gewesen war.

Bernhard Grzimek

Bernhard Grzimek war nach dem Krieg nach Frankfurt gekommen, weil er sich erhoffte hatte, über den Chefredakteur des *Illustrierten Blattes*, für das er seine Tier-Kolumnen geschrieben hatte, noch mehr Aufträge zu bekommen. Nun wurde dieser Wilhelm Hollbach unversehens von den Amerikanern zum provisorischen Frankfurter Bürgermeister gemacht. Er brauchte also keine Autoren, er brauchte Organisatoren. Das allerdings war Grzimek, der, wie Hollbach wusste, als Angestellter des NS-Landwirtschaftsministeriums die Hühnereierproduktion in Deutschland revolutioniert und rationalisiert hatte. Deshalb machte der provisorische OB Hollbach Grzimek kurzerhand zu seinem Polizeipräsidenten: »Gott sei Dank, dass Sie kommen. Sie sind wenigstens Verwaltungsbeamter. Ich regiere hier die Stadt Frankfurt lediglich mit Zeitungsmenschen.«[1]

Polizeipräsident in Frankfurt am Main sein – das war Bernhard Grzimek jedoch zu wenig. Er wollte einen Zoo haben. Die Chance bot sich, als die Amerikaner den zerstörten und unrentablen Tierpark schließen wollten. Obwohl er bisher nur einen kleinen Privatzoo (eigentlich eher eine Hühnerfarm bei Potsdam und einen großen Garten mit Tieren an der Dahme) geführt hatte, bot er an, den Frankfurter Zoo auf Vordermann zu bringen, ohne dass dies die Stadt Geld kosten würde.

Die Anlagen waren durch Bomben weitgehend zerstört, nur 20 Tiere hatten überlebt. Dennoch war es dem findigen Grzimek in kürzester Zeit gelungen, die Menschen wieder für seinen Zoo zu interessieren. Die ersten Zettel, die in Frankfurt an Hausruinen hingen, waren Anzeigen des Zoos. Grzimek machte in Schaukästen mit Fotos auf seine neu erworbenen Tiere aufmerksam, bevor Kinos für ihre Filme werben konnten. Er hatte den Zirkus Hoppe auf dem Zoogelände gastieren lassen, der nun fast immer ausverkauft war. Direktor Oskar Hoppe dankte ihm das, indem er sich, kaum war Grzimek von seiner Direktorenstelle suspendiert, auf dessen Posten bewarb – allerdings ohne die geringste Chance. Nachher hieß es, er sei nach der Scheidung von seiner Frau und durch den daraus resultierenden Verlust des Zirkus deprimiert gewesen und habe seinen Realitätssinn eingebüßt. Grzimek hatte sich Hoppe zum Feind gemacht, als er verhindert hatte, dass die Stadt Frankfurt für dessen Zirkus ein feststehendes Haus auf dem Zoogelände errichtete.[2]

Später zog der renommierte Zirkus Althoff auf das Gelände und eröffnete einen festen Bau mit 3000 Plätzen. Es gab einen kleinen Rummel mit Achterbahn, Karussells und einer Tanzdiele. Das in Frankfurt beliebte Fritz Rémond Theater bespielte einen Saal auf dem Zoogelände und konnte sich fortan nicht mehr über die Auslastung seiner Plätze beklagen, während die Theater überall im Land nach der Währungsreform unter dem katastrophalen Besucherrückgang zu leiden hatten und schließen mussten. Auf dem Zoogelände fanden sogar politische Kundgebungen statt. Es gab die damals beliebten Kabaretts, aber auch Kinderfeste, Opern und Gottesdienste.

Grzimek war alles recht, wenn es nur Besucher in seinen Zoo brachte.

Bernhard Grzimeks Konzept zog die Menschen an, trotz der schlechten Zeiten. Bis 1949 waren die Besucherzahlen um das Achtfache gestiegen, insgesamt kamen nun drei Millionen pro Jahr.[3] Vor dem Krieg hatten die Frankfurter Stadtväter ihren Zoo mit jährlich 250 000 RM unterstützen müssen, nun stellt er ihre reichste Einnahmequelle dar.

In nur zwei Jahren gelang es Grzimek, aus eigenen Mitteln den Bestand auf 1000 Tiere zu erhöhen. Auf abenteuerlichen Touren durch die zerstörten Tiergärten Deutschlands suchte er sich den

Zuwachs für seine Gehege zusammen. Oft genug drohte er dabei an der Transportmisere zu scheitern – in einem Land, in dem die Menschen für wenige hundert Kilometer tagelang brauchten, an überfüllten Zügen hingen und nachts auf zerbombten Bahnhöfen auf dem Boden schlafen mussten, waren Tiertransporte eigentlich undenkbar. Mit einem durch Holzvergaser angetriebenen Laster tuckerte Grzimek mit seinen Helfern durch die zerstörte Zone, kaufte Tiere von Zoos, die schließen mussten, weil sie kein Futter mehr bezahlen konnten, von bankrotten Zirkussen und von Privatleuten, die Geld zum Leben benötigten. Auf diesen Touren rekrutierte er gleichzeitig Artisten und Schausteller für den Zoorummel.

Grzimek war in der Aufbaugesellschaft ein kleines Wunder gelungen – ohne staatliche Unterstützung, nicht einmal mit dem Nachdruck durch die Besatzer, ohne den damals fast nichts lief, hatte er aus dem Nichts ein sich selbst tragendes Wirtschaftsunternehmen aus dem Boden gestampft. Das Wichtigste aber war, dass die Menschen der Nachkriegszeit sich nach nichts mehr sehnten als nach dem Zeitlosen, das die Wirren des »Tausendjährigen Reiches« unbeeindruckt überstanden hatte. Also nach den ewigen Werten des Humanismus (davon hatten die Theater beispielweise profitiert – aber nur bis zur Währungsreform, danach verfügten die Leute über harte Mark, die sie für wichtigere Waren als Kultur ausgaben) und nach dem Zauber der Natur. Deshalb konnte auch ein Zoo reüssieren – wenn er genügend exotische Tiere hatte und den Familien etwas Ablenkung vom immer noch harten Alltag bot.

Die Zeitungen wurden auf den »Tierpsychiater« aufmerksam, die lokale Politik hofierte ihn, weil er Geld und Ansehen versprach. Eine solche Erfolgsgeschichte im engsten Windschatten des großen Krieges reizte natürlich auch zum Widerspruch. Der erste kam vom Betriebsrat des Frankfurter Zoos. Der beklagte – die Tiermorde hatten gerade begonnen – die vergnügungsindustriellen Aktivitäten des Direktors. Allerdings, nicht wie man annehmen könnte, aus Sorge um die Mitarbeiter, die womöglich gezwungen waren, nach der Fütterung der Raubtiere noch an der Achterbahn Karten abzureißen. Nein, der Betriebsrat des Frankfurter Zoos verwahrte sich gegen den Publikumserfolg seines Hauses, weil der Rummel seiner Meinung nach das Befinden der Zootiere empfindlich störte. Auch das ist in gewissen Grenzen noch nachvollziehbar – zumal die Karussells auf dem Zoogelände auch abends noch »lärmten«. Auch wenn solche Belästigungen der Tierwelt nicht unbedingt zu den ureigensten Anliegen eines Betriebsrates gehören. Seltsam war allerdings, dass die sich beklagenden Arbeitnehmervertreter einen Verbündeten gegen Grzimek ins Boot holten, der, um in der Terminologie zu bleiben, eigentlich ins zoologische Arbeitgeberlager gehörte.

Es handelte sich um den Direktor des Münchner Zoos. Dieser Dr. Heinz Heck war ein berühmter Zoomann aus einer noch berühmteren Zoofamilie. Sein Vater Ludwig Heck war Direktor des Zoologischen Gartens in Berlin gewesen, sein Bruder Lutz Heck, dessen Nachfolger, war wenige Jahre zuvor noch Leiter der Obersten NS-Naturschutzbehörde. 1938 wurde ihm »aus Anlass des Führergeburtstages« der Professorentitel verliehen.

Lutz Heck war weltweit berühmt geworden durch die (von Hermann Göring geförderte) Rückzüchtung gängiger Arten auf den ausgestorbenen Auerochsen und den Tarpan, das Wildpferd der südrussischen Steppe. Diese Züchtungen gelangen ihm zusammen mit seinem Bruder Heinz Heck. Auf einem Zuchtgehege in der Schorfheide züchteten die Hecks für den Berliner Zoo Wisente. Sie führten aus Kanada Bisons ein und setzten erstmals das Urrind Auerochse im Reichsnaturschutzgebiet Rominter Heide aus. Lutz Heck hatte nach Hagenbecks Vorbild die ersten Freianlagen wie Robben- und Bergtigerfelsen in Zoos geschaffen. 1925 errichtete er den ersten Tierkinderzoo. Trotz des tiefen Zerwürfnisses der beiden Familien Heck und Grzimek fungierte Lutz Heck 1970 bei der Enzyklopädie *Grzimeks Tierleben* als Mitherausgeber und schrieb als Autor das Kapitel über Hirschferkel und einige Abschnitte über Hirsche.

Heinz Heck, der Bruder von Lutz, Schöpfer der Löwenterrasse, der ersten Freisichtanlage für Raubtiere im Münchner Tierpark Hellabrunn, schrieb nun 1948 dem Frankfurter Betriebsrat zuliebe ein Gutachten über Auswirkungen eines Rummelbetriebes auf einen Zoologischen Garten. Fazit: Eine »Synthese« von Rummelplatz und Zoo sei unvereinbar. Das sollte der Todesstoß für Grzimek sein – mit Heck sprach sich die Spitze der deutschen Zoologen gegen ihn aus. (Heinz Heck wurde später der Begründer des heute sehr beliebten Geo-Prinzips in europäischen Tiergärten.)

Gleichzeitig erschien auf dem Gelände des Frankfurter Zoos ein seltsamer Mensch, der süddeutschen Dialekt sprach und seine Nase in jedes Gehege steckte. Von den Wärtern befragt, gab er sich als Rechtsanwalt Walter Praxmarer zu erkennen. Praxmarer war nicht nur Jurist, sondern auch angeblicher kaufmännischer Leiter just jenes Münchner Zoos, als dessen Chef der Gutachter Dr. Heck fungierte.

Das war jedoch eine Lüge: Praxmarer hatte mit dem Zoo in München gar nichts zu tun. Er war ein Winkeladvokat aus Stuttgart, den der umtriebige Zoodirektor Heinz Heck losgeschickt hatte, um schmutzige Geschichten über seinen Rivalen Grzimek zu sammeln. Dabei durfte er sich, um das Vertrauen der Frankfurter Zoobediensteten zu gewinnen, mit Hecks Erlaubnis als höherer Angestellter des Münchner Zoos ausgeben. Bei der Gelegenheit offenbarte RA Praxmarer den Frankfurter Zoobediensteten, dass er auch geheime Ermittlungen in der leidigen Tiermordaffäre durchführte. Der Betriebsrat zeigte sich beeindruckt und bat den Münchner Anwalt, seine Ermittlungen »auch im Interesse der Belegschaft« fortzusetzen.[4] Man verstand sich blendend, und so hatte Praxmarer auch keine Bedenken, zu offenbaren, dass er eigentlich in einer Korruptionsaffäre unterwegs sei.

Da wussten die Frankfurter Tierwärter Bescheid: Erst baute ihr Direktor Grzimek Achterbahnen auf das Zoogelände, dann wurde er wegen seiner Nazivergangenheit vor eine Spruchkammer zitiert und vom Dienst suspendiert, und schließlich wurden sogar Korruptionsgerüchte laut. Sie mussten sich wohl auf einen neuen Zoodirektor einstellen. RA Praxmarer schien zu wissen, welche Kapazität die Stelle des mehr als umstrittenen Grzimek einnehmen könnte: sein hochverdienter Auftraggeber, der Münchner Zoodirektor und Gutachter Dr. Heinz Heck.

Doch es kam noch toller: Eines Tages erschien Grzimek wieder. Die zuständige Spruchkammer konnte (oder wollte) ihm keine Schuld nachweisen. Grzimek konnte einigermaßen glaubhaft machen, dass er durch seine tierärztliche Tätigkeit für die Wehrmacht und durch seine Position als Spezialist für die Kühlung von Hühnereiern und erfahrener Hühnerfarmbetreiber im preußischen Staatsdienst mehr oder weniger zwangsweise als NSDAP-Mitglied geführt worden war, ohne davon zu wissen. Dieses Argumentationsmuster war damals sehr beliebt, aber die Spruchkammern hatten schwerwiegendere Fälle und ließen den Tierdoktor laufen. (Bei späterer Gelegenheit äußerte Grzimek forsch, er sehe nicht ein, warum er einer ausländischen Macht Auskunft über Sachverhalte geben sollte, die nicht strafbar waren. Dass er für die »Tiefland«-Produktion von Leni Riefenstahl einen Wolf dressiert und sich mit der Regisseurin auch politisch glänzend verstanden hatte, verschwieg er den US-Stellen wohlweislich.)

In der Frankfurter Stadtregierung war man auf Schlimmeres gefasst gewesen und beeilte sich, den wiedergefundenen Zoodirektor wieder in Amt und Würden zu bringen. Das war Ende März 1948. Nur wenig später, am 7. April, wurden die endlich wiedervereinten Grzimeks aus dem Ehebett geholt. Die junge Frau war entsetzt: Sie musste mit ansehen, wie der eben erst aus der Haft zurückgekehrte Gatte in Handschellen abgeführt wurde. Dann bat man auch sie, mit auf die Wache zu kommen.

Der famose Jurist Praxmarer hatte bei seinen Geheimermittlungen 26 Anhaltspunkte für eine Anklageerhebung wegen Korruption gefunden. Die Staatsanwaltschaft folgte ihm zögernd. Immerhin war vom »Verkauf eines Dackels gegen Dollars« die Rede und vom »unrechtmäßigen Erwerb von sieben Staubsaugern«. Es kam zu einer Verhandlung. Grzimek wurde in allen Punkten freigesprochen. Der Staatsanwalt aber stellte Strafantrag wegen Verleumdung. Nicht gegen Grzimek. Gegen RA Praxmarer.

Nach viermonatigem Nervenkrieg konnte Bernhard Grzimek am 15. August 1948 wieder an seinen Posten zurückkehren.

Von dem Moment an, an dem Grzimek den Zoo hatte verlassen müssen, hatten die Giftattentate auf die Tiere aufgehört. Als aber bekannt geworden war, dass der Frankfurter OB mit einer Rückkehr seines Zoodirektors rechnete und dessen Stelle deshalb nicht ausschreiben wollte, fingen sie wieder an. Ein Webi-Pavianweibchen, ein Rhesusaffe, eine Zibetkatze, ein Mantelpavian und eine Javaneräffin starben durch Natriumfluorid.

Nicht wenige witterten damals schon einen Zusammenhang. Der Journalist Robert Lembke schrieb in der *Neuen Zeitung*: »Das alles geschah, nachdem bekanntgegeben worden war, daß Grzimek trotz des Militärgerichtsentscheides im Amt bleiben würde.«[5]

Dann traf ein Brief in Frankfurt ein. Er kam aus München, vom dortigen Zoodirektor. Und er war an den neuen Frankfurter Oberbürgermeister Walter Kolb gerichtet. Dr. Heinz Heck bot Kolb selbstlos seinen Rat und seine Hilfe an. Ganz nebenbei machte er noch einige wichtige Mitteilungen: Der Münchner Zoofachmann hielt seinen Kollegen Grzimek für nicht sehr erfahren in tiergärtnerischer Hinsicht, dafür aber für besonders talentiert in Sachen Volksbelustigung. Weiter hieß es darwinistisch: »Daher ist das Resultat des Rummelplatzes das, daß diesen Betrieb in einem Zoologischen Garten nur die gewöhnlichsten und widerstandsfähigsten Tiere aushalten und daß die besseren und schwierigeren Arten einfach aussterben. (…) Wir Zooleute sind auf Grund dieser neuerlichen Erfahrungen entschlossen, in Zukunft gegen jede Bestrebung, die Haltung der lebenden Tiere und die naturwissenschaftliche Belehrung mit einem Amüsierbetrieb zu vereinigen, energisch vorzugehen.« Fachmann Heck prophezeite dem OB, dass es in seinem Zoo aufgrund des tierquälerischen Missbrauchs bald einen großen Skandal geben würde. Er empfahl deshalb dringend, Grzimek rauszuschmeißen und einen »wirklichen« Fachmann einzustellen …

OB Kolb war außer sich. Nicht wegen der trüben Aussichten, die Heck ihm eröffnet hatte. Der Oberbürgermeister, wie gesagt: ehrenamtlicher Tierschützer, wusste nämlich, dass jener besorgte Zoologe aus München vor einiger Zeit zusammen mit Grzimek, dessen Qualifikation er jetzt lauthals infrage stellte, den renommierten Karlsruher Zoo hatte übernehmen wollen. Im Rahmen ihrer gemeinsamen Bewerbung hatte Heck ein Konzept entwickelt, das für die wirtschaftliche Rettung des Karlsruher Tiergartens eine Lösung vorsah, die man in Frankfurt bereits kannte: die Ansiedlung von Vergnügungsbetrieben. Damals hatte Heck ausdrücklich darauf hingewiesen, dass es eine solche Kooperation schon immer gegeben habe und nicht bekannt sei, dass dadurch den Zoos Schäden entstanden seien. In der behäbigen Diktion der damaligen Zeit nannte OB Kolb deshalb den Vorstoß des Münchner Zoodirektors »unkollegial und menschlich unerfreulich«. Kolb machte auch keinen Hehl daraus, dass er es schmierig fand, dass Heck eigens den Rechtsanwalt Praxmarer nach Frankfurt geschickt hatte, um nach Belastendem gegen Grzimek zu schnüffeln.

In diesem Zusammenhang erinnerten sich die Frankfurter daran, dass auf dem Höhepunkt der Auseinandersetzung ein Einbruch in das Büro Grzimeks entdeckt worden war. Komischerweise war dabei nichts gestohlen worden, allerdings hatten die Täter die Akten der Zoodirektion durchsucht. Damals war die Politik noch nicht so abgeklärt, dass sie solche Zusammenhänge nicht offenherzig bewertete.

Grzimek war rehabilitiert, und der Übernahmeversuch des Münchner Zoodirektors war abgewehrt worden – dank der Courage des Oberbürgermeisters Kolb. Es hätte in Frankfurt also etwas ruhiger weitergehen können. Doch am 19. Januar 1949 starb die Schimpansin Inge. Todesursache: wieder Vergiftung mit Natriumfluorid. Die Staatsanwaltschaft hatte längst das Interesse an diesen Vorgängen verloren – schließlich ging es »nur« um Tiere. Grzimek hingegen war am Ende seiner Kräfte. Er dachte schon daran zurückzutreten. Da riet ihm der zuständige Staatsanwalt, doch einen Privatdetektiv zu engagieren.

Der Privatdetektiv

Damals glaubte man noch an solche Mythen aus der Genreliteratur. Die Menschen waren ausgekocht und naiv zugleich. Ein besonderer Zug der Zeit. Auch ein Zug der Zeit war, dass es sich bei dem angeheuerten Privatdetektiv um einen ehemaligen Kripo-Beamten namens Adam Ganjon handelte, der wegen NS-Belastung aus dem Dienst hatte scheiden müssen.[6]

Um die Presse zu beruhigen und nicht noch mehr Staub aufzuwirbeln, der die Münchner wieder auf den Plan gerufen hätte, erfand Grzimek ständig neue, unverfängliche Todesursachen: Einmal war es eine Lungenentzündung, wie sie in jedem Zoo vorkommt, dann eine Kolik und im dritten Fall sogar eine tragische Darmverschlingung. Nur von Natriumfluorid war keine Rede mehr. Das wiederum verärgerte den aufrechten Oberwärter Schacherl. Er wurde nicht müde, seinen Direktor zu dementieren: »Das ist eine Schweinerei, die Tiere sind vergiftet worden.«

Grzimek hingegen blieb bei seiner Märchenversion. Er wusste: Wenn die Sache wieder hochkochte, war er erledigt. Es gelang ihm sogar, zusammen mit dem Zootierarzt ein Gegengift zu finden. Sobald ein Tier Vergiftungserscheinungen zeigte, wurde es ihm injiziert. In zehn Fällen gelang Grzimek und dem Mediziner die Rettung vergifteter Tiere.

Auch der Detektiv legte sich ins Zeug. Er klebte über Nacht Seidenfäden an die Eingänge der Gehege und an die Käfige, und er harkte die Gehwege, um Spuren sichern zu können. Die Detektivkunst war noch nicht sehr technisiert, aber sie wusste sich zu helfen. Ein Problem hatte der Schnüffler jedoch: Der bissige Schäferhund des Schaustellers, der die Achterbahn betrieb. Das Tier fiel jeden an – außer seinen Herrn und Grzimek. Der Hund lief nachts frei herum. Das hieß für den Detektiv: Er musste auf einen Baum klettern, wenn er das Terrain beobachten wollte. Das missfiel ihm. Deshalb sprach er mit dem Schausteller über den bissigen Hund. Der war sowieso schon wegen der Zooleute aufgebracht: Der Oberwärter Schacherl kettete ohne Erlaubnis des Besitzers den Schäferhund ab und ging mit ihm spazieren. Der Schausteller, der seinen Hund kannte, befürchtete, das Tier könnte bei einem dieser Ausflüge jemanden beißen und er müsste dann dafür geradestehen.

Dem Ex-Polizisten Ganjon kam die Geschichte eigenartig vor: Hatte der Oberwärter Schacherl denn gar keine Angst vor dem Schäferhund?

Das war es ja, was den Schausteller so ärgerte: Er hielt sich einen scharfen Wachhund, der seinen Besitz auf dem nächtlichen Zoogelände von den damals zahlreichen Einbruchsdiebstahlen schützen sollte, und dieser Schacherl zähmte den Hund.

Daraufhin nahm der Detektiv den Oberwärter unter die Lupe: Karl-August Schacherl hatte schon eine vielfältige Karriere als Tierpfleger hinter sich. Er war beim Zirkus Hagenbeck gewesen und hatte als Menschenaffenwärter in Dresden und Posen gearbeitet. Er tat eine untadelige Arbeit. Deshalb wollte Grzimek erst auf den Verdacht des Detektivs nichts geben. Doch dann fand dieser heraus, dass der Oberwärter Schacherl sich als Schnapsschmuggler betätigt hatte; die Ware hatte er immer in einem Keller des Zoos unter dem Heu versteckt. Grzimek durchsuchte das Schwarzmarktversteck Schacherls und fand dort eine Rollmopsdose mit einer lehmartigen Masse. Die chemische Analyse ergab: Natriumfluorid. Bei einer nächtlichen Durchsuchung von Schacherls Wärterzimmer im Büffelhaus fanden Grzimek und Ganjon Lehmreste an einem ausgewaschenen Töpfchen. Auch Natriumfluorid.

Die hinzugezogene Staatsanwaltschaft stellte bei weitergehenden Untersuchungen noch mehr Natriumfluoridreste sicher, auch an der Kleidung des Oberwärters. Schacherl wurde in Untersuchungshaft genommen, obwohl er standhaft ableugnete, etwas mit der Vergiftungswelle zu tun zu haben. Aber: Sobald der Oberwärter im Gefängnis saß, kam es zu keinen Vergiftungen mehr.

Nun meldete sich auch Heinz Heck wieder zu Wort. In der von ihm schon bekannten Manier rief er sich am 1. Juni 1949 durch ein Rundschreiben wieder in Erinnerung: »Ich habe immer die Ansicht vertreten, daß die Verquickung des Zoos mit diesem riesigen Rummelplatz einer der wesentlichsten Ursachen des Frankfurter Zoo-Skandals war.«

Der inhaftierte Wärter Schacherl verstrickt sich in Widersprüche und Lügengeschichten. So behauptet er, Ritterkreuzträger zu sein, was sich wie vieles andere als erlogen herausstellt. Seine Frau Mia springt ihm zur Seite und gibt zu Protokoll, ihr Mann habe ständig Affären gehabt, bei denen er mit erfundenen Geschichten Eindruck schinden wollte. Allerdings finden die Ermittler heraus, dass der Oberwärter dem Zoohändler Rohr angeboten hat, für 10 000 Mark Beteiligung gemeinsame Geschäfte zu machen. Dann macht ein Zellengenosse aus dem Untersuchungsgefängnis eine Aussage zur Sache: Schacherl soll ihm die Giftanschläge gebeichtet haben. Sie seien im Auftrag des Münchner Zoodirektors Heck geschehen, und das Gift habe ein Zoologie-Student für ihn besorgt. Dessen Name: Dieter Christ.

Die Staatsanwaltschaft glaubt dem Zeugen, da Details seiner Aussage nur der Täter wissen kann. Sie lässt nach diesem Dieter Christ fahnden – doch der Student scheint außer Landes geflüchtet zu sein. Allerdings gibt es eine enge Verbindung von Christ nach München. Schon als kleiner Junge hat er sich während der Sommerferien ständig im dortigen Zoo aufgehalten und war mit Zoodirektor Heck bestens bekannt, bei ihm hat er ein Volontariat abgelegt. Er soll den Direktor sogar als Chauffeur zu »Inspektionsbesuchen« nach Frankfurt gefahren haben.

Christ hat sich mit dem Frankfurter Oberwärter Schacherl angefreundet und sogar in dessen Zimmer im Zoo übernachtet. Auch mit dem Zootierarzt Dr. Alexander Palm war Christ gut bekannt, er chauffierte ihn öfter zu dessen Gestüt. Palm wusste, dass Christ davon träumte, auf einer Tierstation in Afrika zu arbeiten. Bei einem Versuch, über die Schweiz dorthin zu gelangen, war er verhaftet und abgeschoben worden. Die Familie des Münchner

Direktors Heck war an zwei solcher Stationen beteiligt – an einer in Südfrankreich und später einer in den USA, der Catskill Game Farm in New York State.

Die Frankfurter Staatsanwaltschaft sieht sich damit am Ende ihrer Möglichkeiten. Aber Grzimek gibt nicht auf: Es wurmt ihn, dass ohne die Aussage von Dieter Christ weder Schacherl noch Heck etwas nachzuweisen ist. Also startet der Frankfurter Zoo eine »Privatfahndung«.

Das Foto Dieter Christs wird per Luftpost an alle großen europäischen Zoos geschickt. Grzimek nimmt an, dass ein Zoologie-Student sich auch im Ausland und auf der Flucht an einen Tiergarten wenden wird. So kommt es, dass die Zooverwaltung in Mailand auf Dieter Christ aufmerksam wird. Sie meldet ihre Beobachtung nach Frankfurt, Grzimek informiert die Staatsanwaltschaft, und im Juli 1949 wird Dieter Christ im Zoo von Rom verhaftet.

Nun kam neue Bewegung in die Spekulationen der Presse. So fand die *Neue Zeitung* in München heraus, dass der Münchner Zoodirektor seit langem einen Generalplan hatte: Er wollte sämtliche Zoos in Süddeutschland unter seinen Hut bringen; München, Augsburg, Straubing, Nürnberg und Frankfurt sollten von seiner Süddeutschen Zoo-AG verwaltet werden. Den Zoo in Augsburg hatte er bereits an sich gebracht, der in Frankfurt sollte der nächste sein.

Heinz Heck bestreitet die Vorwürfe – Zoologische Gärten seien Zuschussunternehmen, da sei kein Geld zu verdienen. Im Übrigen würden gestandene Zoomenschen wie er und der von ihm geschätzte Frankfurter Zoowärter Schacherl niemals Tiere vergiften, das könnten sie gar nicht.

Am 24. November 1949 fand vor der Frankfurter Strafkammer der Prozess gegen Schacherl wegen »gemeinschaftlicher Sachbeschädigung« nach Paragraph 304 statt. Das Verfahren endete mit einem Freispruch für Schacherl – Dieter Christ war nicht nach Deutschland ausgeliefert worden. Gegen Heinz Heck wurde gar nicht erst Anklage erhoben.

In der Auseinandersetzung mit seinem Kontrahenten Grzimek haben Heinz Heck und seine Unterstützer immer wieder die Nazikarte gespielt und Grzimek ebenso wie den mit diesem verbundenen Frankfurter Zootierarzt wegen ihrer NS-Belastung angegriffen. Heck selbst sei der einzige deutsche Zoodirektor, der nicht in der Partei war und deshalb nach dem Krieg sofort wieder weiterarbeiten konnte, hieß es lange in seinem Umfeld.[7]

In jüngerer Zeit aber mehren sich Widersprüche gegen die Verehrung der Hecks in Zookreisen. So forderte der VdZ (Verband der Zoologischen Gärten), dass im Berliner Zoologischen Garten das Ludwig-Heck-Denkmal entfernt werden müsse: »Bei ihrer Würdigung darf aber nicht verschwiegen werden, dass ihre Beziehung zu Ideologie und Führerschaft des Dritten Reiches eine Form hatte, die weit hinausging über Mitläuferschaft und bloßes deutschnationales Denken, wie es auch bei anderen Zoodirektoren aus jener Zeit festgestellt werden kann.«[8]

Kino, Kalter Krieg und Zoo

Das Leben Wolfgang Staudtes wirkt, als hätte ein Autor es sich ausgedacht. Er war ein Künstler, der an den neuralgischen Punkten der deutschen Geschichte eine mehr oder weniger verquere Rolle spielte. Seine große Zeit als Kinoregisseur hatte er in den Nachkriegsjahren – und da begannen auch seine Probleme mit der deutschen Kleinmütigkeit.

Staudte wurde 1906 in Saarbrücken geboren, wo seine Eltern, ein Schauspielerehepaar, am Theater engagiert waren. Er wuchs in Berlin-Steglitz auf und erlebte die Aufbruchsstimmung der Weimarer Republik als junger, abenteuerlustiger Mensch: Staudte studierte an der Ingenieurschule in Oldenburg, schuftete als Volontär bei Mercedes in Berlin und den Hansa-Lloyd-Werken in Varel. Er hielt sich als Autoschlosser über Wasser und strebte zum Theater. Ende der Zwanzigerjahre trat er unter Piscator an der Volksbühne in Berlin auf. Dann ging er zum Film, spielte bei Lupu Pick, Erich Engel und Carl Froelich.

1930 sprach Staudte in der deutschen Fassung von *Im Westen nichts Neues* den Kemmerich. Der Film machte u. a. durch die Störversuche der Nazis Furore, und Staudte geriet in deren Visier. Ab 1933 hatte das neue Theater, wie Piscator es praktizierte, keine Zukunft mehr. Staudte schrieb Drehbücher und trat weiter in Filmen als Schauspieler auf. Sein erster Film als Regisseur, *Der Mann, dem man den Namen stahl* (1944), wurde verboten. Dem Kriegsdienst in der Wehrmacht entging Staudte nur, weil der Star Heinrich George ihn als Regisseur für *Frau über Bord* (1944) haben wollte.

Nach dem Krieg reichte Staudte sein Drehbuch zu *Die Mörder sind unter uns* in allen Zonen ein. Doch nur in der SBZ interessierte man sich für den Stoff. *Die Mörder sind unter uns* wurde der erste deutsche Nachkriegsfilm. Als die DEFA ihm bei seinem 1948 gedrehten Film *Rotation* Schnittauflagen machte, ging Staudte nach Hamburg, wo er 1949 *Schicksal aus zweiter Hand* drehte. Doch dann lockte wieder die DEFA, bei der er 1951 die Heinrich-Mann-Verfilmung *Der Untertan* mit Werner Peters in der Hauptrolle übernahm. Die Satire auf die deutsche Autoritätshörigkeit wurde auch international ein großer Erfolg – bis heute gilt er als Meisterwerk des massenwirksamen politischen Kinos. In der jungen BRD aber war der Film bis 1957 verboten.

Im Westen hat man Staudte seinen Wechsel zwischen Ost und West übelgenommen. Vor allem aber wollte man nicht, dass der Regisseur für die DEFA politische Filme machte, seien sie auch so ehrenwert wie *Der Untertan*. Damit begann der Abstieg des wohl talentiertesten und auch bis dahin erfolgreichsten Filmkünstlers der Nachkriegszeit.

Als 1948/49 im Frankfurter Zoo Tiere qualvoll an Gift starben, wollte der Hamburger Produzent Joachim Matthes den Stoff fürs Kino bearbeiten. Seine Gattin Irene von Meyerhoff war eine prominente Schauspielerin und hatte den Ehrgeiz, eine Zoodompteuse zu spielen (was immer das auch sein sollte). Joachim Matthes gewann Wolfgang Staudte für die Regie.

Das Drehbuch zur Kinofassung von Grzimeks Frankfurter Zoo-Krimi schrieb Edgar Kahn, einst Chefdramaturg der berühmten Produktionsfirma Tobis. Kahn studierte die Frankfurter Gerichtsakten, übernahm daraus aber für seine Version der Geschichte nur das Gift: Natriumfluorid. In Kahns Drehbuchfassung der Frankfurter Vorkommnisse ist es der Kino-Grzimek, Zoodirektor Dr. Martin Rettberg, der sich mit einem geheimnisvollen Giftmörder herumschlägt. Ein Freund, Kriminalrat Glasbrenner, steht ihm dabei zur Seite. Glasbrenner überführt schließlich Zoodirektor Rettberg selbst als mehrfachen Tiermörder. Drehbuchautor Kahn hat also etwas künstlerisch verarbeitet, was in der Realität durchaus eine Rolle spielte: Die Morde schienen den Zweck zu haben, Grzimek zu diskreditieren. Aber nicht wenige Beobachter hatten den Frankfurter Zoodirektor in Verdacht, dass er seine Tiere selbst tötete.

In dem geplanten Film ist der Zoodirektor schizophren, bei seinen nächtlichen Streifzügen wird er durch die friedlich schlafenden Tiere dazu provoziert, ihnen das Gift zu verabreichen.

Doch dann weigerte sich das Bundesinnenministerium, die erforderliche Bundesbürgerschaft für die Finanzierung abzugeben. Erst ging es um das Drehbuch, das angeblich zu reißerisch war und wegen des Schizophrenie-Plots (nicht ganz zu Unrecht) als nicht sehr erfolgversprechend angesehen wurde, obwohl für den Part des Direktors Rettberg der damals sehr populäre Luxemburger René Deltgen vorgesehen war. Dann behauptete das Bonner Ministerium, Staudte habe am 1. Mai in Ostberlin eine Rede auf Stalin gehalten. Doch Staudte war zu diesem Zeitpunkt in Bacharach auf einer Filmtagung des französischen Kulturkommissars André François-Poncet, der das auch schriftlich bestätigte. Das Ministerium ließ sich jedoch davon nicht überzeugen. Man sei allenfalls bereit, seine Entscheidung noch einmal zu überdenken, hieß es, wenn der Regisseur sich von seiner Arbeit im Osten distanzierte und erklärte, nie mehr für die DEFA zu arbeiten und einen antikommunistischen Film im Westen zu drehen.

Staudte lehnte das ab und reiste nach Ost-Berlin, wo er wegen seines *Untertan* den Nationalpreis II. Klasse verliehen bekam. Damit war das Tischtuch zwischen ihm und dem Westen endgültig zerschnitten.

Es bleibt ihm nichts mehr anderes übrig. Er muss im Osten arbeiten. 1953 drehte er den Märchenfilm *Die Geschichte vom kleinen Muck*. Damit gelang es Staudte, die DEFA im Bereich des phantastischen Films zu einem internationalen Player zu machen. Dennoch fand er im Westen weiter keine Arbeit. Als es ab 1955 bei den Vorarbeiten zu *Mutter Courage und ihre Kinder* immer wieder zu Streitereien mit Brecht und Helene Weigel kam (die nicht mal auf Staudtes Konto gingen), platzte die aufwändige Produktion, und Staudte kehrte auch der DEFA den Rücken.

Er hatte enorme Schwierigkeiten, im Westen wieder Fuß zu fassen. Erst 1960 konnte er, nachdem er zwei Jahre vorher mit seinem Kollegen Helmut Käutner die Freie Filmproduktion GmbH (FFP) gegründet hatte, wieder einen Erfolg verzeichnen: *Rosen für den Staatsanwalt* mit Martin Held wurde trotz seiner bitteren politischen Töne zu einem Kassenschlager. Ein ehemaliger

Wehrmachtssoldat, der kurz vor Kriegsende zum Tode verurteilt worden war, trifft in einer Kleinstadt auf den alten Militärrichter. Er ist jetzt Staatsanwalt. Es geht wieder um die perfekte Verdrängung der Nazizeit in der bundesrepublikanischen Wohlstandsgesellschaft. Diesmal musste die Bürokratie vor dem Publikumsgeschmack kapitulieren: Wolfgang Staudte erhielt den Deutschen Filmpreis. Allerdings lehnte der Regisseur die Ehrung durch den Innenminister Gerhard Schröder ab, da dieser in der SA war.

Staudte blieb auch in den Sechzigern bei seinem Lebensthema: die Dickhäutigkeit der Nachkriegsgesellschaft und die Schuldfrage (*Kirmes* und *Der letzte Zeuge*, beide 1960). Da das Kino immer mehr Zuschauer verlor und Staudtes Kunst nicht mehr wirklich populär war, musste er für das neue Medium Fernsehen arbeiten. Nach einem finanziellen Zusammenbruch mit seiner Kinoproduktion *Heimlichkeiten* (1968) inszenierte er auch TV-Serien (*Der Kommissar*, *Tatort*, *Die Kriminalerzählung*). Immerhin werden seine Jack-London-Verfilmungen *Der Seewolf* (1971) und *Lockruf des Goldes* (1975) riesige TV-Erfolge. Stanley Kubrick wünschte sich Staudte als Regisseur der deutschen Synchronfassungen seiner Filme *Clockwork Orange* (1971), *Barry Lyndon* (1976) und *The Shining* (1980).

Staudte starb 1984. Er erlag bei den Dreharbeiten zu dem TV-Film *Der eiserne Weg* in Jugoslawien einem Herzinfarkt.

Der *Gift im Zoo*-Film musste zu Ende produziert werden – der Produzent hatte sich bei Hagenbeck schon zu weit engagiert und viel Geld investiert. Und seine kapriziöse Gattin, die Schauspielerin Irene von Meyerhoff, ging mit einem Geparden spazieren und drängte.

Produzent Matthes ließ Kahn also das Buch noch mal umschreiben. Die schizophrene Erkrankung der Grzimek-Hauptfigur verschwindet. Die Giftmorde verübt nun der Zooverwalter

Beck, der dem Chef seine schöne junge Gespielin, die wagemutige Dompteuse, und die beruflichen Erfolge nicht gönnt – auch ein Motiv, das in der wahren Grzimek-Heck-Geschichte seinen Platz hat. Seine Strafe bekommt Beck milieugerecht, als er sich ins Bärengehege wagt, um auch dort Giftköder auszulegen. Ein Eisbär, der sich gestört fühlt, fällt ihn an und reißt ihn in Stücke.

Da die Sonne schien und Hagenbecks Tiere und Komparsen schon bereitstanden, reiste der hilfsbereite Staudte heimlich aus Ost-Berlin an und begann, mit vier Kameras zu drehen, während Produzent Matthes den Ersatzregisseur Hans Müller einwies, ein Routinier, der nebenbei noch eine Drogerie in Westfalen betrieb und in der Branche deshalb »Drogenmüller« genannt wurde. Müller drehte übrigens ebenso wie Staudte bei der DEFA (*Bürgermeisterin Anna*), galt aber als politisch harmlos.

Die restlichen Dreharbeiten wurden eine einzige Hängepartie. Die Hagenbeck'schen Tiere waren die Kameras und die Scheinwerfer nicht gewöhnt. Die Presse hatte Wind von der Sache bekommen und interessierte sich weniger für Hagenbecks Sensationen als für die politischen Hintergründe. Als ruchbar wurde, dass Staudte bei den Dreharbeiten in Hamburg aushalf, protestierte *Die Welt* böse: »Ein ostzonaler Würdenträger dreht in Hamburg.« Daraufhin reiste Staudte, dem man sogar wegen seines international hochgelobten Kinowerkes *Der Untertan* harsche Vorwürfe machte, endgültig in Richtung Ost-Berlin ab.

Produzent Matthes hatte bis zum Schluss alle Hände voll damit zu tun, am Set Unfälle mit den Raubtieren zu verhindern: Die horrenden Versicherungssummen, die für solche Dreharbeiten mit Tieren verlangt wurden, hatte er nicht aufbringen können. Gleichzeitig hielt ihn seine publicitysüchtige Gattin Irene in Atem, weil sie mit immer gefährlicheren Tieren vor Kameras posieren musste. Erst als Irene von Meyerhoff für ein Foto dem

Geparden ein Stück Kalbfleisch mit den Zähnen aus dem Maul reißen wollte, ging Matthes dazwischen und beendete die gefährliche Werbeaktion seiner Hauptdarstellerin.[9]

Der Film kam 1951 in die deutschen Kinos und wurde trotz seines brisanten Hintergrundes kaum beachtet.

Der Staat und der Tod

Das Fallbeil

Alle vier Siegermächte, die Deutschland bei Kriegsende besetzten, hatten in ihrer heimischen Rechtsprechung die Todesstrafe vorgesehen. Deshalb galt nach dem Mai 1945 die Höchststrafe, die die Nazis praktiziert hatten, in den vier Besatzungszonen praktisch weiter. Dabei waren alle unter Hitler erlassenen Gesetze außer Kraft gesetzt worden. Doch durch diesen Generalakt galt wieder die Rechtspraxis von vor dem 30. Januar 1933. Nach dem Reichsstrafgesetzbuch von 1871 stand auf Mord ohne mildernde Umstände die Todesstrafe durch das Fallbeil.

Wahrscheinlich hätten die Siegermächte sie in Deutschland auch praktiziert, wenn sie sie zu Hause abgeschafft hätten (die UdSSR schaffte sie zwar 1947 als »Beispiel von wahrem sozialistischem Humanismus« ab, führte sie aber 1950 wieder ein, so wie schon zwei Mal zuvor). Schließlich stand Europa noch unter dem Eindruck des schrecklichsten Krieges der Geschichte – und, so hart das auch klingen mag, ein Menschenleben galt nicht viel, solange immer noch täglich viele starben und Tausende Leichen in den KZ gefunden wurden. Im Übrigen befürchteten die Besatzungsbehörden Aufstände und soziales Chaos mit allen kriminellen Begleitumständen. Also hielten sie die Beibehaltung der

Todesstrafe in Deutschland schon aus Abschreckungsgründen für unabdingbar. Nicht nur für Mord und schweren Raub – auch für Sabotage, für unerlaubten Waffenbesitz, für Gefangenenbefreiung, für das unerlaubte Tragen von Uniformen der Siegermächte und für das Vernichten von Akten.[1] Hier ging es also um die Sicherheitsinteressen der Besatzer.

Zwischen Kriegsende und der Gründung der beiden Staaten wurden zahlreiche Hinrichtungen vollzogen. Allein in der britischen Zone gab es in den ersten eineinhalb Jahren der Besatzung 166 Exekutionen. Dabei sind die Verurteilungen der Kriegsverbrecher noch gar nicht mitgezählt – es handelte sich bei diesen Delinquenten vor allem um Gewaltverbrecher und um Täter, die gegen das strenge Waffengesetz der Alliierten verstoßen hatten.[2] Dieses Gesetz war zur Sicherheit der Besatzungstruppen erlassen worden und wurde deshalb konsequent ausgeführt.

Die zivilen Hinrichtungen der Nachkriegszeit wurden meistens mit der Guillotine durchgeführt – auch weil die Alliierten der Meinung waren, die Deutschen fänden diese Todesart weniger ehrlos als das Hängen. Im Übrigen war das Fallbeil die effektivste Exekutionsmethode. Guillotinen gab es noch genug. Hitler hatte gleich nach seinem Machtantritt 1933 den Bau von 30 Fallbeilen befohlen. Sie waren alle in der Schlosserei des Gefängnisses Berlin-Tegel hergestellt worden. Die meisten Guillotinen kamen später in den besetzten Gebieten in Einsatz, vor allem in Osteuropa. Die Franzosen verfügten über genügend eigene Fallbeile.[3]

Die Siegermächte hatten nicht nur die Aburteilung der Kriegsverbrecher, sondern auch die gewöhnlicher Schwerkrimineller an sich gezogen. Wobei sich herausstellen sollte, dass sie in Bezug auf die Kriegsverbrecher damit richtig gehandelt hatten, denn sobald deren Fälle in deutsche Hände kamen, wurde die Strafen verwässert. Doch schon im Frühsommer 1946 mussten die Besatzer einsehen, dass sie mit der Behandlung Krimineller überfordert waren. So gaben sie diese Aufgabe an deutsche Gerichte weiter, sie beließen es aber bei der Todesstrafe.

Es gab – vor allem weil die strenge Kriegsjustiz der Nazis sie herangezogen hatte – noch viele deutsche Scharfrichter, die mit dem Fallbeil umgehen konnten. Sie wurden auch gebraucht. Die Verbrechensquoten schossen in die Höhe. Nicht nur weil die Menschen Hunger hatten, an fast allem Not litten und deshalb zu schwerem Raub neigten. Auch weil der Krieg sie verroht und bei vielen die Schwelle zum Töten gesenkt hatte. In der ehemaligen Hauptstadt geschahen zwischen August 1945 und Dezember 1946 insgesamt 641 Morde. In jüngerer Zeit schwankt diese Zahl sehr – aber sie liegt im Jahr bei durchschnittlich 120 Fällen, wobei auch die relativ häufigen Totschlagdelikte erfasst werden.[4]

Das heißt: In der Nachkriegszeit war die Mordrate etwa fünf Mal höher als in unseren Tagen. Gleichzeitig herrschte in der Justiz ein dem Ernst der Lage unangemessenes Durcheinander. So sollte im Frühjahr 1948 in Berlin Hermann Friedrich Jung hingerichtet werden. Er hatte 1946 eine Mutter und ihre beiden Kinder bestialisch ermordet und war im Jahr darauf zum Tod verurteilt worden. Nachdem die Alliierte Kommandantur das Todesurteil im März 1948 bestätigt hatte, wurde die Hinrichtung vorbereitet: Der Scharfrichter fand sich ein, die gerichtlichen Zeugen waren herbeizitiert worden. Aber der Delinquent fehlte noch. Erst nach längerem Nachforschen wurde festgestellt, dass der verurteilte Dreifachmörder Jung schon im November 1947 in der Haft gestorben war.[5]

Am 28. April 1947 fand ein Bauer in der Nähe von Wusterhausen (Prignitz) beim Pflügen eine weibliche Leiche. Die Tote war fast nackt und gefesselt. Sie mochte etwa 60 Jahre alt geworden sein. Ihr Körper wies zahlreiche Blutergüsse auf. Es wurden keine Papiere gefunden, auch gab es keinerlei andere Hinweise auf ihre Identität. In der Manteltasche der Toten aber entdeckten die Ermittler eine Kinokarte: »Biophon-Lichtspiele, Schönhauser Allee, Reihe 5«. Die Polizei nahm an, dass das Mordopfer in der Prignitz auf Hamstertour gewesen war – so wie viele damals aus den Städten aufs Land gingen, um bei den Bauern Lebensmittel einzutauschen.

Wenig später werden in Berlin-Steglitz zwei Männer festgenommen: Berthold Wehmeyer (21) und Hans Wagner (27). Sie werden beschuldigt, die als Eva Kusserow aus Weißensee identifizierte Frau in der Prignitz ermordet zu haben. Der Tatverlauf ergibt sich bei den Vernehmungen recht schnell: Wehmeyer und Wagner waren ebenfalls auf Hamstertour. Während Wagner 25 Kilo Kartoffeln getauscht hatte, war Wehmeyer leer ausgegangen. Auch Frau Kusserow, auf die sie abends trafen, hatte 20 Kilo Kartoffeln ergattern können.

Wehmeyer ist frustriert. Die beiden beschließen, Eva Kusserow zu töten, um an ihre Kartoffeln zu kommen. Sie vergewaltigen die Frau, die in ihrer Gesellschaft Schutz suchte, in einem Heuschober, töten sie und verscharren die Leiche auf dem Feld.

Berthold Wehmeyer hatte aus der Zeitung erfahren, dass die Tote gefunden worden war. Er wollte das Land verlassen, aber das war damals nicht so einfach – vor allem für einen mittellosen Kleinganoven wie ihn. Dann ging er der Polizei ins Netz.

Darüber, wer den Mord begangen hat, streiten sich die beiden Beschuldigten. Sie schieben sich gegenseitig den schwarzen Peter zu. Ein Gutachter wird hinzugezogen, der zu einem sehr seltsam klingenden Schluss kommt: Da Wagner mit einer jungen Frau verheiratet ist und alle Anzeichen eines normalen Sexualverhaltens aufweist, während man von Wehmeyer beides nicht sagen kann, muss er die viel ältere Frau vergewaltigt und auch umgebracht haben. Berthold Wehmeyer lebt mit seiner Mutter und dem kleinen

Bruder in Berlin-Wittenau in einem ausrangierten S-Bahn-Wagen. Nach dem Tod des Vaters, der 1945 aus russischer Gefangenschaft kam und wenig später starb, ist Berthold Wehmeyer der Ernährer der Familie. Nach der abgebrochenen Lehre (er wurde wegen Diebstahls gefeuert) hält er sich und die Seinen mit Hilfsarbeiten in Theatern und bei der BVG (Berliner Verkehrs-Betriebe) über Wasser. Die Vernehmer notieren in die Akten, er sei »sehr unbeholfen« und leide an einem »sprachlichen Gebrechen« – er stottert.

Der medizinische Gutachter bezeichnet ihn als »grobschlächtigen Gewaltverbrecher, der von einem ungewöhnlichen Sexualtrieb beherrscht wird«, er bescheinigt Wehmeyer »Gefühlskälte und Rücksichtslosigkeit«. Mit 16 Jahren hat Wehmeyer eine Frau in der S-Bahn beraubt und wollte sie danach aus dem Waggon stoßen. Er wurde dafür zu neun Jahren Haft verurteilt, kam aber bereits 1944 frei, weil das Gefängnis, in dem er saß, wegen der Kriegshandlungen geräumt werden musste. Trotz seiner Defizite will der Gutachter bei dem Probanden »nicht von Schwachsinn reden«. Damit ist der Weg für die Todesstrafe frei.

So wird Wehmeyer am 5. Juli 1948 vom Berliner Schwurgericht wegen Mordes zum Tode verurteilt. Sein Kumpan Wagner bekommt wegen Beihilfe zum Mord fünf Jahre Haft. Wehmeyers Anwalt geht sofort in Revision. Doch die Chancen auf eine Herabmilderung auf lebenslange Freiheitsstrafe stehen schlecht. Die Mutter richtet ein Gnadengesuch an die alliierten Behörden, die die Exekution genehmigen müssen: »Ich glaube Ihnen als Mutter sagen zu können, dass Berthold kein derart schlechter Mensch ist, wie er hingestellt wird.«[6]

Wenige Tage später, im August 1948, beginnt der Verfassungskonvent auf der Insel Herrenchiemsee damit, einen Entwurf für das Grundgesetz zu erarbeiten. Im Zuge dieser Veranstaltung wird auch über die Abschaffung der Todesstrafe diskutiert. Es gibt zwei

Lager: Sozialdemokraten und Kommunisten sind meist für die Abschaffung. Konservative und einige Liberale aber wollen die Todesstrafe im neuen deutschen Staat beibehalten. Die beiden Lager können sich nicht einigen. Also wird im Herrenchiemseer Entwurf für die neue Verfassung die Todesstrafe einfach beibehalten. Wie gesagt: Man nahm diese Dinge noch nicht so ernst, und es gab Wichtigeres zu tun.

Im September 1948 scheiterte ein Ausbruchsversuch Wehmeyers. Mit drei anderen Häftlingen wollte er durch die Gefängnisgärtnerei entweichen. Sie hatten Abdrücke der Schlösser mit Fensterkitt genommen und Nachschlüssel gefertigt – die aber fanden die Wärter. Wehmeyer kam in Einzelhaft und durfte nur noch in Handschellen zum Hofgang.

Im September 1948 geht die Beratung des Grundgesetzes an den Parlamentarischen Rat über. Auch die Todesstrafe steht plötzlich wieder zur Debatte. Angestoßen wurde das Thema ausgerechnet von Hans-Christoph Seebohm von der rechten Deutschen Partei DP. Diese Partei kämpft normalerweise dafür, dass die Bundesrepublik »Deutsches Reich« heißt und dass Angehörige der Waffen-SS rechtlich behandelt werden wie alle anderen Kriegsteilnehmer.

Beide Abgeordnete der DP beantragen am 7. Dezember, die Todesstrafe zu verbieten, obwohl ihre Partei sich bisher als Befürworterin gezeigt hat. Das Kalkül der beiden Einzelgänger: Wenn sie bei der Todesstrafe Nachsicht zeigen, können sie sich umso militanter für eine strengere Bestrafung der Abtreibung und für Milde im Umgang mit NS-Kriegsverbrechern einsetzen. Die Abstimmung über die Abschaffung der Todesstrafe im Parlamentarischen Rat findet am 6. Mai 1949 statt. Von der winzigen DP-Fraktion wachgerüttelt und verunsichert, stimmen die Hälfte der CDU/CSU-Mitglieder und die kleine Zentrumsfraktion mit der SPD und den Kommunisten gegen die Todesstrafe. Zwei Tage später, am 8. Mai 1949, geht das Grundgesetz durch den Rat – ohne die Todesstrafe. Im Artikel 102 heißt es lapidar: »Die Todesstrafe ist abgeschafft.«

Konrad Adenauer, der künftige Kanzler und die wichtigste Kraft im neuen Staat, hat für eine Beibehaltung der Todesstrafe gestimmt. Wie immer steht er da, wo die breite Mehrheit steht. Eine Umfrage von Allensbach ergab damals, dass 80 Prozent der Deutschen für die Todesstrafe waren. Erst im Jahr 1971 fand sich bei den regelmäßigen Umfragen zum Thema eine Mehrheit dagegen.

Die Enthauptung Wehmeyers wurde auf den 10. Mai um 6 Uhr 30 angesetzt. Die Revision war, wie erwartet, ohne Erfolg.

Ab dem 7. Mai laufen die Vorbereitungen für die Hinrichtung. Zwölf Zeugen aus dem Bezirk Tiergarten werden ausgesucht. Es müssen extra Lebensmittelkarten für eine Henkersmahlzeit beantragt werden. Das Gericht lässt 300 blutrote Zettel drucken, auf denen der Öffentlichkeit die Hinrichtung des Mörders angekündigt wird.

Wehmeyers Anwalt versucht alles, um die Exekution im letzten Moment zu verhindern. Er präsentiert dem Gericht sogar einen neuen Zeugen und erreicht so, dass die Hinrichtung um einen Tag verschoben wird. Der Anwalt kämpft mit der Zeit. Im Grunde geht es um Stunden. Sobald das Grundgesetz durch und die Todesstrafe in der neuen Bundesrepublik abgeschafft ist, werden sich die Westberliner scheuen, einen Todeskandidaten hinzurichten, auch wenn das Grundgesetz für sie noch nicht gilt. So jedenfalls denken der Anwalt und die, die hinter ihm stehen.

Doch die Alliierten lassen sich Zeit.

Und dann ist die Frist abgelaufen. Am 11. Mai um 6.30 Uhr – 24 Stunden später als vorgesehen – wird der Todeskandidat im

Zellengefängnis Lehrter Straße mit dem Fallbeil hingerichtet, das bis kurz vor Schluss hinter einem schwarzen Vorhang für ihn verborgen bleibt. Vor der Exekution wird die Ablehnung der Begnadigung durch die Alliierten verlesen. Der Vorgang des Köpfens selbst dauert nur wenige Sekunden. Die Gehilfen fixieren den Kopf des Todeskandidaten zwischen zwei Schiebern am Fallbeil. Der Henker versteht sein Handwerk.

Am nächsten Tag billigen die Alliierten das Grundgesetz. Es tritt jedoch erst elf Tage später, am 23. Mai 1949, in Kraft. Nun wird in der neuen Bundesrepublik niemand mehr hingerichtet, den ein deutsches Gericht zum Tode verurteilt hat. In West-Berlin gilt das Grundgesetz unter Vorbehalt.

Im Osten der Stadt und in der im Oktober gegründeten Deutschen Demokratischen Republik wurde weiterhin die Todesstrafe vollstreckt. Bis 1968 geschah dies mit dem Fallbeil. Danach gab es im Osten eine eigene, sehr ungewöhnliche Praxis: Der Delinquent saß auf einem Stuhl; von hinten trat ein Schütze an ihn heran, der ihn dann per »unerwartetem Genickschuss« tötete. Die DDR schaffte die Todesstrafe erst 1987 ab.

Wehmeyers Mittäter Hans Wagner saß seine Strafe bis auf drei Monate ab. Er musste noch öfter wegen Gewalttätigkeit ins Gefängnis. Vor allem gegen den neuen Partner seiner Ex-Frau, mit der Wehmeyer übrigens ein Verhältnis gehabt hatte, aber das war bei den famosen Gutachten, auf denen das Todesurteil basierte, unberücksichtigt geblieben. Am 15. April 1988 beantragte Wagner bei der Berliner Staatsanwaltschaft Einsicht in die Akten des Prozesses um den Mord an Eva Kusserow. Er bekam die Erlaubnis dazu. Danach verschwand er. Niemand weiß, was aus ihm geworden ist.

Der Henker, der den letzten Todeskandidaten in West-Berlin hinrichtete, hieß Gustav Völpel. Er war ein Meister seines Faches – und er führte ein Doppelleben.

Gladow

Am 3. Juni 1949 wollte die Berliner Polizei den lange gesuchten Schwerverbrecher Werner Gladow in der Schreinerstraße 52 in Friedrichshain verhaften. Der Jugendliche wohnte noch bei seinen Eltern. Der Vater war selbst bei der Polizei. Er ging an die Tür, als ein Beamter in Zivil läutete.

Der Mann gab sich als Angestellter des Arbeitsamtes aus, Gladows Vater wusste aber sofort, woran er war: Er zog den Kollegen in die Wohnung. Der wehrte sich heftig und rief den Rest des Kommandos zu Hilfe. Die Beamten stürmten daraufhin die Wohnung der Gladows. Die Mutter Lucie Gladow rannte in das Zimmer, in dem ihr Sohn schlief. Sie verschloss die Tür hinter sich, sodass der junge Gladow Zeit fand, sich anzuziehen und seine beiden Pistolen zu laden.

Als die Polizisten die Tür zu seinem Schlafzimmer eintreten, eröffnet Werner Gladow das Feuer. Es kommt zu einem einstündigen Schusswechsel, in dessen Verlauf zwei der Polizisten verletzt werden, aber auch Gladow am Kinn und zweimal im Oberschenkelbereich getroffen wird. Durch den Blutverlust stark geschwächt, wird er ohnmächtig. Der Vater bekam schon beim Eindringen der Polizei eine Kugel in den Fuß. In einigen Medien ist nachher davon die Rede, dass Renate, die kleine Schwester Werner Gladows, durch die Schießerei geweckt wurde und zu ihrer Mutter wollte. Gladow und die Polizisten hätten daraufhin eine Feuerpause vereinbart und so ermöglicht, dass das Kind sich bei seiner Mutter in Sicherheit bringen konnte.

Natürlich fanden sich schnell welche, die in dieser Berliner Geschichte der Jahre 1948/49 eine morbide Romantik witterten. Sie passte ja auch in die Zeit: Gladow war ein Schatten, einer, der sich im unsicheren Großstadtdschungel traumwandlerisch sicher und schnell bewegte. Schon mit 16 Jahren hatte er sich in der Schieberszene um den Alexanderplatz einen Namen als »Kipper«, also als Betrüger, gemacht – wegen seiner Flinkheit und Dreistigkeit. Er war einer, der auf die Platzhirsche pfiff. Die Besatzer waren für ihn willkommene Helfershelfer. Als sie sich auseinanderdividierten und der eine nicht mehr wusste, was der andere tat, sah er seine Stunde gekommen.

Die Teilung der Stadt begann bei der Polizei: Im Westen hatte die Stumm-Polizei das Sagen, im Osten die Markgraf-Polizei (siehe S. 205). Es gab eine unsichtbare Grenze, über die hinaus beide Systeme kaum ermitteln konnten. Also verübte Gladow seine spielerisch anmutenden Verbrechen auf einer Seite und verzog sich anschließend umgehend auf die andere.

Während die Motoren der Luftbrückenbomber Tag und Nacht in der Luft dröhnen, wirft er die Scheibe eines Juweliers in Mitte ein oder sprengt die Kellertür einer Villa in Zehlendorf. Der Lärm geht im Kammerton der Blockade unter. Die Sache mit der Villa geschieht angeblich sogar, während im Nachbarhaus Johannes Stumm, der Polizeipräsident/West, schlummert.[7]

Werner Gladow war aber nicht – wie viele seiner Altersgenossen – von der Nachkriegsgesellschaft nach unten gespült worden. Er war keine Kriegswaise, und hungern musste er nicht mehr als andere auch. Nicht so sehr wie etwa der 24-jährige Berthold Wehmeyer, der noch am 11. Mai 1949 mit dem Fallbeil geköpft wurde.

Werner Gladow hatte immerhin eine Familie. Zwar keine harmonische, nicht einmal eine intakte. Aber er hatte einen Vater, der für seine Kinder sorgte, und eine Mutter, die sich für sie aufopferte. Vater und Mutter verstanden sich nicht mehr, seit der Vater aus dem Krieg zurückgekehrt war. Aber das war in Millionen Familien nicht anders.

Werner Gladow ging sogar aufs Gymnasium. Im Gegensatz zu vielen anderen aber schien das 1931 geborene Mittelstandskind – der Vater war gelernter Schlachter und kam erst spät zur Volkspolizei – nicht durch den Krieg entwurzelt worden zu sein. Sein Verhängnis war seine romantische Ader. Schon als 14-Jähriger las er sogenannte Tatsachenberichte aus den Asphaltdschungeln der Weltstädte und Edgar-Wallace-Romane wie Ratgeberliteratur für ein effizientes Überleben in der bodenlosen Nachkriegsgesellschaft. Er träumte davon, Medizin zu studieren. Daher rührte sein *nickname* in der Gegenwelt der Ganoven: »Doktorchen«, nicht etwa wegen seiner intellektuellen Brillanz, wie einige annahmen (mit der war es nicht allzu weit her: selbst seine Kumpane hauten ihn übers Ohr). In der Untertertia verließ er die Schule, trat aber auch keine Lehrstelle an, sondern beschaffte sich ein ärztliches Attest, das ihn von der damals herrschenden Arbeitspflicht befreite.

Werner Gladow war getrieben von einer gefährlichen Mischung aus trivialer Träumerei und hochtrabender Geltungssucht. »Lieber König in der Hölle als Diener im Himmel« – das soll ein Wahlspruch von ihm gewesen zu sein.[8] Die Verhältnisse in seinem Land ließen alles zu: den schweißtreibenden Aufstieg in winzigen Schritten, aber auch die anarchische Neureichenexistenz auf dem Schwarzmarkt. Das herrschende Vakuum befeuerte die instabile Stimmungslage des Jungen.

Angeblich nahm das Unheil erst richtig seinen Lauf, als der junge Gladow nach jahrelanger Evakuierung in den letzten Kriegstagen nach Berlin zurückkehrte, von der für ihn zuständigen HJ-Einheit ein Gewehr in die Hand gedrückt bekam und damit auf die Russen losgehen sollte. Das hat Gladow jedenfalls vor Gericht berichtet, als er seinen Kopf retten wollte.

Mit 16 Jahren trampte er mit seinem Kumpel durch Westdeutschland. Er wollte auf einem Minenräumerschiff anheuern, fand aber keines. Enttäuscht kehrte er an den Alexanderplatz zurück, wo er seine bescheiden begonnene Gangsterkarriere etwas unentschlossen fortsetzte. Die Ereignisse nahmen jedoch Fahrt auf, als der Kipperkönig, wie er am Alexanderplatz nun genannt wurde, im Dezember 1947 für vier Monate ins Gefängnis musste, weil er bei einem Schwarzmarktgeschäft betrogen hatte – indem er beim Bezahlen Geldstapel verwendet hatte, die mit wertlosem Papier aufgefüllt waren, um hohe Summen vorzutäuschen.

In Plötzensee geschah dann die eigentliche Weihe des Werner Gladow – so wie meistens, wenn unreife Frühtäter erstmals in das abgeschottete Milieu der gestandenen Berufsverbrecher gelangen. Er lernte Sohni kennen, im gleichen Alter, aber ausgekochter als Gladow. Sohni berichtet von seinen Taten – wirklichen und fantasierten. Nicht fantasiert sind die beiden Pistolen, die Sohni in einer Garage versteckt hat und nun in das Anfangskapital einer neuen Bande einbringt. Der Gladow-Bande. Deren Grundstock werden zwei Browning-Pistolen, Kaliber 6,35 mit sechs Schuss Munition.

Als die beiden wieder auf freiem Fuß sind, geht es richtig los.

Am 15. April 1948 schlagen Gladow und Sohni die Scheibe des Fotogeschäfts Kutzer in der Rankestraße 3 ein. Passanten verfolgen die Täter, Gladow zögert nicht, die Pistole, die er im Schulterhalfter trägt wie sein großes Vorbild Al Capone (»Ein Mensch wird Verbrecher«), einzusetzen. Diesmal kommt sein Opfer noch mit einem Oberschenkelsteckschuss davon. Die Kamera, die sie sich aus der Auslage gegriffen haben, erweist sich als Attrappe.

Gladow realisiert, dass Verbrechertum nicht immer simpel und effizient ist. Er verstärkt seine Anstrengungen. Was viel wichtiger ist: Weder Eltern noch Jugendamt bemühen sich ernsthaft darum, den durchstartenden Kriminellen zu stoppen. Die Zeiten ließen wenig Raum für pädagogischen Weitblick. Und noch etwas katalysiert die Ereignisse: Gladow lernt im Milieu um den Alexanderplatz Gustav Völpel kennen, den Henker.

Völpel wird zur Schlüsselfigur für Gladow und seine Bande.

Völpel, 30 Jahre älter als Gladow, hatte Lichtpauser gelernt und zuletzt in einer Filmkopierwerkstatt gearbeitet. Er stammt aus Westpreußen und strandet 1945 wie viele seiner Landsleute hungernd und mittellos in der Ruinenstadt Berlin. Als er davon hört, dass ein Henker gesucht wird, bewirbt er sich und wird genommen. Die Nazis hatten ihn erst ins Gefängnis, dann ins KZ gesteckt – wieso und wie lange, blieb unklar. Aber das war die entscheidende Voraussetzung für die Vertrauensstelle im Justizapparat.

Gleichzeitig aber setzt er seine Tätigkeit in den kriminellen Kreisen der Stadt fort. Die Henkersarbeit, die Völpel im Osten ambulant mit einem Handbeil, im Westen mit einer Guillotine verrichtet, wird zwar ordentlich bezahlt (pro Kopf bekam er 1000 Reichsmark), wird aber selten verlangt. Das Geld reicht nicht. Völpel betätigt sich nebenbei als Tippgeber und Hehler. Er ist der Mann, der im Hintergrund die Strippen zieht. Er bringt die richtigen Leute zusammen. Durch ihn kann Gladow ein Netz über die Gegend um den Alexanderplatz ziehen.

Die »schwarze Katja« macht den Bandenboss mit dem 24-jährigen »Impresario« Kurt Gäbler bekannt, der im Gegensatz zu Gladow ein rasanter Autofahrer ist. Gäbler bringt den 24-jährigen Gerhard Rogasch, einen »Schwerverbrecher aus beruflicher Neigung« mit, der immerhin auch eine eigene Pistole hat. An den 35-jährigen Berufsverbrecher Franz »Bomme« Redzinski kommt Gladow ebenfalls durch den Henker Völpel. Damit ist der Kern der Bande komplett.

Es kommt vor, dass der Henker, wenn er vom Staat gebraucht wird (das geschieht zwischen 1946 und 1948 gleich 48 Mal), gerade im Gefängnis sitzt. Da es sonst kaum verlässliche Henker gibt, bekommt er zu solchen Gelegenheiten Hafturlaub.

Als sich im April 1948 das Berliner Schöffengericht mit Völpels kriminellen Aktivitäten beschäftigt, stockt das Verfahren. Der in Berlin wegen Straßenraubs angeklagte Völpel war auf Anordnung höherer alliierter Stellen aus seiner Zelle geholt und nach Dresden geschickt worden. Dort waren unter sowjetischer Aufsicht drei Männer, die NS- bzw. Kriegsverbrechen begangen hatten, zum Tode verurteilt worden. Da vor Ort kein Fachmann bereitstand, musste Völpel aushelfen. Der Berliner Henker schwang das Beil in Dresden.[9]

Gustav Völpel nimmt seine Arbeit ernst. Er pflegt sein Werkzeug. Das sechs Kilo schwere Handbeil mit der 42 Zentimeter breiten Schneide nimmt er in einem grünen Koffer mit nach Hause, um es in der Küche in der Gabelsberger Straße zu reinigen und anschließend zu verstauen. Er hat sich sogar eine an die Comicfiguren der Dreißigerjahre, als Rächer en vogue waren, erinnernde Maske gefertigt. Gelb, mit einem Mundtuch und einem schwarzen Kreuz auf der Stirn. Völpel wollte, dass der Delinquent in ihm nicht den Henker sah, sondern »ein anonymes Werkzeug der abstrakten Gerechtigkeit«.[10]

Völpel war ebenso romantisch versponnen wie Gladow, nur dass Völpel mit beiden Beinen auf der Erde stand und immer wusste, was gut für ihn war. Als Völpel auf Gladow traf, spürte er sofort, dass er einen vor sich hatte, der sich im Nachkriegs-Berlin seinen Weg suchen würde. Er setzte auf ihn. Völpel gab Gladow wichtige Tipps, vor allem aber übernahm er die Beute von Gladows Raubzügen und versilberte sie.

Gladow bekam vom Erlös höchstens 80 Prozent – vom Erlös, nicht vom reellen Wert. Doch das interessierte den damals 17-jährigen Gangster nur am Rande. Werner Gladow hatte einen vagen Plan im Kopf, den Plan, ein berühmter und erfolgreicher

Bandenchef zu werden. »Chef« – so nannten ihn seine wechselnden Kumpane, die meist nur wenig älter waren als er. Die genaue Aufteilung der Beute zwischen Täter und Hehler war in diesem Plan nur eine unwichtige Anmerkung – es ging um Härte und Stil, nicht um Prozente.

Für Völpel war es umgekehrt: Er rechnete mit spitzem Bleistift und vermied es, in Erscheinung zu treten. Deshalb überlebte der Henker, der Chef hingegen starb unterm Fallbeil.

Gladow hielt Völpel für feige. Aber er witterte auch, dass er von Völpel profitieren konnte. Er hatte ihn durchschaut – dennoch hat er sich nicht vor ihm gehütet. Bei Gladow mussten die Muster aus der Wirklichkeit mit denen aus den Kriminalschmökern, die er verschlang, nur zusammenpassen, dann vergaß er alle Vorsicht. Ein Henker, der Bescheid weiß und Tipps gibt, das ist eben wie aus einem Roman, den Gladow sowieso für die genauere Wirklichkeit hält. Also werden die beiden ein Duo.

Völpel hält, was er verspricht: Er weiß, wo Beute zu machen ist, er weiß, wie man die Beute vertickt, er schleppt auch ständig neue Leute an. Die Stadt hält 1948 viele motivierte Menschen bereit. Gladow weiß sie einzusetzen, jeden nach seinem Talent. Den Einbruchsspezialisten an den Türen und Fenstern, den Schläger Bomme, wenn es nötig ist, jemandem auf die »Bomme«, auf den Kopf, zu hauen. 1949 hat Gladows Bande zehn feste Mitglieder, alle zwischen 18 und 24 Jahre alt. Nur Redzinski ist schon 35. Der hat 20 Jahre Praxis im Geschäft und ist deshalb unersetzbar.

Werner Gladow dürstet danach, neue Leute mit für ihn neuen Erfahrungen um sich zu scharen. Dabei ist er selbst noch ein halbes Kind. Nicht zuletzt deshalb beginnen die Bandenmitglieder Masken zu tragen. Als ein Opfer beim Gerangel unter Gladows Maske schauen kann, erschrickt es: Der brutale Räuber ist noch blutjung.

Bei ihren Raubzügen sprechen sie so wenig wie möglich. Es heißt, sie hätten gepunktete Krawatten getragen, als Markenzeichen, und wenn es sich nicht vermeiden ließ zu sprechen, hätten sie sich in einer fremden Sprache unterhalten, die wie Russisch klang. Wenn es so war, dann nur um den sowjetischen Besatzern die Taten in die Schuhe zu schieben. Aber ernst nehmen kann man diese angeblichen oder wirklichen Marotten nicht.

Gladow setzt die Wegmarken. So befindet er: Eine Bande braucht ein Auto. In Berlin sind Ende der Vierzigerjahre Autos noch Mangelware. Man spaziert also am 7. Mai 1948 über den Kudamm und schaut sich um. Dort stehen immer Autos. Ein Fahrer ist in seinem Hanomag eingeschlafen. Gladow zieht ihn aus dem Wagen, der »Schnelle«, ein Spezialist für Improvisationen, schlägt ihm mehrmals seinen Knüppel über den Schädel. Sie wollen den Wagen bewegen, aber es gelingt ihnen nicht. Nachgedacht haben sie nicht lange über die Aktion. Ihre Masche ist die unkonventionelle Aktion, der wenig Planung vorausgeht. Dabei läuft viel schief, aber das scheint Gladow als naturgegeben in einem Gangsterleben hinzunehmen. Im Übrigen trägt er dafür ja die zwei Pistolen im Schulterhalfter.

Gladow schnappt sich den verletzten Fahrer und zwingt ihn mit vorgehaltener Pistole, den Motor zu starten. Der Mann gehorcht erst nach weiteren Knüppelschlägen. Sie springen in den Hanomag und rasen los. Den blutenden Fahrer lassen sie am Straßenrand zurück. Wie immer verziehen sie sich in den anderen Sektor, das ist ihre Masche, damit sind sie sicher, solange sich die Polizeidirektionen in Ost und West nicht grün sind. Im Osten bemerken sie, dass der schwerfällige Hanomag nicht das richtige Fluchtfahrzeug für sie ist. Sie versuchen, den Wagen an der Straße zu verkaufen. Als das nicht auf Anhieb gelingt, lassen sie ihn einfach in der Kleinen Markusstraße stehen (nicht weit vom Straußberger Platz entfernt).

Während sich ein Komplize davonmacht, bleiben Gladow und der »Schnelle« im Hanomag sitzen. Warum – das wissen sie wohl selbst nicht. Sie fühlen sich einfach sicher. Sie schlafen sogar ein.

Passanten haben sie beobachtet und holen die Volkspolizei. Die Streife leuchtet mit einer Taschenlampe ins Wageninnere und weckt den schlafenden Gladow. Er ist sofort hellwach. Ein Vopo öffnet die Wagentür und verlangt die Papiere, sein Kollege sichert ihn aus der Entfernung – bereit, im Notfall Feuerschutz zu leisten. Gladow tut so, als suche er verschlafen nach seinen Papieren. Doch dann zieht er die Pistole und schießt. Der kontrollierende Polizist flieht zu seinem Kameraden, der »Schnelle« ist sofort hinter ihm und droht beiden Vopos mit dem Knüppel. Sie suchen das Weite, sind aber wenig später mit einem Überfallkommando wieder zur Stelle. Doch Gladow und der »Schnelle« sind längst verschwunden.

Was klingt wie eine turbulente Szene aus Erich Kästners *Emil und die Detektive*, zeugt dennoch von der Gefahr, die von Gladow ausgeht. Er hat nun schon das zweite Mal unvermittelt geschossen; er schießt auch auf Polizisten, wenn es sein muss. Schon Lappalien lösen bei dem Jungen diesen Reflex aus. Es ging bloß um eine Kontrolle der Wagenpapiere – den Diebstahl im Westsektor hätten die Ost-Polizisten wahrscheinlich nicht einmal bemerkt, wenn er sie denn interessiert hätte. Gladow war gereizt, weil die Vopos ihn unsanft mit der Taschenlampe geweckt haben – und er schoss. Das waren keine Warnschüsse; aus dem Wageninneren heraus waren Warnschüsse gar nicht möglich gewesen. Wenn er schoss, wollte er treffen – und töten.

Das war einer, der war leicht reizbar und hatte keine Skrupel. Das wusste man nun in der ganzen Stadt – auch wenn man noch nicht viel mehr über ihn wusste.

Die Bilanz seiner halsbrecherischen Aktivitäten erwies sich als mager: Die erbeutete Kamera war eine Attrappe, einen Wagen hatte die Bande auch nicht, und an Geld fehlte es noch immer. Gladow machte sich Gedanken. Er kam zu dem Schluss: »Ein sauber vorbereitetes Verbrechen macht mehr Mühe als richtige Arbeit.«[11]

Die Bande wird immer größer, hat aber nur drei Pistolen – auch noch verschiedenen Kalibers, was heißt: drei Sorten Munition. Sie braucht aber »große Waffen«, also Pistolen mit eindrucksvollem Kaliber, um bei ihren Unternehmungen Angst und Schrecken zu verbreiten. Das weiß Gladow aus seiner ausufernden Lektüre: Je größer das Kaliber, desto schneller geben die anderen klein bei. Große Kaliber aber gibt es nur bei den Russen und bei der Volkspolizei – ansonsten sind Waffen während der Besatzungszeit für Zivilisten streng verboten. (In Berlin steht darauf auch Jahre nach der Staatsgründung noch die Todesstrafe durch alliierte Militärgerichte.[12])

Diesmal schlagen sie wieder direkt an der Sektorengrenze zu. Engeldamm/Ecke Köpenicker Straße. Sie sind zu dritt: Gladow, der »Schnelle« und der »ganz Schnelle«. Sie sitzen im Gasthaus »Fürstenhof« und beobachten die Vopos, die die Grenze kontrollieren. Sie nähern sich ihnen im Gänsemarsch, wie drei Besoffene aus einer Kreuzberger Kneipe. Diesmal leuchtet Gladow sie mit einer Stablampe an und brüllt: »Hände hoch!«

Die Polizisten sind so überrascht, dass sie keine Gegenwehr leisten. Sie heben die Hände. Der »Schnelle« entwaffnet sie. Die großkalibrigen Pistolen wandern in einen Koffer, der extra deshalb mitgenommen wurde. Diesmal ist die Angelegenheit offensichtlich durchdacht – auch wenn es Mühe machte.

Gladow zwingt die Vopos mit vorgehaltener Waffe, zum nächsten Kontrollpunkt zu marschieren. In der Adalbertstraße steht ein Doppelposten – der ahnt nichts Böses, als die Kollegen auf ihn zukommen. Gladow herrscht die Polizisten an, die Hände hochzunehmen. Vor Schreck gehorchen sie. Der Schnelle nimmt ihnen die Waffen ab, sie wandern in den praktischen Koffer. Dann schickt Gladow die Polizisten weg. Sie marschieren in geschlossener Formation ab.

Nun verfügt die Bande über sieben Pistolen. Am 27. November plant sie einen Schaufenstereinbruch beim Juwelier Grützmacher in der Hardenbergstraße, unmittelbar am Bahnhof Zoo. Doch der Juwelier hat keinen Schmuck in seinen Auslagen. Sie ziehen enttäuscht zum Juwelier Schreiber in der Budapester Straße. Gladows Begleiter haben kein gutes Gefühl, sie wollen den Raubzug abbrechen. Gladow lacht sie aus und fordert sie auf, ihm wenigstens Rückendeckung zu geben. Er geht allein zum Juwelierladen und schlägt die Scheibe ein. Er schnappt sich ein Tablett mit goldenen Uhren. Da stürmt der Juwelier aus seinem Geschäft. Er schlägt vor Gladow hin. Der lässt das zweite Tablett mit Uhren fallen und flieht. Der Juwelier hetzt hinter ihm her. Gladow dreht sich um und schießt. Arbeiter von einer Baustelle nehmen die Verfolgung auf.

Gladow rennt über ein Ruinengelände zum Wittenbergplatz (Ruinen – neben der Sektorengrenze die zweite Sorte schwarzer Löcher, durch die man im Berlin 1948/49 jederzeit verschwinden konnte). Aus einem Abbruchhaus heraus beobachtet er, wie auf der Straße Polizisten in Deckung gehen. Er steigt die Treppen hoch auf den Dachboden und versteckt sich unter Dielen. Die Polizisten durchsuchen das Haus vom Keller bis unters Dach, aber sie können ihn nicht finden.

Für die Uhren aus der Budapester Straße bekommt er beim Henker Völpel nur wenig Geld. Völpel schlägt die Sore, deren Wert nach Angaben des Juweliers 5000 Westmark beträgt, für weit weniger los. Die Bande bekommt kaum etwas davon zu sehen. Gladow haut seinen Anteil in einem HO-Restaurant für markenfreies Essen und für Taxifahrten auf den Kopf. Ihm geht es nicht um das Geld. Wenn er welches braucht, nimmt er seine

Pistole und geht los. Aber wenn es in diesem Tempo weitergeht, muss ein Auto her.

Zwischenzeitlich hatten sie vor dem Johannishof in der Friedrichstraße eine schwere BMW-Limousine gestohlen. Es war ihnen sogar geglückt, damit zu einer US-Kaserne zu fahren; dort wollten sie Waffen erbeuten. Einer Funkstreife fiel das Ost-Kennzeichen auf, und sie verfolgte den BMW. Die Bande rettete sich in den Ostsektor, wo sie den Wagen zurückließ, weil er zu auffällig war. Später stellte sich heraus, dass der BMW Arthur Pieck, dem Sohn von Wilhelm Pieck, gehörte. Eigenartigerweise aber hat der Sohn des zukünftigen Staatsoberhauptes der noch zu gründenden DDR den Diebstahl nicht angezeigt. Der junge Pieck war Magistratsmitglied und Stadtrat für Personalfragen.

Gladow wird immer exaltierter. Nun will er ganz allein einen Juwelier Wockenfuß am Königstor, in der Straße am Friedrichshain 35, überfallen, eine Art Schulstunde für seine Männer. Sie sollen lernen, wie man so etwas macht, und gleichzeitig beobachten, wie die herbeigerufene Polizei agiert. Zumindest der zweite Aspekt ist vorausschauend gedacht. Diesmal will Gladow auf alles vorbereitet sein. Er trainiert sogar die Flucht auf dem Rad durch die ansteigende Friedensstraße in Richtung Landsberger Platz. Das Fahrrad wird vor dem Juweliergeschäft so am Bordstein abgestellt, dass Gladow schnell aufspringen kann. Um 12.30 Uhr ist wenig Betrieb auf der Straße. Gladow wirft mit einem Ziegelstein die Schaufensterscheibe ein, er raubt einen Goldstopper und eine Nickeluhr aus der Auslage. Die Alarmanlage geht los.

Die beiden Angestellten stürzen aus dem Geschäft. Schneider geht auf Gladow los, Albers folgt ihm. Gladow schießt. Die beiden laufen zurück, aber Albers macht einen Bogen und will Gladow von hinten packen. Gladow fühlt sich eingekreist und schießt auf Schneider. Albers klammert sich an dem Schützen fest. Gladow kann ihn nicht abschütteln, er schießt, schon auf dem Rad sitzend, rückwärts erneut über seine Schulter auf ihn. Er schlägt mit dem Knauf auf den immer noch an ihm hängenden, schon mehrmals getroffenen Albers ein. Als eine Menschenmenge wütend Steine auf ihn wirft, schießt Gladow erneut aus nächster Nähe auf Albers. Aber erst als er mit seiner zweiten Pistole Albers' Hand durchschießt, lässt der endlich von ihm ab.

Gladow rast mit dem Rad davon. Jemand springt in einen PKW und fährt hinterher, Gladow schießt in den Motor des Wagens und trifft ausgerechnet die Zündkerze, das Auto bleibt stehen. In der Georgenkirchstraße springt die Kette vom Rad. Gladow rennt zu Fuß weiter, die Meute bleibt ihm auf den Fersen. Gladow schießt immer wieder. Dann hat er keine Munition mehr. Gladow scheint geliefert. Aber an die Spitze der Verfolger hat sich sein Kumpan Dietrich B. gesetzt. B. stellt sich im entscheidenden Augenblick mit gezogener Waffe an Gladows Seite. Die Verfolger sind so perplex über den Rollenwechsel, dass sie die beiden laufen lassen. Die Freunde klettern über eine Mauer am Krankenhaus Friedrichshain.

Die Schießerei am Königstor lässt die Stimmung in Berlin umschlagen. Vorher hatte Gladow viele Bewunderer, die in ihm eine Art Robin Hood der Nachkriegszeit sahen. Die Brutalität, mit der er Schneider und Albers abwehrte, aber erregt Abscheu. Uhrmacher Albers wird gelähmt bleiben. Schneider hat einen Lungen- und einen Oberschenkelschuss erlitten. Er wird sofort operiert, stirbt aber dennoch an den Verletzungen.

Schon drei Tage später startet Gladow seinen nächsten Coup. Es ist der 12. April 1949. Die Sache kann nicht mehr lange gutgehen.

Gladow plant den Befreiungsschlag: Er will die Betriebskasse der Gasag (Berliner Gaswerke) in der Schicklerstraße ausrauben.

Doch so ein großes Ding geht nicht ohne Fluchtwagen. Diesmal gelingt es: Sie rauben wieder einen BMW. Eduard Alte, den Chauffeur, schießen sie an.

Er stirbt später an den Schussverletzungen. Die Bevölkerung ist aufgebracht. Der Spuk soll endlich aufhören. Jetzt, wo die Blockade beendet ist, unter deren Schutz die Bande sich austoben konnte, will man in Berlin wieder eine normale zivilisierte Stadt werden. Die Polizei sucht mit konzentrierten Kräften nach Gladow und seinen Komplizen. Es gibt politischen Druck: Der BMW gehörte der mächtigen Deutschen Wirtschaftskommission. Am 14. Mai 1949 setzt die höchste ostdeutsche Wirtschaftsinstanz für Hinweise, die zur Ergreifung der Mörder ihres Chauffeurs Alte führen, eine Belohnung von 3000 Mark (Ost) aus. Eine Art Sonderkommission vergleicht die häufigen Raubüberfälle der letzten Zeit miteinander. Jetzt erst stößt man auf Gemeinsamkeiten. Es könnte sich bei den meisten Fällen um dieselben Täter handeln. Das bestätigt auch die Analyse der aufgefundenen Patronenhülsen.

Am 27. Mai 1949, wenige Tage nach der Gründung des neuen Weststaates, bekommt die Berliner Kripo einen Hinweis aus dem Verbrechermilieu um den Alex. Ein V-Mann aus dem Milieu stellt eine Verbindung zum »Scharfrichter-Hannes« her – das ist der Henker Gustav Völpel. Es gibt Vernehmungen in dessen Umfeld. Nun ist von einem etwa 20-Jährigen die Rede, der unter dem Namen »Doktorchen« in den Kneipen am Alex bekannt ist. Der V-Mann macht sich an die »Henkerswitwe« Martha Völpel heran. Da ihr Mann mal wieder im Gefängnis sitzt, zeigt sich die sonst so spröde Frau seinen Avancen gegenüber offen. Der V-Mann umgarnt sie geschickt – und sie plaudert: Ihr Gatte habe Kontakt zu dem Kopf der gesuchten Bande, der überall »Doktorchen« genannt wird. Die Kripo sucht in ihrer Spitznamenkartei nach ihm. Es gibt acht »Doktorchen«. Einer heißt Werner und wohnt in der Schreinerstraße. In dieser Straße wohnen mehrere Werner. Die Kripo scheidet Werner Gladow aus, da sie sich nicht vorstellen kann, dass ein knapp 18-jähriger Schüler zu derart hochkriminellen Taten in der Lage ist. Erst nach einer Woche bemerkt sie ihren Fehler.[13]

Gladow versteckt sich zu Hause. Seiner ahnungslosen Mutter sagt er, er befürchte eine Kontrolle des Arbeitsamtes, sie soll ihn warnen, wenn jemand nach ihm fragt. Am 3. Juni suchen ihn vier Polizeibeamte unter der Führung eines Polizeioberrats in der Schreinerstraße auf. Am nächsten Morgen melden alle Blätter Berlins gleichlautend »Gladow-Bande verhaftet«. Neben dem Anführer sind neun seiner festen Komplizen festgenommen worden. Am 9. Juni 1949 wird Sohni, Gladows ältester Kumpel in der Bande, im Wedding verhaftet. Am 10. Juni bittet die Ostberliner Polizei die Kollegen in Kreuzberg, Dietrich B. und seinen Komplizen »Nase« festzunehmen.

Am 18. Juni 1949 wird Franz Redzinski im Bergarbeitersanatorium der Wismut AG verhaftet. Bomme war aus Berlin geflüchtet und hatte sich zum sowjetischen Uranbergbau gemeldet – für die schwere und gefährliche Arbeit wurde jeder genommen, auch entflohene Sträflinge (siehe S. 169) Doch bei der Wismut sortierte man Bomme gleich aus: Er zeigte Anzeichen von Diphterie und litt an einer »Kavalierskrankheit« (also einer venerischen Erkrankung). Auf der Krankenstation erkannte ein Arzt ihn an seiner Tätowierung. Bomme konnte nicht lesen, deshalb wusste er auch nicht, dass auf den Steckbriefen, mit denen nach der Gladow-Bande gesucht wurde, dieses Erkennungszeichen besonders vermerkt war.

Die Ermittlungen dauern Monate.[14] Es geht um 127 Fälle von Körperverletzung, Raub, Diebstahl usw. Und zwei Mal um Mord. Außerhalb des Hauptverfahrens gegen die Bande werden in einem »kleinen Gladow-Prozess« noch 45 Personen wegen Beihilfe, Hehlerei usw. angeklagt. Im Hauptverfahren beschränkt man sich auf die schweren Raubüberfälle. Kleinere Delikte fallen unter den Tisch. Die Anklageschrift in den schweren Fällen umfasst 76 Seiten. Auf Anordnung der Alliierten soll die Aburteilung vor einem deutschen Gericht erfolgen.

Der Prozess beginnt erst am 21. März 1950. Die DDR ist gerade mal fünf Monate alt. Die Verhandlung findet im Festsaal der Reichsbahndirektion in der Elsasser Straße statt. Der Andrang ist riesengroß. Wenn die Angeklagten in geschlossenen LKWs und mit einem Polizeikordon auf Motorrädern zum Gericht gefahren werden, stehen Menschmassen an der Route.

Prozess gegen die Gladow-Bande; links der Angeklagte Werner Gladow, daneben Olaf Wellnitz und Werner Papke

Auch Gladows Mutter Lucie ist angeklagt, man hält sie für eine Komplizin, weil sie ihrem Sohn zur Flucht hat verhelfen wollen. Alle außer ihr tragen Fußfessel.

Die Anklage vertritt der Oberstaatsanwalt Hans Stelter. Ein Jahr später, am 2. April 1951, wird er selbst wegen »Vergehen im Amt« vor Gericht stehen. Der frühere Weinreisende war Quereinsteiger in der Ost-Justiz. Als die Sowjets kurz nach Kriegsende die belasteten deutschen Juristen aus dem Dienst entfernten, beeilten sie sich, in sogenannten Volksrichterlehrgängen Laien auszubilden, die die Lücken füllen sollten. Stelter war einer der ersten Absolventen dieser fragwürdigen Schnellausbildung. Seiner Verurteilung entzog er sich 1951 durch Flucht in den Westen. Ihm wurde u. a. vorgeworfen, nach der Hinrichtung Gladows betrunken und im Suff Einzelheiten des grausigen Vorgangs ausgeplaudert zu haben. So zum Beispiel, dass die Guillotine drei Mal versagt habe und aus der technisch angeblich so sauberen Exekution ein blutiges Gemetzel geworden sei.

Gladow ist gerade 18 Jahre alt geworden, Gäbler ist 25, Rogasch 26. Der Älteste ist der Arbeiter Franz Redzinski mit 35 Jahren. Die Angeklagten bestreiten die ihnen vorgeworfenen Taten nicht. Plötzlich wollten sie aber alle unter dem unheilvollen Einfluss Gladows gestanden und mehr oder weniger willenlos gehandelt haben. Schon am ersten Verhandlungstag teilt der Vorsitzende dem Hauptangeklagten Gladow mit, dass es möglich wäre, ihn unter das Erwachsenenstrafrecht zu stellen, obwohl er zum Zeitpunkt der meisten Taten erst 17 Jahre alt war. Damit käme für ihn die Höchststrafe in Frage. Voraussetzung dafür ist, dass ein Gutachter Gladow Erwachsenenreife bescheinigt.

In der jungen DDR gibt es die Todesstrafe. Völpel, einer der Hauptschuldigen, bleibt vom Galgen verschont: Er wurde in West-Berlin verhaftet, wo man sich zumindest in Sachen Todesstrafe an die Rechtsnorm der BRD halten will. Niemand zweifelt daran, dass sich ein Gutachter finden wird, der dem Ost-Gericht die nötigen Argumente liefert. Gladow droht das Fallbeil. Doch er bleibt gelassen.

Das Gericht beschäftigt sich ausführlich mit den Vorgeschichten der Angeklagten. Ungewöhnlich erscheint ihr einhellig offenes Bekenntnis: Sie hatten den Mangel und die Not gründlich satt und wollten den schnellsten Weg zu relativem Wohlstand gehen. Ihr gemeinsames Motto lautete: Geld und Spaß ohne Arbeit.

Befremdend erscheint die gute Laune, die sie immer noch verbreiten. Auch vor den Schranken des Gerichts. Am 20. Juni 1949 soll die Gegenüberstellung von Werner Gladow und Franz Redzinski für das Radio mitgeschnitten werden. Die Funkaufnahme muss wegen »allgemeiner Heiterkeit« abgebrochen werden. Den Angeklagten scheint nicht klar zu sein, was für sie auf dem Spiel steht. Sie genießen die Aufmerksamkeit der Zuschauer, machen Späße, ernten Beifall für respektlose Antworten dem Gericht gegenüber. Sie zeigen sich auch respektlos gegenüber den Leiden ihrer Opfer. Nur einer scheint Ansätze von Reue zu empfinden: der 21-jährige Dietrich B., der den Eindruck erweckt oder erwecken will, dass er eigentlich ein schwacher Mensch ist und durch Gladow zu den Taten gedrängt worden ist, ohne diese je zu wollen. Er sei nie »innerlich beteiligt« gewesen, lautet seine monotone Erklärung. Da er oft jammert und dem Weinen nahe ist, verspotten ihn seine Kumpane als »Tränentier«.

Gladow verliert nur einmal die Nerven. Als die Witwe des von ihm getöteten Chauffeurs mit ihrem zehnjährigen Sohn zur Aussage erscheint und diesen auf Gladow aufmerksam macht: »Dies ist der Mörder deines Vaters.« In diesem Moment bricht die Maske, Gladow schaut stumm weg.

Der gerichtlich bestellte Gutachter, Ministerialrat Dr. Weimann, hatte Gladow mehrfach in seiner Zelle untersucht. Er bescheinigte dem Probanden eine überdurchschnittliche Intelligenz und einen starken suggestiven Willen. Er nannte ihn aber auch einen »ausgesprochenen Psychopathen«, der von beiden Elternteilen schwer vorbelastet sei. Weimann fiel besonders die »fanatische Unbekümmertheit« auf, die der ehemalige Hitlerjunge seinem Schicksal gegenüber zeigte. Gleichzeitig attestierte er Gladow mit seinen mittlerweile 18 Jahren die Naivität eines pubertierenden Jünglings – das bezog sich vor allem darauf, dass der Gangsterboss die Anregungen für seine Taten vor allem aus übelster Trivialliteratur gezogen hat (*In jeder Hand ein Colt*, *Strangulation*, *Mörder ohne Nerven*).[15]

Weimann befand abschließend, dass Werner Gladow trotz seiner Intelligenz »in keiner Weise die geistige und sittliche Reife eines Erwachsenen« besaß. Der Fachmann vom Jugendamt, der ebenfalls gehört wurde, vertrat auch diese Meinung – und zwar entschieden. Die beiden Mediziner wussten, worum es ging.

Zur Überraschung der Fachleute scherte sich der Ankläger, Oberstaatsanwalt Stelter, nicht um ihre Gutachten. Er fand »Prinzipien der Menschlichkeit« in diesem Falle nicht angebracht. Das Gericht dürfe sich nicht von psychologischen Gesichtspunkten leiten lassen, sondern es müsse in diesem krassen Fall vom »sozialen Schuldbegriff« ausgehen. Es ging also um die Rache der Gesellschaft an Außenseitern. Stelter hatte die ideologischen Lektionen des von den Sowjets im Schnelldurchlauf ausgebildeten Volksjuristen verinnerlicht.

Im Gegensatz dazu forderte der Verteidiger Dr. Nicolai Gerechtigkeit statt plumper Rache. Er bezeichnete den § 20 des Reichsjugendgesetzes, der zur Anwendung kommen sollte, als ein »ausgesprochen nationalsozialistisches Gesetz«, das bei der Einstufung des jugendlichen Angeklagten als erwachsenen Täter vom »gesunden Volksempfinden« ausging, was der Verteidiger als einer demokratischen Rechtsprechung unwürdig empfand.

Stelter forderte für Werner Gladow drei Mal Todesstrafe, für seine Komplizen Gäbler und Rogasch zwei Mal Todesstrafe. Für Redzinski verlangte er ebenfalls die Todesstrafe, der angeblich unbeteiligte Dietrich B. sollte lebenslang ins Gefängnis, Gladows Mutter Lucie für 15 Jahre. Die übrigen Angeklagten sollten nach Stelters Willen mit sieben bis 15 Jahren davonkommen.

Gladows Verteidiger Dr. Nicolai kämpfte um das Leben seines Mandanten. Er hielt ein dreistündiges Plädoyer, in dem er zeigen wollte, dass es die Gladow-Bande nur durch die Verrohungen des Krieges und der Nachkriegszeit hatte geben können: »Dieser Jugend fehlen die Züge wirklich gelebter Kindheit und echter Jugendlichkeit.« Er ließ keinen Zweifel, dass die Strafe hart sein und eine wirkliche Sühne darstellen müsse. Aber er wies auch darauf hin, dass das Gericht die Gutachten der Fachleute nicht einfach ignorieren könne. Weiter appellierte er an die Richter, sich nicht durch den Druck der öffentlichen Meinung beeinflussen zu lassen.

Am 8. April sprach das Gericht nach zweitägiger Beratung das Urteil. Landgerichtsdirektor Dr. Krüger verurteilte Gladow, Gäbler und Rogasch zum Tode. Redzinski entging dem Henker nur, weil er Analphabet war. Gladows Mutter Lucie wurde freigesprochen. Die übrige Bande bekam 15 bzw. fünf Jahre Zuchthaus. Die Gutachten hatte das Gericht einfach ignoriert. Dafür gab es einen bezeichnenden Satz in der Begründung: »Gladow (…) zeigte in der Zeit des Wiederaufbaus, daß er nicht daran teilnehmen will. (…) Seine Einstellung ist völlig asozial und besonders gesellschaftsschädigend.«[16]

Gladows Verteidiger legte Berufung ein. Der Strafsenat des Kammergerichts/Ost lehnte sie ab. (Ebenso aber auch die Berufung des Staatsanwaltes gegen den Freispruch von Lucie Gladow.) Alle Gnadengesuche an die Besatzer wurden abgelehnt.

Anfang Dezember 1950 wird Werner Gladow von Berlin nach Frankfurt/Oder gebracht. Gladow verliert nun alle Hoffnung. Er schreibt Briefe an seine Komplizen, in denen er davon spricht, dass sie den falschen Weg gegangen seien. Aber nicht wegen der Leiden, die sie ihren Opfern zugefügt habe. Gladow: »Ich bin allerdings der Meinung, daß die Ausführung eines Einbruchs oder überhaupt einer Straftat schwerer ist als eine Woche wirklicher Arbeit.«[17]

Am 10. Dezember 1950 um 5.05 Uhr starben Gladow, Gäbler und Rogasch unterm Fallbeil. Gladow wurde als Letzter der drei hingerichtet. Entgegen der Darstellung des »Biografen« der Bande, Horst Cornelsen, vollzog sich die Exekution jedoch nicht würdig und schnell. Durch die Indiskretion des Oberstaatsanwalts Stelter erfuhr die erstaunte Öffentlichkeit, dass das Fallbeil zwar auf den Hals Gladows herabfiel, diesen aber nur verletzte, also nicht tötete. Erst beim dritten Versuch gelang es, seinen Kopf vom Körper zu trennen.

Gustav Völpel wäre das nicht passiert. Der Prozess gegen den Henker hatte schon am 21. April 1950 vor der 5. Großen Strafkammer Moabit in Westberlin stattgefunden. Wegen Anstiftung zu schwerem Raub wurde er zu sieben Jahre Zuchthaus und Ehrverlust verurteilt. Die Ostberliner Justiz hatte seine Auslieferung verlangt. Doch die Westalliierten lehnten sie strikt ab. Völpel blieb am Leben. Ein letztes Mal hatte die Gladow-Bande von der Teilung der Stadt profitiert.

Wir unterschreiben nicht

»Schon bei einer der ersten ›Vernehmungen‹, die Mielke persönlich gegen mich durchführte, erklärte er mir, dass er in höherem Moskauer Auftrage und mit Billigung der SED-Führung handele. Er brüstete sich, dass er ein alter Tschekist und Schüler Berijas sei, früher in der Ljubljanka gearbeitet habe und ich nicht der erste sei, den er fertig machen würde. Ja, er sprach sogar in seiner sadistischen Art davon, dass er schon mehrere liquidiert habe und dabei gewesen sei, wie Knorin (Sekretär des Zentralkomitees der Belorussischen SSR, 1939 ermordet), Bela Kun (ungarischer Kommunist, 1938 in der UdSSR erschossen), Piatnitzki (Mitglied des Exekutivkomitees der Komintern, 1938 als Trotzkist hingerichtet) ermordet wurden. (...)

Mielke hat seine ›Verhöre‹ in der Zeit von Ende März bis Mitte August 1950 stets nur nachts durchgeführt. Sie begannen täglich immer um 22 Uhr abends und endeten zwischen 4 und 6 Uhr morgens. Dabei musste ich bei allen ›Verhören‹ während der ganzen fünf Monate immer die ganze Nacht über stehen. Tagsüber aber durfte ich nach 6 Uhr morgens nicht mehr schlafen. Außerdem gab es ganze Perioden von Tag- und Nacht-›Verhören‹. Diese Perioden dauerten acht und zehn Tage, in denen man überhaupt nicht schlafen durfte. Das ›Verhör‹ war dann von morgens um 11 Uhr bis nachmittags um ½ 5 Uhr und abends von 22 Uhr bis morgens um 6 Uhr. (...)

Fünf Monate lang wurde ich im Gefängnis Berlin-Hohenschönhausen in einer Wasserzelle gehalten. Das war eine Zelle ohne Fenster und ohne jedes Möbel, auf deren Fußboden immer etwa 2 Zentimeter Wasser stand.«[1]

Die hier beschriebenen Vorgänge begannen Anfang 1950. Damals bestand die DDR erst wenige Monate. Der Autor dieses Briefes an den Ministerpräsidenten Otto Grotewohl war Kommunist. Kommunist und Abgeordneter des ersten Deutschen Bundestages in Bonn. Ein Bundestagsabgeordneter wurde also monatelang in Ostberliner Stasi-Gefängnissen festgehalten und von Erich Mielke persönlich gefoltert.

Kurt Müller hatte in den Zwanzigerjahren der kommunistischen Jugendinternationale KJI angehört und war 1931 in Moskau sogar zum Kandidaten des Präsidiums des Exekutivkomitees der Kommunistischen Internationale EKKI avanciert. Er stand kurz davor, ins Präsidium der Komintern einzuziehen. Eine höhere Position konnte ein nicht-sowjetischer Kommunist in der Machtstruktur der UdSSR nicht einnehmen.

Doch dann fiel Kurt Müller in Moskau in Ungnade und wurde nach Gorki verbannt. Im März 1934 kam er frei und wurde zur Bewährung nach Nazideutschland geschickt, wo er nach Thälmanns Verhaftung die KPD wieder aufbauen sollte. Dazu hatte Kurt Müller gerade mal ein halbes Jahr Zeit. Dann wurde er von seinen Genossen denunziert. Er kam in Untersuchungshaft, wurde von der Gestapo gefoltert und landete schließlich für sechs Jahre im Gefängnis und nach der Verbüßung seiner Strafe im KZ Sachsenhausen. Dort befreite ihn nach fast zehn Jahren Haft und KZ die Rote Armee.

Man könnte meinen, damit hätten die Leiden des Kurt Müller ein Ende.

Anfangs sah es fast so aus: Er rückte schnell an die Spitze der neuen KPD/West auf und gehörte im April 1946 nach der Vereinigung von KPD und SPD zu den zwölf Funktionären aus den Westzonen, die in den SED-Parteivorstand delegiert wurden. Die westlichen Besatzungsmächte zwangen die Delegierten aus ihren Zonen jedoch, ihre Vorstandsämter niederlegen. Die SED war in den Westzonen keine zugelassene Partei.

Kurt Müller ging auch ohne SED-Vorstandsposten seinen Weg. 1948 wurde er stellvertretender Parteivorsitzender der KPD, er kam in den wichtigen Wirtschaftsrat der Bizone, wurde 1947/48 Mitglied des Niedersächsischen Landtages und konnte sich bei der ersten Bundestagswahl 1949 einen Platz im Deutschen Bundestag erkämpfen. Der Berliner, der durch die KZ der Nazis und die stalinistischen Knochenmühlen gegangen war, wurde von westdeutschen Wählern in ihr Parlament gewählt. Eine späte Genugtuung für den arg gebeutelten Kommunisten.

1948 wurde Max Reimann Vorsitzender der KPD. Auch er saß im SED-Parteivorstand – und er geriet zum ersten Mal mit der westlichen Besatzungsmacht aneinander, als diese »ihre« Kommunisten zwang, ihre Vorstandsämter in Ost-Berlin niederzulegen.

Im März 1950 telefonierte Reimann mit seinem Stellvertreter Kurt Müller und legte ihm ans Herz, bei den SED-Genossen in Ost-Berlin vorzusprechen. Müller nahm den Rat seines Parteivorsitzenden ernst. Er reiste nach Berlin. Dort empfing ihn Walter Ulbricht. Noch im ZK-Gebäude wurde Kurt Müller verhaftet und ins Stasi-Untersuchungsgefängnis nach Hohenschönhausen gebracht. Im Zuge einer von Stalin angeordneten Säuberungswelle sollte Kurt Müller als einer der Hauptangeklagten in einer ostdeutschen Version der Schauprozesse fungieren, die zu dieser Zeit in Prag, Budapest und Sofia stattfanden. Nach dreijähriger Untersuchungshaft, während der der Kommunist mehrmals gefoltert wurde, verurteilte ihn ein sowjetisches Militärtribunal am 28. Februar 1953 wegen »Terrors, Spionage, Sabotage« und anderen Kleinigkeiten zu 25 Jahren Haft. Er verschwand in einem Gulag-Lager.

Kurt Müller war nicht der Einzige, den Parteichef Max Reimann im März 1950 angerufen hatte, um ihn nach Ost-Berlin zu locken: Es gingen ihm auch der KP-Fraktionsvorsitzende im Hessischen Landtag Leo Bauer, der Hamburger Landesvorsitzende Willi Prinz und der stellvertretende KPD-Parteivorsitzende Fritz Sperling auf den Leim. Sie verschwanden ebenso wie Müller in Gefängnissen der Stasi bzw. in sowjetischen Lagern.

Walter Ulbricht (links) im Gespräch mit Max Reimann

Max Reimann blieb in der BRD. Er war von der Säuberung nicht betroffen. Max Reimann war auch der beste Mann in der westdeutschen KP. Er sah gut aus, konnte fesselnd reden, die proletarischen Massen liefen ihm zu. Oder zumindest Teile davon. Vor allem als er die Besatzungsmächte so massiv angriff, wie sich das kein anderer deutscher Politiker traute. Reimann hatte im KZ gesessen und konnte sich auch gegenüber den allmächtigen Besatzern einiges mehr erlauben als die ehemaligen Mitläufer der Nazidiktatur. Zudem wusste man Ende der Vierzigerjahre noch nicht so genau, wo die Kommunisten in der Gunst der Deutschen stehen würden, wenn regulär gewählt werden würde.

Allerdings gab es auch im politischen Leben des Max Reimann einen Nachkriegsknick. Und der passierte schon Anfang 1949, nur wenige Wochen vor der Gründung der BRD. Diesmal sahen die Besatzungsbehörden sich genötigt einzugreifen, weil der KP-Chef allzu freimütig Kritik an der Siegermacht übte – und die Deutschen davon nicht ausnahm. Es kam zu einer Anklage vor dem Mittleren Britischen Militärgericht in Wiesbaden. Im Case 4655 wurde Max Reimann vorgeworfen, deutsche Politiker »Quislinge« genannt zu haben (Vidkun Quisling war ein norwegischer Politiker, ehemaliger Verteidigungsminister und während der Besetzung seines Landes durch die Wehrmacht Ministerpräsident einer von den Deutschen geförderten Regierung, er wurde 1945 hingerichtet). Was aber viel schlimmer war: Max Reimann hatte denjenigen, die mit den Besatzungsmächten zusammenarbeiteten, nach Abzug der Alliierten »Repressalien und Vergeltung« angedroht.

Der britische Militärstaatsanwalt Passnoore musste aufgrund des Kontrollratsgesetzes Nummer 8, Artikel 1 Anklage gegen Max Reimann erheben. Dieses Gesetz garantierte den Schutz der Alliierten für alle Personen, »die im Auftrag der Militärregierung handeln oder ihr Hilfe leisten«.[2]

Die bürgerlichen Parteien CDU und SPD hatten sich vehement gegen diese Anklageerhebung gewehrt – aber nicht, weil sie Reimanns Polemik als demokratisch legitimiert ansahen. Sie hatten vielmehr Sorge, dass bei der skeptischen Einstellung der Deutschen gegenüber den Besatzern eine solche Anklage unter der Hand zu einer Welle der Sympathie für den Kommunisten Reimann führen würde.

Zumal Reimann sich trotz der fruchtlosen Verweigerungshaltung seiner Partei als ein anerkannter Kritiker der Besatzungspolitik profiliert hatte – allerdings nur der westlichen Besatzungspolitik. Über die Sowjets in der SBZ ließ er nichts kommen. Andernfalls wäre er wie seine beiden Vize-Parteivorsitzenden beim nächsten Ost-Berlin-Besuch in Schwierigkeiten geraten.

Die Reaktionen innerhalb der KPD schienen die Bedenken in CDU und SPD nur noch zu bestätigen. So jubelte der NRW-KP-Chef Hugo Paul angesichts der Anklageerhebung und zitierte den Angeklagten Reimann: »Das ist erstmalig, denn bisher haben diese deutschen Politiker dem Volke immer wieder gesagt, daß sie im Auftrag und im Interesse des deutschen Volkes arbeiten. Die Anklage der Militär-Regierung nennt sie Personen, die in ihrem Auftrag handeln, und macht ihnen diese Behauptung für alle Zeit unmöglich.«

Aber die Briten konnten nicht anders. Vielleicht waren sie auch einfach entnervt durch Reimanns Nadelstiche. Immerhin hatte dieser sich nicht gescheut, das Besatzungsstatut lautstark abzulehnen und es als »Kolonialisierung Westdeutschlands« zu bezeichnen. Die Briten fanden also, dass Reimann und seine KP einen »Schuss vor den Bug« verdienten.

Die Eröffnung des Prozesses in Düsseldorf war ein Riesenspektakel. Das Verfahren erschien vielen – auch ausländischen Beobachtern – als symptomatisch für das schwierige Verhältniss der Deutschen zu den Besatzungsmächten, unter deren Fuchtel sie in Kürze ihren eigenen westdeutschen bzw. ostdeutschen Staat gründen sollten. Man war sich sicher, dass die Geburt einer deutschen Staatlichkeit misslingen würde, wenn man es nicht schaffte, die Situation zu entspannen. Was ist eine Demokratie wert, wenn die Politiker sich als Kollaborateure beschimpfen lassen mussten, fragten die einen. Und die anderen bezweifelten, dass es mit der Freiheit, die der Westen den Deutschen bescheren wollte, allzu weit her sei, wenn sich die Alliierten ihrer Militärgerichtsbarkeit bedienten, um unliebsame Kritiker wie Max Reimann mundtot zu machen.

Reimanns Parteifreunde erschienen zahlreich zur Prozesseröffnung und skandierten in Erinnerung an den Prozess gegen den angeblichen Reichstagsbrandstifter und späteren Komintern-Chef Georgi Dimitroff in Leipzig im Jahr 1934 dessen Namen. Als Fanal wurde auch von vielen Seiten angesehen, dass Reimanns Verteidiger Heckert sich während der Kommunistenprozesse der Weimarer Republik einen Namen gemacht hatte. Der Anwalt erreichte dann auch recht unaufwändig eine Vertagung der Hauptverhandlung.

Darüber waren nicht nur die Granden in der CDU und der SPD erleichtert. Es gab noch eine andere Gruppe, die den Düsseldorfer Reimann-Prozess mit sehr gemischten Gefühlen beobachtete. Journalisten der britisch lizensierten Zeitung *Die Welt*, der *Westdeutschen Zeitung* und der Nachrichtenagentur DPD hatten die Äußerungen Reimanns auf einer KP-Veranstaltung mitstenografiert, derentwegen er nun vor den Schranken des Gerichtes stand. Da weder Polizei noch Geheimdienste eigene Protokollanten zu der Veranstaltung geschickt hatten, griff die Justiz auf die Unterlagen der Presseleute zu. Die zeigten sich indigniert: Sie hatten zwar freimütig über Reimanns Entgleisung in ihren Medien berichtet – aber sie wollten nicht als Zeugen vor die Schranken des britischen Militärgerichtes zitiert werden. Das sah ihnen dann doch zu sehr nach Denunziantentum als nach Presseberichterstattung aus.

Dieses Bedenken aber hatten die Briten nicht gelten lassen und den zaudernden Journalisten durch Oberst Carswell bei der Zustellung der Vorladung lapidar mitgeteilt, wenn sie wegen ihrer Zeugenschaft gegen Reimann bedroht werden würden, könnten sie auf ihren polizeilichen Schutz hoffen. Das wiederum jagte den Journalisten noch mehr Angst ein, und sie zeigten wenig Entschlossenheit, bei der Fortsetzung der Verhandlung mitzuwirken.

Ihre Kollegen in London hatten eine andere Haltung zu den Vorgängen in Deutschland. So tönte der angesehene Kommentator der BBC, Lindsay Frazer, im Radio: »Redefreiheit ja, Bedrohung, Erpressung und Anstiftung zum Aufruhr – nein.«

Die Kommunisten hatten geahnt, dass Reimanns vollmundige Kritik an den Besatzern ihn in Schwierigkeiten bringen würde. Deshalb hatten sie ihre Vorkehrungen getroffen. Die Veranstaltung, auf der die Worte gefallen waren, war eigentlich eine Protestkundgebung zum Ruhrstatut gewesen. Dafür hätte man sie aber bei den Briten offiziell anmelden müssen. Da diese niemals die Genehmigung dafür gegeben hätten, deklarierten die Kommunisten ihr Treffen im Düsseldorfer Planetarium einfach als interne Feier zum 30-jährigen Bestehen der KPD. Die überall geklebten Plakate »Erscheint in Massen« hatten den Militärrichter jedoch skeptisch werden lassen, ebenso die Tatsache, dass Eintritt verlangt worden war und 8000 Teilnehmer sich eingefunden hatten (später war nur noch von 5000 die Rede).[3]

Max Reimann wurde zu drei Monaten Gefängnis verurteilt. Die Veranstalter der Düsseldorfer »Jubiläumsfeier« hatten schon vorher Strafen von 300 Mark bzw. 500 Mark zahlen müssen – beide verdienten nicht mehr als 200 Mark im Monat. Die Medien goutierten die Tatsache, dass der oberste westzonale Kommunist ins Gefängnis gehen musste.

Der deutsche Volkskongresses in Ost-Berlin, eine Gegenveranstaltung zum Parlamentarischen Rat, entsandte Delegierte nach Paris zur internationalen Außenministerkonferenz. Sie sollten dieses Gremium davon überzeugen, dass es besser wäre, eine deutsche Einheitslösung bei der Staatenbildung anzustreben als einen westdeutschen Alleingang zu unterstützen. Max Reimann gehörte als hochrangiger westzonaler Vertreter im Volkskongress zu denen, die in Paris die Sache eines einheitlichen deutschen Parlaments vertreten sollten. Hämisch wurde sein Fernbleiben in der westdeutschen Presse kommentiert – er saß zu dieser Zeit ja noch im Gefängnis.

Nach seiner Entlassung nahm Reimann unbeirrt seine Tätigkeit als gewählter Abgeordneter im Deutschen Bundestag auf. (Bei den ersten Bundestagswahlen am 14. August 1949 errang die KPD 5,7 Prozent und war mit 15 Abgeordneten vertreten. In der nächsten Legislaturperiode fiel die Partei unter fünf Prozent. Sie war nur noch in Landtagen vertreten. Im April 1956 wurde sie verboten.) Bei der Verabschiedung des Grundgesetzes stimmte Reimann wie seine Genossen Fraktionskollegen dagegen, und er sagte die ebenso legendären wie widersprüchlichen Worte: »Wir unterschreiben nicht. Es wird jedoch der Tag kommen, da wir Kommunisten dieses Grundgesetz gegen die verteidigen werden, die es angenommen haben.«

Von 1949 bis 1953 war Max Reimann Bundestagsabgeordneter und Fraktionsvorsitzender seiner Partei, obwohl er schon seit 1950 fast nur noch in der DDR lebte. Aus »Sicherheitsgründen«, wie es in Parteikreisen hieß.[4]

1954 sickerte durch, dass die westdeutschen Behörden erneut nach Max Reimann greifen wollten. Es wurde staatsanwaltschaftlich gegen ihn ermittelt – wegen »Verdachts der Vorbereitung zum Hochverrat«. Der Haftbefehl war schon ausgestellt. Einer Festnahme kam der KPD-Chef zuvor, indem er ganz legal in die DDR übersiedelte.

Max Reimann gelang es mit Unterstützung der SED, von Ost-Berlin aus weiter die westdeutsche KPD zu leiten. Nachdem man ihm vonseiten des Bundesgerichtshofes freies Geleit zugesichert hatte, kam er ab und zu auch wieder in den Westen.

Reimann fungierte nach dem KPD-Verbot von 1956 als offizieller Parteichef – allerdings als Chef einer Partei, die in der BRD nicht mehr offen auftreten durfte. Reimann hieß seit dem Dezember 1954 auch in der DDR weiterhin »1. Sekretär«. 1956 nahm er als eine Art Ehrengast am XX. Parteitag der KPdSU in Moskau teil – das war in dem Jahr, in dem die Sowjets in Budapest einmarschierten und dort eine rechtmäßige Regierung niedermachten.

Erst 1968 kehrte Reimann in die Bundesrepublik zurück – zwei Monate nach Gründung der DKP, gegen die er anfangs noch heftig polemisiert hatte. Er wollte erst seine alte KPD von Bonn rehabilitiert sehen, bevor er eine neue linke Partei im Westen akzeptierte. Aber den Gefallen taten ihm weder seine SED-Genossen in Ost-Berlin noch die neue sozialliberale Regierung in Bonn.

Kurt Müller erklärte noch im Stasi-Gefängnis, dass er sein Bundestagsmandat niederlegen werde. Der Bundestag aber behielt das Mandat Müllers bei, weil die Niederlegung wahrscheinlich auf Druck der Sowjets geschehen war. Im Mai 1950 schloss der Parteivorstand der KPD Kurt Müller aus der westdeutschen KP aus. Angeblich hatte der in Ostberlin einsitzende Müller »laufend Verbindung zum Geheimdienst einer ausländischen Macht« unterhalten und an diesen Dienst »parteiinterne Angelegenheiten« verraten. Der Bundestag führte Müller ab dem 10. Mai in Abwesenheit als fraktionslos.

Kurt Müller kam erst wieder aus dem Gulag frei, als Adenauer 1955 mit der Sowjetführung eine Abmachung über die Entlassung von Kriegsgefangenen aushandelte. So konnte Müller mit den letzten deutschen Kriegsgefangenen zehn Jahre nach Kriegsende und fünf Jahre nach Beginn seiner Haft nach Deutschland zurückkehren.

Zwei Jahre später trat Kurt Müller in die SPD ein. Bis weit in die Achtzigerjahre arbeitete er in der Friedrich-Ebert-Stiftung an der wissenschaftlichen Erforschung der DDR. Am 31. März 1990 rehabilitierte die zentrale Schiedskommission der PDS, der Nachfolgepartei der SED, Kurt Müller. Nun wurde auch von kommunistischer Seite anerkannt, dass der Bundestagsabgeordnete Müller ein Opfer stalinistischer Säuberungen geworden war und nichts von dem, was man ihm vorgeworfen hatte, stimmte. Ein halbes Jahr später starb Kurt Müller in Dingelsdorf am Bodensee.

Der UGO-Putsch

Es begann am 21. Mai 1949 mit einer Schießerei am S-Bahnhof Neukölln. Die Auseinandersetzungen, für die selbst nach gewerkschaftlichen Maßstäben die Bezeichnung »Streik« weit untertrieben war, wurden mit großer Härte geführt. Es ging von Anfang an um mehr als um einen tarifrechtlichen Streit.

Es ging um – nun, worum es eigentlich ging, das war bald keinem mehr so richtig klar. Am ehesten könnte man sagen, dass es um einen Krieg der Systeme ging. Dieser Krieg, bei dem Schüsse fielen, viele Menschen verletzt wurden und es sogar einen Toten gegeben hat, wurde an der Nahtstelle der beiden Machtblöcke ausgetragen: in Berlin. Er zeigte allen, dass es ernst geworden war. Und nicht wenige sahen in dem fünf Wochen andauernden Konflikt ein Zeichen dafür, dass der beginnende Kalte Krieg in Kürze in einen Heißen Krieg umschlagen würde. Die Wogen waren sogar noch in Paris bemerkbar, wo wieder einmal die Außenministerkonferenz der Siegermächte tagte und wo man sich im Interesse der internationalen Lage bemühte, ein Ende der Berliner Ausschreitungen herbeizuführen – allerdings, wie so oft, ohne Erfolg.

Am Morgen hatten West-Berliner Angestellte der Reichsbahn S-Bahnhöfe in ihrer Stadthälfte besetzt. Die S-Bahn wurde ebenso wie der gesamte West-Berliner Bahnbetrieb von der Ost-Berliner Reichsbahn betrieben. Damit war auch der Fernverkehr von den Ereignissen betroffen.

Streikabstimmungslokal im S-Bahnhof Neukölln

Das war besonders schmerzlich, denn nur neun Tage zuvor – am 12. Mai 1949 – war die Berliner Blockade beendet worden. Die dringend benötigten Lebensmittellieferungen auf dem Landweg hatten wieder begonnen, und stockten nun – zumindest was den Schienenverkehr anging. (Die Westmächte hatten von vorneherein nicht an ein gutes Ende geglaubt und betrieben die Luftbrücke über das Blockadeende hinaus – bis zum Oktober 1949.)

Die Gewerkschaft UGO hatte in der Nacht ihre West-Berliner Mitglieder zum Streik aufgerufen. Die Unabhängige Gewerkschafts-Opposition UGO war aus dem Ost-Berliner FDGB entstanden. Sehr lange hatten die sozialdemokratischen und nichtkommunistischen Mitglieder des von der KPD, später von der SED dominierten Gewerkschaftsbundes darum gekämpft, ihre gewerkschaftlichen Ziele im FDGB durchsetzen zu können. Doch die SED bzw. die mächtige Sowjetische Militäradministration SMAD wollten die Gewerkschaften in der SBZ zu einem Transmissionsriemen ihrer Wirtschaftspolitik machen: Die Gewerkschafter sollten in den Betrieben nicht mehr vorrangig ihre Arbeitnehmerinteressen durchsetzen, sondern für mehr Arbeitsdisziplin sorgen. Es geschah mit den Gewerkschaften im Osten also ansatzweise das, was die Nazis durch die Deutsche Arbeitsfront DAF durchgesetzt hatten: die Instrumentalisierung der Arbeitervertretung durch die Staatswirtschaft.

Als der Druck durch die SED stärker wurde und die Anhänger der UGO im sowjetischen Sektor massiveren Repressalien ausgesetzt waren, spaltete sich die innergewerkschaftliche Opposition vom mächtigen FDGB ab und zog sich nach West-Berlin zurück. Daraufhin begann der FDGB das Inventar der West-Berliner Gewerkschaftsbüros in den Osten zu schaffen. Die Westalliierten sahen sich zum Eingreifen genötigt: Sie schlossen die FDGB-Büros in ihren Sektoren und übergaben sie der UGO.

Die UGO wurde bald darauf von der West-Berliner Verwaltung auch als ihr Tarifpartner anerkannt. Allerdings ließ diese Akzeptanz im übrigen Westen des Landes noch lange auf sich warten, da die großen Gewerkschaftsorganisationen immer noch hofften, eine gesamtdeutsche Arbeitervertretung auf die Beine stellen zu können, und sich deshalb den ostdeutschen FDGB als Partner warm halten wollten.

Umso wichtiger war es für die UGO, zu beweisen, dass sie zumindest in West-Berlin in der Lage war, die Arbeiterschaft für ihre tarifpolitischen Ziele zu mobilisieren. Deshalb unterstützte die UGO von Anfang an die Eisenbahner und tat alles, um deren Konflikt mit der Reichsbahndirektion, die ihren Sitz am Schöneberger Ufer, also im US-Sektor, hatte, anzuheizen.

Als die Berliner Morgenzeitungen den Streikaufruf meldeten, hatten die Eisenbahner, unterstützt durch UGO-Funktionäre und durch SPD-Aktivisten und gedeckt von Beamten der West-Berliner Stumm-Polizei, schon zahlreiche Bahnhöfe lahmgelegt. (Die Polizei hatte sich in Ost- und Westabteilungen geteilt, nachdem die Vopos die Mitglieder des Magistrats nicht vor Übergriffen durch SED-Demonstranten hatten schützen wollen, die West-Berliner hießen nach ihrem Polizeichef Johannes Stumm (SPD) Stumm-Polizei.)

Der Zugverkehr in der Stadt kam zum Erliegen, nachdem Streikende die Fahrmeisterei West in Halensee und das Umformerwerk Charlottenburg lahmgelegt und das bahneigene Telefonnetz abgeschaltet hatten. Eine Aufstellung der S-Bahnleitung zeigt, dass schon nach wenigen Tagen der Bahnbetrieb in West-Berlin völlig stillstand, nachdem anfangs 500 Züge am Tag ausgefallen waren. Die Züge standen wochenlang im Netz verstreut herum und konnten nicht abgeholt werden. Die Liste zeigt, dass an den Bahnsteigen von elf Bahnhöfen Züge liegengeblieben waren und die Gleise blockierten. Es gelang den Ost-Berlinern wegen des Widerstands der UGO-Leute nicht, ihre Züge zu bergen und in die Betriebswerke zu bringen.[1]

Auf dem Bahnhof Neukölln stand auf Gleis 4 ein Halbzug in Richtung Ostkreuz. Die Ost-Bahnleitung versuchte mehrmals erfolglos, den Zug zurückzuholen. Aber Streikende der Bahnmeisterei Neukölln hatten ein Schienenpassstück von der Weiche 16 entfernt und das Gleis mit drei sogenannten Knallkapseln gesichert, sodass die Lok aus dem Osten, die extra mit einer Scharfenbergkupplung (gängige Universalkupplung) versehen worden war, zum Bahnhof Treptower Park zurückkehren musste, nachdem sie eine Knallkapsel ausgelöst hatte. Knallkapseln waren harmlose Sprengplatten; sie hatten nur die Funktion, durch einen lauten Knall den Lokführer zu warnen, falls er ein Signal zu überfahren drohte. Eine Reporterin der *Berliner Zeitung* war vor Ort und wurde von den Bahnleuten in die Wirkungsweise der Knallkapseln eingeweiht. Dennoch schrieb ihre Zeitung am nächsten Tag, dem 22. Mai 1949: »UGO-Banditen haben Sprengkörper auf die Gleise gelegt.«

Die Ost-Berliner Presse führte von Anfang an eine scharfe Kampagne gegen den Streik der West-Bahnbediensteten. »Berlin verteidigt seine S-Bahn. Sabotage in höherem Auftrag. Planmäßige Zerstörung von Volkseigentum«, schrieb die *Berliner Zeitung* am 22. Mai. Und zwei Tage später behauptete sie unter der Schlagzeile »Der S-Bahnputsch gelingt ihnen nicht. Erhöht die Wachsamkeit!«, im Westen würden sogenannte »Terrorprämien« für Störer des Bahnbetriebs gezahlt. Das *Neue Deutschland* brachte ebenfalls am 24. Mai 1949 »Momentbilder vom Banditen-Sturm am Zoo!«. Und einen Tag später titelte dieselbe Zeitung reißerisch: »Rowdy-Banden misshandeln arbeitswillige Eisenbahner«.

Am 26. Mai, dem Himmelfahrtstag, fuhr ein Bauzug mit einem sowjetischen Zugkommandanten an den weiterhin im Bahnhof Neukölln stehenden Zug heran. Die Besatzung des Bauzugs war seit Tagen im Einsatz und hatte kaum etwas zu essen bekommen. Die Arbeiter zeigten sich deshalb nicht sonderlich geneigt, sich mit streikenden Kollegen oder sogar mit der West-Berliner Polizei herumzuschlagen. Sie verließen den Bauzug und ließen sich von Angehörigen der Stumm-Polizei zum Polizeipräsidium in der Erkstraße bringen und dort verpflegen. Die Streikwache im Stellwerk Nord stellte die Weichen so, dass der Bauzug aus dem Osten blockiert war, er wurde später im Güterbahnhof unter der Hertabrücke abgestellt. Der sowjetische Zugkommandant stand ohne Zug und ohne Besatzung da. Er musste zu Fuß in den Ostsektor zurückkehren.[2]

Die Unterstützung durch die West-Polizei ging sehr weit. So rief der RIAS zu Essensspenden für die Streikenden auf. Die so gesammelten Lebensmittel konnten sich die Neuköllner UGO-Leute im gleichen Polizeipräsidium in der Erkstraße abholen, in dem auch die Kollegen des gekaperten Bauzugs aus dem Osten verköstigt wurden.

Ost-Berlin nahm die Herausforderung schon nach der ersten Bahnhofbesetzung an: Einheiten der Bahnpolizei, die seit Herbst 1946 als Zweig der Volkspolizei existierte, stellten sich auf den reichsbahneigenen S-Bahnhöfen den Streikenden entgegen. Sie wurden dabei von SED-Agitationstrupps, von FDGB-Aktivisten, die besonders wütend auf ihre UGO-Kollegen waren, und sogar von FDJ-Trupps unterstützt.

Die Atmosphäre war geladen. Da die Streikbrecher aus dem Osten bewaffnet waren und die Streikenden sich ebenfalls Schlagwerkzeuge und Schusswaffen besorgt hatten (was 1949 in der Trümmerstadt Berlin kein Problem war), kippte die Situation in den besetzten Bahnhöfen schnell. Allein auf dem S-Bahnhof Neukölln fielen über 300 Schüsse – vor allem die Ost-Berliner Bahnpolizisten schossen rücksichtslos auf die Eisenbahner. Es war ein Wunder, dass es nicht mehr Tote gab. Immerhin wurden schon in den ersten Tagen über tausend Verletzte gezählt. 15 000 Westberliner Bahnangestellte befanden sich im Ausstand.[3]

Am S-Bahnhof Charlottenburg fand ein hitziger Stellungskrieg statt, der den ganzen Tag andauerte. Der Bahnhof wechselte in zwölf Stunden sechs Mal den Besitzer. Die UGO-Eisenbahner waren zwar nicht so gut bewaffnet, aber sie waren in der Mehrheit, »untergehakt gingen sie gegen ihre Kollegen aus Magdeburg, Neubrandenburg, Kottbus und Mecklenburg vor«.[4] Zu ähnlichen Gefechten kam es auch in Tempelhof, Tegel, Wannsee und Gesundbrunnen.

Der Bahnstreik machte sich auch überregional bemerkbar. Und die Angelegenheit wurde in dem ersten deutschen Staat schnell hochpolitisch: Die Eisenbahn-Gewerkschaftler befanden sich im Streik gegen die Reichsbahndirektion, die in sowjetischer Hand war und von ostdeutschen Managern geführt wurde. Die Streikenden waren entschlossen, nicht eher wieder an die Arbeit zu gehen und den Bahnverkehr wieder zu gewährleisten, bis sie ihren gesamten Lohn in Westmark bekamen, freies Koalitionsrecht hatten und ihre entlassenen oder suspendierten Kollegen wieder eingestellt waren.

Der West-Berliner Magistrat sympathisierte anfangs noch mit der Streikbewegung. Er befahl sogar seiner Polizei, die von der Ost-Berliner Bahnpolizei gehaltenen Bahnhöfe mit Waffengewalt zurückzuerobern. Doch da schritten die Westalliierten ein: Sie wussten, dass die Auseinandersetzung, so kleinkariert sie sich für Außenstehende auch ausmachte, sich leicht zu einer internationalen Krise auswachsen konnte.

Der westdeutsche Staat war gerade mal ein paar Tage alt. Im Osten grollte noch die allmächtige SMAD – nicht nur wegen der Gründung der BRD in Bonn, sondern auch wegen des Währungskriegs, der nun schon seit Wochen in und um Berlin tobte. Am 20. März 1949 hatten die Westalliierten die neue Mark zum alleinigen gesetzlichen Zahlungsmittel in West-Berlin erklärt. Das führte zu vielerlei Verwicklungen – nicht nur im allgemeinen Zahlungsverkehr.

Richtig schwierig wurde es für Menschen aus den Westsektoren, die im Ostteil der Stadt arbeiteten und dort mit Ostmark bezahlt wurden. Der West-Berliner Magistrat hatte für diese Personengruppe eine Sonderregelung getroffen: Er tauschte ihre Ost-Mark-Löhne oder zumindest einen Teil davon zu einem günstigen Kurs in die neue DM um. Die Eisenbahner fielen jedoch nach Meinung des Magistrats nicht unter diese großzügige Regelung – weil ihr Arbeitgeber nicht im Osten saß. Die Eisenbahner Berlins waren Angestellte der Reichsbahndirektion, die zur Zeit des Streiks noch ihren Sitz am Schöneberger Ufer hatte und der SMAD unterstand. Das machte die ganze Angelegenheit prekär. Die Eisenbahner im Westteil der Stadt konnten mit ihrem Ostlohn nicht lange überleben, denn ihr Gehalt war an ihrem Wohnort nur noch einen Bruchteil wert. Je länger der Währungskrieg in Berlin anhielt, desto ungünstiger wurde der Kurs für die Ostmark: Sie fiel in Vergleich zur Westmark bis auf 6:1.

Dass die eigentlichen Herren der Berliner Bahnen die Sowjets waren, war das zweite, weitreichendere Problem. Dummerweise war das Teil eines interalliierten Abkommens. Die Westalliierten hatten zu spät bemerkt, dass die daraus entstehende Situation für sie unhaltbar war. West-Berlin mit seinen über zwei Millionen Einwohnern war wirtschaftlich sehr stark von einem Verkehrssystem abhängig, dessen Fäden vom Ostsektor der Stadt aus gezogen wurden – und dann auch noch von den Russen. Das betraf nicht nur den innerstädtischen Verkehr, sondern auch die

Verbindung mit den Westzonen, denn der Interzonenverkehr kam zum Erliegen, wenn die Infrastruktur in Berlin blockiert war.

Auch im Ostsektor der Stadt lief nicht mehr alles glatt, als die West-Berliner Bahner das Netz bestreikten. Deshalb wollte man das Problem nicht hochkochen lassen. Die Vertreter der Siegermächte wussten, dass eine Eskalation im Berliner Bahnstreik nicht nur die sensiblen Verhandlungen zwischen Ost und West gefährden konnten – die Konfliktlage hatte durchaus das Potenzial für eine internationale Entladung.

Es ging längst nicht mehr um den unseligen Währungsstreik oder um sehr spezifische Tarifprobleme zwischen einer politisch angriffslustigen Gewerkschaftsabspaltung und den sowjetischen Arbeitgebern. Es ging um die Gesamtsituation – und da hatte sich durch die elfmonatige Blockade und durch die unsynchronisierten Währungsreformen einiges angestaut.

In der Nacht vom 22. zum 23. Mai sammelten sich vor dem Bahnhof Zoo immer mehr Menschen. Längst war das keine Sache nur der Bahnangestellten mehr. Es ging um die Macht in Berlin – und damit um ein Kräftemessen zwischen der SED bzw. der SMAD einerseits und ihren Gegnern im Westen andererseits. Jugendliche Streikunterstützer peitschten die Stimmung auf; es wurde bereits lauthals die Erstürmung des von der Ost-Bahnpolizei besetzten Bahnhofs verlangt. Die Bahnpolizisten gerieten in Panik: Sie hatten mit einer Handvoll UGO-Gewerkschaftlern gerechnet, aber nicht mit einem fanatisierten Mob von mehreren hundert antikommunistischen Jugendlichen.

Die Ost-Polizisten gaben Warnschüsse ab. Offensichtlich nicht unbedingt in die Luft. Ein 15-jähriger Junge, der auf dem Bahnhofsvorplatz demonstrierte, wurde getroffen und starb wenig später. Die Menschenmenge war kurz davor, die Vopos zu lynchen.

Johannes Stumm, 1948–1963 Polizeipräsident von West-Berlin

Das wäre dann der Funken gewesen, der das Fass zum Überlaufen hätte bringen können. Um das Schlimmste zu verhindern, stellte sich die britische Militärpolizei zwischen Demonstranten und Bahnpolizei. Sie besetzte den Bahnhof Zoo und übergab ihn anschließend der West-Berliner Stumm-Polizei. Bevor die Vopos in deren Hände fielen, eröffneten die Briten diesen die Möglichkeit zur Flucht: Die Ost-Polizisten konnten sich über die Schienen in Richtung Lehrter Bahnhof (heute Hauptbahnhof) zurückziehen.[5]

Auch auf anderen Bahnhöfen wurden Streikbrecher und Bahnpolizisten von der Militärpolizei bzw. der Stumm-Polizei vor den Demonstranten geschützt und in den Osten geleitet. Da die

Bahnhöfe der SMAD unterstanden, konnte die Stumm-Polizei sie nur räumen, weil der Magistrat sich dafür eine Erlaubnis der Alliierten geholt hatte.

Da auf der Nordbahnstrecke noch Züge pendelten, postierten sich Streikende auf der Brücke am S-Bahnhof Gesundbrunnen und warfen von dort aus Betonblöcke auf die Gleise. Auch der Pendelverkehr, zwischen Wannsee und Potsdam mit Dampfloks betrieben, wurde durch gewaltsame Eingriffe durch die Streikenden beendet.

Im Osten kochte die Empörung hoch. So wurden Namen von streikenden Eisenbahnern an Litfaßsäulen bekannt gegeben. Die Reichsbahndirektion drohte mit weiteren Entlassungen. Auch die Russen wollten dem Treiben nicht mehr länger zuschauen. So verlangte der Leiter der Transportabteilung der SMAD, Generalmajor Kwaschnin, von den Westalliierten die sofortige Durchsetzung des alliierten Rechts: Die Streikenden traten offensichtlich gegen die verbriefte sowjetische Oberaufsicht über das Eisenbahnwesen in ganz Berlin auf. Deshalb erwarteten die Russen von den Westalliierten, dass sie den Aufstand der Deutschen gegen die Siegermächte mit Gewalt beendeten.

Dieser Argumentation konnte sich der Westen eigentlich schlecht verschließen. Am 24. Mai, drei Tage nach Beginn der Unruhen, ordneten die drei westlichen Stadtkommandanten jedoch an, dass »die Verantwortung für die Aufrechterhaltung der Ruhe und Ordnung« auf den S-Bahn- und Güterbahnhöfen der West-Berliner Polizei übertragen wurde. Die Ost-Berliner Bahnpolizei durfte die Bahnhöfe zum Schutze von Transitgütern, Eisenbahnwaggons und technischen Anlagen betreten – aber nicht, um Streikbrecher zu platzieren oder gar auf Streikende zu schießen.

Das war zwar nicht das, was die Sowjets sich erwartet hatten, aber sie wussten gut genug, wie gefährlich die ganze Angelegenheit zu werden drohte. Deshalb legten sie keinen Protest gegen die Maßnahmen der Westalliierten ein und zogen die meisten Ost-Bahnpolizisten aus West-Berlin ab.

Das zögerliche Verhalten der Alliierten zeigt, dass sie sich ihrer Sache nicht sicher waren. Die beiden Lager strebten jetzt nicht mehr nach Verständigung untereinander oder gar nach der gemeinsamen Disziplinierung des ehemaligen Kriegsgegners Deutschland. Beide wollten angesichts des sich abzeichnenden Kalten Krieges Vorteile für sich erlangen.

Die Deutschen – speziell die Berliner – hatten am eigenen Leib erfahren, wie wenig ihre Lebensinteressen galten, wenn es zur Konfrontation zwischen den neuen Supermächten kam. Sie witterten aber auch nach dem für den Osten beschämenden Ausgang der Blockade eine Möglichkeit, sich selbst in dem harten Wettkampf um die Vormacht in Europa besser zu platzieren. Sie sahen sogar eine Möglichkeit, auf die insgeheim verhassten Alliierten indirekt Druck auszuüben.

Ganz deutlich versuchte man das in der militanten UGO-Fraktion. Die Gewerkschafter hatten längst ihre ursprünglichen Ziele aus den Augen verloren. Sie fühlten sich durch den Rückhalt in der Berliner SPD gestärkt – und sie wagten sich immer weiter vor. Sie wollten den ehemaligen Kollegen aus dem Osten einen Schlag versetzen, schließlich hatten die jahrelang versucht, sie auszubooten und in der SBZ-Arbeiterschaft kaltzustellen. Dazu eröffnete sich durch die spezifische Gemengelage in der Bahnproblematik die einzigartige Möglichkeit, der Reichsbahndirektion, also dem natürlichen Feind der Eisenbahner, und damit der SMAD einen Schlag zu versetzen. Die Lohnangleichung bzw. den Ausgleich der Diskrepanz durch das Währungsgefälle hätten die UGO-Leute schon in den ersten Tagen erreichen können. Das war ihnen aber zu wenig. Sie wollten die Sowjets ganz aus dem Westen Berlins vertreiben. Dazu übten sie größtmöglichen Druck auf den Magistrat und damit auf die Westalliierten aus. Das ist auch der Grund dafür, dass die UGO-Mitglieder bei ihren Urabstimmungen immer wieder trotz verlockender Friedensangebote für eine Fortführung der Streikmaßnahmen und damit des Aufstandes gegen den Osten stimmten.

Der Westmagistrat, der die Tarifauseinandersetzung anfangs mit Wohlwollen begleitet hatte, rückte von den Radikalforderungen der UGO ab. Es blieb ihm nichts anderes übrig, denn die Westalliierten hatten längst die Geduld verloren. Ihre Außenminister, die in Paris händeringend versuchten, nach all den Krisen endlich wieder eine gemeinsame Linie zu finden, standen ihnen auf den Füßen: Der Eisenbahnerstreik machte eine internationale Grenzberuhigung unmöglich. Die westlichen Stadtkommandanten spürten auch, dass die Aktivisten auf der Straße, die jeden Schuss der Vopos sofort mit knochenharten Gegenmaßnahmen quittierten, immer unberechenbarer wurden. Ihre Wut wurde gefährlich.

Der sogenannte UGO-Putsch schwemmte die Unzufriedenheit mit der Besatzungssituation und die zahlreichen Verletzungen nach oben, die die Deutschen seit Mai 1945 hatten ertragen müssen. So wurde der harmlose Berliner Tarifkonflikt zu einem internationalen Unruheherd. Das wollten die Amerikaner, Briten und Franzosen nicht hinnehmen. Deshalb drängten sie auf eine schnelle Beendigung der Kampfmaßnahmen. Sie verboten dem Magistrat sogar, weiter Streikgelder an die Eisenbahner zu zahlen. Das war 1949 eine stärkere Waffe als die Warnschüsse der Vopos: Die Bahner konnten bei aller Wut ihre Familien nicht hungern lassen.

Auch die Russen hatten genug von der Dynamik der Straße – und sie wussten mittlerweile, wie schlecht Konfrontationen für sie ausgehen konnten, wenn sie den Überlebenswillen der Berliner herausforderten. Deshalb handelte die Reichsbahndirektion mit der IG Eisenbahn im FDGB aus, ab dem 1. Juni 1949 die West-Beschäftigten zu 60 Prozent in DM (West) zu bezahlen. Mehr konnte die Reichsbahn den Streikenden beim besten Willen nicht bieten, denn sie verfügte über zu wenig »Devisen«: Die Bahntickets im Westen wurden nur zu einem geringen Teil mit harter DM bezahlt. Sollten sich ihre Westeinnahmen aber erhöhen, kündigte die Reichsbahndirektion an, so würde sie auch mehr als 60 Prozent des Lohnes in D-Mark zahlen.

Eines aber konnte die Reichsbahn auf keinen Fall: die UGO als Tarifpartner akzeptieren. Die Gewerkschafter galten seit ihrer Abspaltung vom FDGB als Saboteure; ihr Ausstand hieß im Osten deshalb auch Putsch. Damit war der Ost-Berliner FDGB für West-Berlin zuständig. Diese Kröte wollten wiederum die West-Berliner Bahnbediensteten nicht schlucken. Am 2. Juni sollten sie sich bei einer Urabstimmung zu der Einigung äußern: Eine überwältigende Mehrheit der UGO-Leute sprach sich dagegen aus. Die Angestellten wollten nicht auf 40 Prozent ihres Lohnes verzichten. Der Streik ging also weiter.

Magistrat und Westalliierte zeigten sich zunehmend genervt.

Vor allem als in der Nacht vom 8. zum 9. Juni 200 UGO-Leute zum Schöneberger Ufer zogen und das Gebäude der Reichsbahndirektion besetzten. Den sowjetischen Offizieren, die dort Stallwache hielten, gelang es erst mit vorgehaltenen Pistolen, die Gewerkschafter zurückzudrängen. Vor der Direktion errichteten die UGO-Anhänger daraufhin eine Barrikade, die verhindern sollte, dass die Sowjets das Gebäude verließen oder die deutschen Direktionsangestellten am nächsten Morgen ihre Dienststelle betraten.

Diesmal gab der Osten nach: Die Reichsbahndirektion wich vorerst aus und zog dann ganz in den Osten. Ein damaliger Mitarbeiter des seit April 1949 wieder bei der S-Bahn tätigen späteren Vizepräsidenten Kittlaus berichtete, dass auch dieser zeitweilig seine Diensträume nicht betreten konnte und so lange ein Ausweichquartier bei Eisenbahn-Generaldirektor Kreikemeyer in der Voßstraße in Berlin-Mitte bezog.[6]

Der Konflikt zog immer weitere Kreise. Militär- und Versorgungszüge aus den Westzonen stauten sich auf den Gleisen und in den Bahnhöfen, auch der Postverkehr zwischen Berlin und den Westzonen war gestört.

Die drei westlichen Stadtkommandanten gerieten stärker unter Druck – vor allem als in der Stadt gefordert wurde, den Bahnbetrieb unter westliche Kontrolle zu bringen. Die Militärs aber mussten sich an den Kontrollratsbeschluss halten, der den Sowjets die Oberleitung der Eisenbahnen zusprach. Sie setzten sich mit den Sowjets an einen Tisch, um die Krise endgültig beizulegen. Anschließend forderten sie die UGO mit noch mehr Nachdruck auf, die 60-Prozent-Lösung der Reichsbahndirektion mit dem FDGB zu übernehmen. Eine erneute Urabstimmung der UGO-Eisenbahner brachte jedoch am 14. Juni 1949 kein anderes Votum.

Die Alliierten konnten nicht hinnehmen, dass dieses Partialproblem das ohnehin strapazierte Einvernehmen der Siegermächte untereinander weiterhin störte. Am 21. Juni 1949 ließen die drei westlichen Stadtkommandanten Teile des Westmagistrats und die UGO-Leitung zu sich kommen. An diese erging die Anweisung, den Streik sofort zu beenden. Der Magistrat hatte, wie schon erwähnt, keine Erlaubnis mehr, Streikgelder an die West-Eisenbahner zu zahlen. Das übte Druck auf die Gewerkschafter aus. Als sie sich dennoch Zeit ließen, besannen sich die Alliierten ihrer Möglichkeiten. Am 25. Juni 1949 befahlen sie den Bahnern, sofort wieder an die Arbeit zu gehen: eine »Verlängerung des Streiks (erscheine) als nicht mehr gerechtfertigt«, weil er »auf das soziale und wirtschaftliche Leben Berlins (...) ernstliche Auswirkungen« habe und ferner »ein Hindernis zum freien Lauf des Handels zwischen Berlin und dem Westen« sei.[7]

Um den UGO-Leuten die Befolgung des alliierten Befehls einfacher zu machen, erklärte sich der Magistrat bereit, die ausstehenden 40 Prozent, die ihr Lohn noch in Ostmark gezahlt wurde, zu einem 1:1-Kurs in Westmark umzutauschen. Die Westmächte hatten diese Ausnahmeregelung genehmigt.

So nahmen denn nach 38 Streiktagen am 28. Juni 1949, um 8 Uhr morgens, die West-Berliner Eisenbahner gezwungenermaßen und zähneknirschend ihre Arbeit wieder auf. Der normale S-Bahn- und Fernbahn-Verkehr funktionierte aber erst ab dem 1. Juli 1949 wieder: Vorher mussten die Zerstörungen an den Gleisanlagen und an der Technik repariert werden. Nach Berechnungen der Reichsbahndirektion betrugen die Schäden durch den Eisenbahnerstreik und durch die damit verbundenen Ausschreitungen 50,6 Millionen Ostmark.

Leider hielt sich die Reichsbahndirektion nicht an ihre Abmachungen mit dem FDGB und entließ nach Ende des Streiks zahlreiche West-Mitarbeiter. Andere wollte man zwingen, in den Osten umzusiedeln – andernfalls drohten sie ihre Arbeit bei der Bahn zu verlieren. 380 Mitarbeiter waren von diesen Maßnahmen betroffen. Und das obwohl Bürgermeister Ernst Reuter bei den UGO-Bahnern für Vertrauen in die Abmachung geworben hatte. Er war der eigentliche Verlierer des UGO-Putsches.

Dr. Katzenbergers Badereise

Im März 1949 meldeten die Belgier und die Holländer Gebietsansprüche an, über die die alliierten Behörden befinden mussten. Die Briten taten das mit einer gewissen Leichtigkeit, die bei den Betroffenen nicht gut ankam. So schwadronierte der für die niederländischen Ansprüche zuständige Kreis-Resident-Officer von Geilenkirchen Captain Fieldman anlässlich des Grenzkorrektur-Beschlusses der alliierten Kommission: »Heute ist St.-Georgs-Tag, ein guter Tag, um Dinge zu verschenken, die uns nicht gehören.«

Die niederländische Presse goutierte eine solche Sottise auf Kosten der Deutschen als »onbetaalbare« Bemerkung. Gleichzeitig kolportierte sie, die Deutschen in der betroffenen Gemeinde Selfkant, dem westlichsten Ort Deutschlands, seien so hingerissen gewesen von der bildschönen Gattin des Captains, dass einige sie für die niederländische Königin gehalten hätten. Was natürlich Unsinn war – aber Unsinn, der auf der westlichen Seite der Grenze gut ankam.[1]

Solche Späße schürten die Wut der Grenzbevölkerung, über deren Staatszugehörigkeit auch im Frühjahr 1949 noch per Geheimbeschluss der britischen Militärbehörden entschieden wurde. Es ging um 12 000 Deutsche, die durch einen Federstrich britischer Offiziere zu Niederländern bzw. Belgiern wurden. Und das vier Jahre nach Kriegsende. Als am 12. März der belgische General

Bolle im Eifelstädtchen Monschau einzog, um die Führung des Bezirkes Aachen-Monschau zu übernehmen, war nicht einmal die eigentlich für den Landstrich zuständige NRW-Landesregierung in Düsseldorf unterrichtet worden.

Erschrocken berief die Regierung Arnold (CDU) für den 28. März die Grenzausschüsse der drei betroffenen Länder NRW, Rheinland-Pfalz und Niedersachsen ein. Eile war geboten. In Bonn beriet der Parlamentarische Rat über das neue Grundgesetz des zu gründenden Staates. Mit einer Bundesrepublik, an deren Ränder sich die Nachbarn aber nach Belieben bedienen durften, würde nicht viel Staat zu machen sein. Doch das störte die alliierten Besatzungsmächte wenig. Ihre Außenminister tagten in Paris und drängten von dort aus mit allen Mitteln auf eine schnelle Durchführung der Staatsgründung in ihrem Sinne – und zwar ohne Wenn und Aber. Gleichzeitig dachten sie nicht daran, ihre westeuropäischen Verbündeten an der Peripherie des neuen Staates in ihren Gebietsansprüchen zu zähmen – auch wenn diese die Glaubwürdigkeit der deutschen Selbstbestimmung erheblich beschädigten. So verkündete die Konferenz in Paris selbstbewusst, die Grenzberichtigungswünsche der belgischen Regierung würden umgehend umgesetzt werden, während die drei betroffenen Länderchefs des Westens noch händeringend versuchten, dem Ganzen eine demokratische Linie zu geben.

Die Briten ahnten zumindest, was für ein heißes Eisen da geschmiedet wurde. In London beschwichtigten Regierungsangehörige deutsche Journalisten: Eigentlich gehe es doch nur noch um Petitessen (angesichts der Annexionen im Osten, wo sich die Sowjets ohne Absprache mit den Westalliierten 115 000 Quadratkilometer genommen und den Polen zur Verwaltung übergeben hatten bzw. selbst verwalteten). Das stimmte allerdings: Verglichen mit dieser »Grenzkorrektur« waren die 200 Quadratkilometer im Westen, um die es angeblich ging, eine Lappalie. Und es betraf doch nur wenige tausend Deutsche – im Osten waren mehr als zehn Millionen betroffen gewesen. Das behaupteten jedenfalls die Briten in London. Aber die waren weit weg – von Paris und erst recht von der deutschen Westgrenze.[2]

In Düsseldorf sahen die Berater des Ministerpräsidenten Karl Arnold eine einmalige Chance, die drohende Misere in einen Vorteil für ihren Landesvater umzumünzen. Die Argumentation des umtriebigen Pressechefs und Chefdenkers Katzenberger war so einfach wie bestechend. Seit Monaten schon schrieben Katzenbergers Referenten Denkschriften für ihren Ministerpräsidenten Arnold, in denen sie die Finger in die Wunde der neuen Staatlichkeit legten: Da es dem zu erwartenden Bundesstaat an außenpolitischer Verantwortung fehle, könnte sich ein deutscher Politiker als zukünftiger Kanzler empfehlen, wenn er trotz der alliierten Beschränkung außenpolitische Erfolge vorzuweisen hätte. Karl Arnold könnte also aus der Phalanx der chancenlosen Provinzfürsten hervortreten, wenn er außenpolitisch aktiv werden würde. Der momentane Grenzkonflikt vor der Düsseldorfer Haustür biete dazu eine einmalige Gelegenheit. Warum also verhandele der NRW-Ministerpräsident nicht einfach ohne die störende Bevormundung durch die Briten direkt mit den Niederländern, sozusagen von Fürst zu Fürst? Schließlich verfüge man doch über eine lange Tradition gutnachbarschaftlicher Beziehungen, die man bei der Gelegenheit in die Waagschale werfen konnte. Wer aus einer solchen Verhandlung mit einer Verzichterklärung der Grenzverletzer herauskomme, würde in Bonn der gemachte Mann sein. So jedenfalls das Kalkül der Amateurdiplomaten in der Düsseldorfer Staatskanzlei um den Geheimrat Hermann Katzenberger.

Konferenz der westdeutschen Ministerpräsidenten in Koblenz; rechts außen: Geheimrat Katzenberger, links neben ihm Ministerpräsident Arnold

Katzenberger war eine schillernde Persönlichkeit, die sich seit 30 Jahren bemerkenswert unbeeindruckt durch die deutsche Politik schlängelte. Im Ersten Weltkrieg hatte er einen Arm verloren, danach hatte er sich eine Weile akademisch betätigt. Schon in seiner Dissertation hatte er für eine Kooperation des katholischen Zentrums mit der Sozialdemokratie geworben. Folgerichtig betätigte er sich auch in der Zentrumspartei, deren Reichsgeneralsekretär er bis 1922 war. Dann lenkte er den parteieigenen Germania-Verlag, wurde aber von von Papen vertrieben, dem Katzenberger zu links für seine neue rechtsorientierte Politik erschien. 1928 wechselte Katzenberger in die Presseabteilung des Auswärtigen Amtes. Dort und bei der Auslandsjournalisten-Korrespondenz *Dienst aus Deutschland* arbeitete er sich in die Diplomatie und die Außenpolitik ein und überstand die Nationalsozialisten, die mit einem Zentrumsmann mit Sympathien für die Sozialdemokratie nichts anfangen konnten.

Nach dem Krieg gründete er die Ost-CDU mit und betreute auch deren Organ *Neue Zeit* ebenso wie den parteieigenen Unions-Verlag. Er gehörte zu denen, die glaubten, den Einfluss der Sowjets in ihrer Partei eindämmen zu können. Als sich das als Illusion erwies, heuerte er im Gefolge von Jakob Kaiser bei der NRW-Regierung in Düsseldorf an.

Der eigentliche Dreh bei Katzenbergers *mission impossible* war: Der Geheimrat glaubte, bei den Briten eine gewisse Duldungsbereitschaft erkannt zu haben. Wenn sich die Deutschen unter der Hand mit ihren Nachbarn im Westen über die beidseitige Grenze einigten, ohne dass es zu Protesten kam, würde den Besatzern viel Ärger erspart bleiben. Schließlich hatte die Siegermacht nichts von den Annexionen der Belgier und Niederländer. Im Gegenteil: Wenn sie sie billigten, hetzten sie die Deutschen damit noch mehr auf.

Eigentlich war das eine Win-win-Situation – glaubte jedenfalls Katzenberger. In Düsseldorf knallten bereits die Sektkorken und der CDU-Ministerpräsident Arnold wurde fortan als »Großer Kurfürst« gehandelt und als – was fast noch mehr war – *sonny boy* der Briten.

Katzenberger spielte über Bande. Sein Mittelsmann war Peter Lütsches, ein alter Parteifreund aus dem Zentrum, Marmorimporteur und Herausgeber des Düsseldorfer Wochenblattes *Freies Europa*. Lütsches galt als hollandfreundlich. Er war vor gar nicht so langer Zeit in die Niederlande emigriert – weniger aus politischen als aus persönlichen Gründen: Lütsches hatte die Sozialabgaben für seine Angestellten unterschlagen. Während des Krieges hatte die Gestapo ihn dort aufgestöbert und ins KZ gesteckt. Deshalb war Lütsches jetzt in der Vereinigung der Verfolgten des Naziregimes (VVN) engagiert, verließ die Organisation aber bald und gründete mit Adenauers Unterstützung eine westdeutsche

Konkurrenzorganisation – den stramm antikommunistischen Bund der Verfolgten des Naziregimes BVN, der wegen seiner Verbindungen zu westlichen Geheimdiensten und seiner Distanz zu jüdischen Nazi-Opfern kritisiert wurde. Wie man in Düsseldorf wusste, verfügte Lütsches immer noch über beste private Beziehungen nach Den Haag.

Auf Arnolds Bitte hin versuchte Lütsches nun telegraphisch in Den Haag vorzufühlen. Doch sein Vorstoß blieb unbeantwortet. Das niederländische Kabinett hatte sich nämlich vorzeitig in die Osterferien verabschiedet. Die Grenzkorrektur-Abstimmung im Parlament sollte erst Mittwoch nach Ostern stattfinden. Es blieb also nicht mehr viel Zeit. Eigentlich war die Sache schon gelaufen. Da hatte Katzenberger die entscheidende Idee: Warum fuhren sie nicht einfach nach Holland und bearbeiteten gleich nach Ostern die einflussreichen Meinungsmacher vor Ort?

Heutzutage wäre ein solches Vorgehen selbstverständlich. Nicht jedoch 1949. Ohne eine Reiseerlaubnis der Besatzungsbehörde konnte der unternehmungslustige Ministerpräsident nicht einmal nach Frankfurt oder Stuttgart fahren, geschweige denn nach Den Haag. Man benötigte eine Ausreiseerlaubnis des Regional Commissioner General Bishop für Arnold und Lütsches, der als Türöffner mit von der Partie sein sollte. Bishop wurde aus seinem Osterurlaub geholt – er war verstimmt, aber er stimmte zu. Wahrscheinlich wollte er bloß seine Ruhe haben. Und er wusste, dass das Wichtigste fehlte: das Visum der niederländischen Regierung. In Holland waren die Briten keine Besatzer, sondern allenfalls Befreier und hatten bei weitem nicht so viel zu sagen wie in Deutschland. Eigentlich gar nichts.

Nun erwies sich, dass Lütsches in den Niederlanden wirklich Gott und die Welt kannte. Er mobilisierte den Chef des Radio- und Haushaltsgerätekonzerns Philips in Eindhoven, einen in Holland sehr gewichtigen Prominenten. Der Radio-Tycoon flog mit seinem Privatflugzeug nach Düsseldorf und verhalf Arnold mit etwas Trickserei nicht nur zu einem Visum durch den niederländischen Generalkonsul: Er besorgte auch einen Wagen, der den Ministerpräsidenten hinter der Grenze erwartete – nicht einmal das war 1949 für einen deutschen Landesvater selbstverständlich.

Am Dienstag nach Ostern, in der ersten Dämmerung, startete die Expedition in Düsseldorf-Oberkassel. Zunächst ging es nach Eindhoven zur Zentrale von Philips, von wo aus Kontakt mit dem niederländischen Außenminister Stikkers aufgenommen wurde. Stikkers zeigte sich bereit, die »Delegation aus Düsseldorf« noch am selben Nachmittag um 16 Uhr in seinem Haager Ministerium zu empfangen.

Zu einer Irritation kam es dann in Den Haag, als der Protokollchef des Außenministeriums die deutschen Gäste auf Französisch begrüßte, eine Sprache, mit der weder Arnold noch Lütsches viel anfangen konnte. Man einigte sich etwas umständlich auf das Niederländische als Verhandlungssprache. Bemerkenswert ist die Verwunderung der beiden Deutschen darüber, dass die hohen Beamten des Ministeriums, obwohl sie doch alle Deutsch sprachen, unbedingt in ihrer Landessprache mit ihnen verhandeln wollten.

Die Gespräche verliefen nicht ganz im Sinne Arnolds, der sich schon als künftiger deutscher Kanzler gesehen hatte. Seine Verwunderung war ihm anzumerken, als er den Amtssitz verließ. Er hatte erfahren, dass sein Vorstoß höheren Ortes zur Verärgerung geführt hatte. So monierten Regierungsstellen und Besatzer, der NRW-Ministerpräsident habe sich unter einem Vorwand ein Visum verschafft (da hatte der Allroundmann Philips etwas zu gewagt getrickst) und sei ohne Einwilligung der niederländischen Regierung eingereist. Besonders lastete man ihm in Den Haag an, dass er in Holland gegen die Politik der Regierung und deren Grenzpläne polemisiert habe. Spätestens jetzt bemerkten Arnold und sein Reiseführer Lütsches: So sahen Reisen eines künftigen Bundeskanzlers nicht aus.

»Mein persönlicher Besuch in letzter Stunde entsprach vielleicht nicht den Regeln einer orthodoxen Diplomatie«, bekannte Karl Arnold später. Geheimrat Katzenberger hatte seinem MP »vornehme Zurückhaltung« anempfohlen.

Am Tag nach Arnolds Auftritt in Den Haag, am Mittwoch nach Ostern, trat wie geplant die erste Kammer der niederländischen Volksvertretung zusammen und stimmte über die Grenzansprüche ihres Landes an Deutschland ab. Mit 25 gegen 17 Stimmen entschied sich das Parlament, die Grenze zu Gunsten der Niederlande zu verschieben. Das sollte nicht der einzige Rückschlag bleiben. Belgien annektierte nicht wie angekündigt nur 500, sondern gleich 1400 Deutsche »mit Haus und Hof«.[3]

Karl Arnold blieb erst mal Ministerpräsident in NRW. Politische Überraschungen zu bereiten, passe ebenso in seine Wesenszüge wie die Schlichtheit seines persönlichen Lebens, hieß es von ihm, als er 1951 seinen 50. Geburtstag feierte: »Nüchtern, ein wenig steif, aber nicht humorlos, mit einer großen Liebe zu Jagdhunden und einer kleinen zum bayrischen Bier – aber nur, wenn aus Münchner Steinkrügen gereicht – so war es schon in seiner Jugend (…)«[4]

Gleichzeitig wurde aber auch vor dem Allround-Mann gewarnt: Er sei zwar ein Mann des Ausgleichs, aber auch eines »manchmal fast zu großräumigen politischen Konzeptes«, sodass man bei ihm »nie vor Überraschungen sicher« sei.

Er wurde übrigens nicht der erste Bundeskanzler der Bundesrepublik Deutschland. Das wurde ein Rheinländer, der sich ebenfalls mit den Initialen KA schmückte. Dieser Konrad Adenauer ging mit der Grenzproblematik ganz anders um als sein Parteikollege aus Düsseldorf: Er hielt sich erst einmal heraus und überließ es den ihm verhassten Briten, sich dabei zu blamieren. Der Hollandreisende Karl Arnold war der stärkste Konkurrent dieses rheinischen KA in der eigenen Partei. Die linke Fraktion der CDU, die 1949 noch sehr stark war, hatte ihn zu ihrem Kandidaten gemacht.[5] Zudem hatte der Schwabe Arnold, ein Gewerkschaftsmann und Lederfacharbeiter aus Herrlishöfen bei Biberach, keine Gelegenheit ausgelassen, die Kreise des Rheinländers zu stören. Besonders ärgerte den rheinischen KA, dass der schwäbische KA in Düsseldorf schon eine große Koalition führte, als er das noch als ein Sakrileg ansah.[6] Und dass Arnold sich um dieser Koalition willen für eine Sozialisierung der Ruhrindustrie einsetzte, für die sich Adenauer nie so richtig hatte erwärmen können. Dennoch ließ Adenauer es zu, dass Arnold durch einen »Staatsstreich des Geheimrat Katzenberger« im September 1949 zum ersten Bundesratspräsidenten wurde – und damit zu einer Art Gegenregierung zum Kanzler, der sich davon jedoch nicht sehr beeindrucken ließ.[7]

Da Adenauer, wie sich bei der Aushandlung des Vertrages über die Kohle- und Stahlgemeinschaft erwies, auf sehr vertrautem Fuß mit dem niederländischen Außenminister Strikker stand, ist nicht auszuschließen, dass er in den unfreundlichen Empfang Arnolds in Den Haag verwickelt war.

Die Holländer haben sich nach Ostern 1949 70 Quadratkilometer Deutschland einverleibt. 10 000 Deutsche wurden über Nacht zu Niederländern, ohne vorher gefragt worden zu sein. Allerdings hatten sie diese Entwicklung auf sich zukommen sehen. Ihr Unmut äußerte sich schon seit Wochen anonym und auf der Straße. Auf Mauern und an Zäunen prangten Graffiti: »Wir bleiben deutsch trotz Annexion!«

Deutsche Zöllner hatten aus ihren Dienstwohnungen und Büros vor dem übereilten Abzug mitgenommen, was sich zu lohnen schien. Das war 1949 noch allerhand: Als die Holländer kamen, fehlten Türen, Fenster, Wasserhähne und Toilettendeckel.

In den Karteien der Gemeinden fehlten auch alle männlichen Einwohner zwischen 20 und 25 Jahren. Die Deutschen hatten sie verschwinden lassen, weil sie fürchteten, die Holländer könnten die jungen Männer zum Militär einziehen und umgehend nach Indonesien schicken, wo die ehemalige Kolonialmacht noch Krieg führte. Die Sorge war unbegründet, wie sich später herausstellte: Die annektierten Deutschen durften gar nicht in der niederländischen Armee dienen. Von deutschen Soldaten hatte man in Holland für lange Zeit die Nase voll.

Belgische Besatzungsoffiziere hingegen zeigten lebhaftes Interesse an den annektierten deutschen Gebieten. Schon vor der Grenzverschiebung bereisten sie die Gemeinden der Region Aachen. Sie versuchten, die Häuser der Deutschen zu erwerben, die nicht auf die Annexion warten und schon vorher gen Osten emigrieren wollten. Die Aufkäufer waren in Deutschland stationiert und hatten dort mit deutschen Frauen Beziehungen angefangen. Da das Brüsseler Kriegsministerium Ehen von Militärangehörigen mit Deutschen untersagte, siedelten die Offiziere ihre Liebsten in den aufgekauften Häusern an, um sie nach der Annexion problemlos zu Belgierinnen machen und damit heiraten zu können.

Das alles deutete auf eine konfliktreiche Situation in den neuen niederländischen und belgischen Gebieten hin. Doch die Konversion erwies sich als weniger problematisch als befürchtet. Die niederländische Polizei (*Marechaussee*) zeigte sich großzügig den Deutschen gegenüber, obwohl diese sie im Vorfeld als »holländische SS« beschimpft hatten. In der Ommerborner Bahnhofswirtschaft sollen schon am »ersten Annexionsabend« die

Einheimischen mit der Gendarmerie zusammengesessen haben. In Tüddern sangen deutsche Zecher bei Amstel-Bier Hollands »Oranje Boven«. Der neue Landrat Dassen stiftete das Bier, die Deutschen tranken es und grölten nachts vor dem Landratsamt das Deutschlandlied – mit allen Strophen. Dafür nahmen die deutschen Mädchen gerne die geschenkte Van-Houten-Schokolade an, wollten sich beim Abbeißen aber nicht von den Reportern fotografieren lassen.

Am Montag nach der Gebietsverschiebung war in Neu-Holland Geldumtausch. Jeder Familienvater durfte 100 DM in Gulden wechseln, seine Frau und jedes Kind noch mal je 50 DM. Alleinstehende durften auch 100 DM wechseln. Für 1 DM 33 gab es einen Gulden. Zusätzlich durften Betriebe für jeden ihrer Angestellten 80 Mark in Gulden tauschen.

Die holländischen Stellen wunderten sich dann sehr über ihre neuen deutschstämmigen Mitbürger: Dass die meisten keine 100 Mark zum Guldentausch hatten, hätten sie nicht erwartet – das warf ein ganz neues Licht auf ihre späte Eroberung. Was die Freude auf holländischer Seite auch noch trübte: Die deutschen Straßen waren schlechter als die holländischen, es fehlten dort oft Wasserleitungen. Und was die Sache richtig kostspielig machte: Es gab überraschend viele Kriegsversehrte, Witwen und Sozialhilfeempfänger unter den Neubürgern. Deren Leistungsansprüche mussten nun in Gulden abgegolten werden.

Dafür konnten die Jetzt-Holländer weiter an ihrer alten Arbeitsstätte in Deutschland tätig sein. So stellten sie auch nach der Annexion im Glanzstoff-Werk Oberbruch Kunstseide her. Ihr in Mark ausgezahlter Lohn floss auf ein Clearing-Konto. Dort hoben ihn die Beschäftigten dann als Gulden ab. Viele Selfkanter arbeiteten schon lange auf der Zeche Carolus Magnus. Sie gelangten mit dem Omnibus zur Schicht in Palenberg, die Fahrt dauerte eine

Stunde, ob sie nun aus Deutschland oder aus den Niederlanden anreisten. Nun aber lockten die Zechen Maurice und Hendrik im niederländischen Sittard. Der Tagesverdienst dort betrug acht bis zwölf Gulden, also elf bis 16 Mark, was nicht übel war für jemanden, der das deutsche Lohnniveau gewohnt war. Was auch für den Wechsel in den niederländischen Bergbau sprach: Von Tüddern aus brauchten die Kumpel mit dem Fahrrad nicht länger als zehn Minuten. So wuchs Europa 1949 nun doch zusammen – ob es wollte oder nicht.

Nachtrag: Die Gebiete wurden später teilweise wieder an die BRD zurückgegeben – so zum Beispiel Selfkant 1963. Allerdings gegen eine Zahlung von 280 Millionen D-Mark (inflationsbereinigt wären das heute etwa 560 Millionen Euro).

Was nicht verschwiegen werden darf: Es gab auch Deutsche, die die Annexion zu schätzen wussten. So richteten im Sommer 1949 die Bewohner des Eifel-Dorfes Mützenich eine Petition an den belgischen Ministerpräsidenten Spaak. Die Mützenicher ersuchten darin förmlich um die Aufnahme in den belgischen Staatsverband.

Das Dorf Mützenich liegt in Nordrhein-Westfalen. Genauer: am Hohen Venn, an der Grenze zu Belgien. Die Mützenicher glaubten, dass es ihnen als Belgier besser gehen würde als als Deutsche. Sie würden als Bewohner eines belgischen Dorfes endlich wieder problemlos zu ihrem Gemeindewald gelangen können, der seit der Kapitulation auf belgischem Gebiet lag.

Die NRW-Landesregierung in Düsseldorf schäumte vor Wut (vor allem weil Ministerpräsident Arnold gerade verbissen um den Erhalt der Grenzdörfer kämpfte, die Holländer und Belgier aus Deutschland ausgliedern wollten). So setzte Düsseldorf den Mützenicher Gemeinderat kurzerhand ab und ortsfremde Statthalter als neuen Gemeindevorstand ein – kein Einzelfall im Jahr 1949 (siehe S. 149). Doch das ließ sich das Grenzdorf nicht bieten: Die Mützenicher verjagten die fremden »Kommissare« und holten ihre alten Gemeindevorsteher zurück.

Ein heilloses Gerangel entwickelte sich. Es ging um mehr als um die Zukunft eines 1000-Seelen-Dorfes. Bundesweit wurde am Beispiel des Eifeldorfes Mützenich darüber diskutiert, ob es bei Grund und Boden nicht um mehr als nur um Privateigentum gehe. Und dass die Gemeinschaft mehr ist als die Summe ihrer Einzelinteressen. Auf dem Höhepunkt der Auseinandersetzung erklärte *Die Zeit* den Schildbürgern aus der Eifel: »Sie leben entweder in der Vorstellungswelt der alten Germanen, oder sie sind unserer Zeit um etliche Jahrzehnte voraus. Jedenfalls aber ist das Resultat ihrer Überlegungen unzeitgemäß und schwer erträglich.«[8]

Und was sagten die Belgier zu dem unerwarteten Volkszuwachs? Sie drohten Deutschland mit einer militärischen Annexion des Weilers Mützenich, wenn dessen Bürger daran gehindert werden sollten, Belgier zu werden …

Die braune Stadt

Die neuen Herren

Im Frühjahr 1949 schaute das Land auf Wolfsburg.

Kurz vor der Gründung der Bundesrepublik, von der ein Fortschritt in Sachen Demokratie erwartet wurde, geriet diese in der VW-Stadt bereits an ihre Grenzen. Das verwirrte die Deutschen, die doch seit fast vier Jahren darauf hofften, dass ihre missliche Lage sich entschieden verbessern würde, wenn die demokratischen Mechanismen in Gang kamen.

Begonnen hatte alles Ende November 1948. Da fanden in Niedersachsen Gemeindewahlen statt. Zwei Drittel aller Stimmen fielen auf eine Partei, der vorher niemand eine Chance gegeben hätte: auf die Deutsche Rechtspartei DRP. Sie hatte vor allem in der Wolfsburger Gegend »zackige« Erfolge verzeichnen können, wie *Die Zeit* im Juni 1949 schrieb.[1] Von den 25 Abgeordneten des neu gewählten Wolfsburger Stadtparlamentes gehörten 17 der DRP, sechs der SPD und zwei der CDU an. Die FDP war nun gar nicht mehr vertreten. Sie erhob Einspruch. Grund: Nach dem niedersächsischen Wahlgesetz durften höchsten 14 Kandidaten auf einer Nachrückerliste stehen. Die Gewinnerpartei DRP hatte auf ihrer Liste aber 18 Reservekandidaten aufgestellt. Eine Formalie. Jeder wusste, dass es um etwas anderes ging.

Der Einspruch der Liberalen wurde bei der zuständigen Wahlprüfungsbehörde Anfang Dezember 1948 eingereicht. Dort blieb er liegen.

Über dem Stadtparlament wehte nun die schwarz-weiß-rote Fahne der Rechten. Bürgermeister wurde Heinz Heuchling, ein Volkswagen-Monteur, der den Posten einfach übernahm, ohne sich vom Parlament wählen zu lassen. Der überforderte DRP-Alterspräsident übernahm den Vorsitz des Parlamentes und stotterte sich durch die Sitzungen. Die rechten Ratsherren sorgten dafür, dass sie und nicht ihre Gegner den Vorsitz der wichtigen Ausschüsse übernahmen. Der nach dem Wahlgesetz bindende Sitzverteilerschlüssel des Innenministeriums wurde gar nicht erst abgewartet. In Wolfsburg wehte ein neuer Wind.

In Geheimsitzungen rollten die rechten Aktivisten die Spitzen der Stadtverwaltung auf. Die Schuld daran, dass die neuen Ratsherren öffentlich ein blamables Bild abgaben, wurde den Verwaltungsbeamten zugeschoben: Sie hätten die neuen Herren nicht rechtzeitig über die Geschäftsordnung informiert, hieß es.[2]

Den altgedienten Stadtdirektor Dr. Dahme schickten sie in die Wüste. Dahme wurde u. a. vorgeworfen, er habe einen Brief an den neuen Bürgermeister Heuchling eigenmächtig beantwortet. Stadtkämmerer Felix Laurent wurde als Trunkenbold und Lustmolch entlarvt. Er hatte beim Fasching eine junge Dame geküsst. Zudem wurde gemunkelt, seine Bestallungsurkunde sei eine Fälschung. Es gab zwar noch keine sozialen Medien, dennoch wurde schon mit *fake news* operiert. Laurent wurde in seinem Amt als Stadtkämmerer von einem Ex-Vize-Bürgermeister Hofer ersetzt. Hofer war soeben aus der Internierung zurückgekehrt und dürstete nach neuen Aufgaben. Dass er wegen nazistischer Verstrickung interniert worden und schon 1932 der NSDAP beigetreten war, sahen die neuen Machthaber in Wolfsburg eher als einen Verdienst an als einen Makel. Die sechs SPD-Mitglieder des Stadtrats verließen deprimiert die geheime Sitzung.

Wolfsburg, VW-Werk. 1947 läuft die Produktion des VW wieder

Ein Reporter der *Braunschweiger Zeitung* und zwei DPD-Journalisten waren von der Herrentoilette aus auf den Zwischenboden gekrochen um die Ratssitzung verfolgen zu können. Als einer von ihnen durch die Decke brach, fühlten sich die verbliebenen rechtsnationalen Ratsmitglieder von der Lügenpresse bespitzelt und protestierten heftig.

Auch in der DRP kam es zum Eklat. Der einzige örtliche Funktionär Knörik legte sein Amt als Vorsitzender des Ortsvereins nieder, weil er die Art, wie die ehemaligen Ratsherren Dahme und Laurent abserviert worden waren, dann doch nicht so ehrenvoll fand, wie sich seine stramme Partei sonst gab. Wolfgang Falk,

DRP-Aktivist aus Göttingen, Korpsstudent und Kriegsversehrter, zog nach Wolfsburg um und übernahm den vakanten Ortsverein. Falk war es auch gewesen, der Wolfsburg für die Rechten erst parteipolitisch erschlossen hatte.

In Wolfsburg hatte es nämlich lange keine Rechtspartei gegeben. Die DRP hatte im ganzen Kreis Gifhorn nur drei Mitglieder: einen Landwirt im »Jägerloden-Habit«, dessen Nichte und seinen Knecht. Die britischen Besatzungsbehörden verweigerten die Lizenzierung der Partei, solange sie weniger als 50 Mitglieder hatte. Deshalb holte der Jägerloden-Landwirt den Göttinger DRP-Mann Wolfgang Falk zu Hilfe. Der kam gerne, denn Wolfsburg war schon lange der heimliche Sehnsuchtsort der Rechten im Norden. Falk begann zu agitieren. Er redete davon, dass es höchste Zeit sei für die »Würdigung des Einsatzes unserer Frontsoldaten«.

Falk griff sofort die angestammten Kommunalpolitiker an und sprach von der »Korruption der Wolfsburger Stadtverwaltung«. Zwar gab es keinerlei Hinweise auf Bestechlichkeit, aber man hatte der DRP die Nutzung der Stadthalle für ihre Wahlveranstaltungen verboten. Falk, der infolge einer Kriegsverletzung am Stock ging, bestieg ein Podium im Freien und wütete vor den Massen der VW-Arbeiter. Seine Parolen kamen gut an. Falk bemerkte, dass er richtig war in Wolfsburg und dass diese Stadt die große Chance seiner Partei war, die in anderen Städten Probleme hatte, Hinterzimmer zu füllen.

Der ideale Platz

1938 hatte Robert Ley, der Chef der Deutschen Arbeitsfront DAF, seinem Planer Dr. Lafferentz aufgetragen, den »idealen Platz« für eine neue Stadt zu suchen, für die Volkswagenstadt. Lafferentz setzte sich in ein Junkers-Flugzeug und inspizierte das noch relativ friedliche Deutschland. Er fand drei Plätze, die ihm passend erschienen. Der beste lag in Niedersachsen, in der Nähe des Dorfes Heßlingen. Hier kreuzten sich drei Hauptverkehrsadern: die Bahnstrecke Berlin-Köln, der Mittellandkanal, der Ems, Weser und (mit dem Bau des Schiffshebewerkes Rothensee 1939) die Elbe miteinander verband und vor allem dem Transport von Eisenerzen und Ruhrkohle für die Schwerindustrie diente, und drittens die Autobahn von Berlin ins Ruhrgebiet.

An dieser Nahtstelle sollte nach dem Willen der Nazis das Volkswagenwerk entstehen. 30 000 Bauarbeiter begannen damit, das Moor bei Heßlingen trockenzulegen und Betonflächen für die Fabriken zu gießen. Die Stadt, die den VW-Arbeitern als Heimat dienen sollte, war für 90 000 Menschen geplant. Noch vor dem Krieg wurden Arbeiter aus Schlesien, Thüringen und dem Sudetenland in die neue Stadt gebracht. Und noch 1945 waren 8000 der Einwohner Wolfsburgs ehemalige Zwangsarbeiter aus dem Gebiet zwischen Weichsel und Dnjepr. Sie hausten allerdings nicht in den schmucken Arbeiterhäuschen, sondern in riesigen Barackenkomplexen. Als die Zwangsarbeiter bei Kriegsende befreit wurden, leerten sich diese Baracken. Aber nur für kurze Zeit: Schnell zogen Flüchtlinge aus dem Osten dort ein.

25 000 Fremde kamen so im Laufe der Nachkriegsjahre nach Wolfsburg. Wer aus der Barackensiedlung in ein Steinhaus umziehen wollte, musste nachweisen, dass er ein Jahr lang in einer der Baracken gewohnt hatte. Dieser Aufstieg gelang nicht jedem. 1949 gab es Wolfsburger, die schon seit fünf Jahren in den Baracken festsaßen.

Wolfsburg war eine Arbeiterstadt. Es gab nur Fremde, und die Männer waren in der Überzahl – im Gegensatz zum restlichen Deutschland, wo durch den Krieg immer noch ein starker Frauenüberschuss herrschte. Die meisten Wolfsburger waren zwischen 25 und 30 Jahre alt. Die Flüchtlinge und Gefangenen in den Lagern wollten 1945 alle nach Wolfsburg, denn dort wurden schon Arbeitskräfte gesucht, als der Rest des Landes noch in Trümmern lag.

Das war der Bodensatz, der den Rechten um Wolfgang Falk den Aufstieg in den Stadtrat und die Übernahme der Macht in Wolfsburg ermöglichte. Die Vertriebenen waren unzufrieden mit der vermeintlichen Toleranz der Westalliierten gegenüber den Sowjets. Sie hassten alles, was ihnen links erschien, weil sie es mit den Russen, die sie vertrieben hatten, und mit dem SED-Staat gleichsetzten. Sie waren verbittert, weil man sie in Deutschland immer noch als Menschen zweiter Klasse behandelte und politisch nicht an der Macht beteiligen wollte. Also machten sie Wolfsburg zu einer Hochburg der rechten Sektierer.

Die kaltgestellten Stadtpolitiker Dahme und Laurent wollten ihre Stadt nicht verloren geben: Sie wandten sich an ihre Partei, die SPD, und an den zuständigen Regierungspräsidenten Harm und beklagten sich wegen ihrer Entlassung. Doch es war schwer für jemanden, der täglich mehr Demokratie einklagte, gegen Entscheidungen vorzugehen, die demokratisch gefallen waren: Falk und seine Rechtsnationalen waren mit großer Mehrheit gewählt worden. Der Regierungspräsident empfahl seinen SPD-Parteifreunden, sich lieber mit ihrem Ruhegehalt in den Harz zurückzuziehen.

Der niedersächsische Innenminister Richard Borowski (SPD) aber wollte Wolfsburg nicht den Rechten überlassen. Er verfügte per Erlass, dass die Entlassung von Laurent als Stadtkämmerer rückgängig zu machen war. Gegen Dr. Dahme leitete er ein Disziplinarverfahren ein, damit die dienstrechtlichen Vorwürfe geklärt wurden, und den Ex-Nazi Hofer jagte er aus dem Amt des Bürgermeisters.

Der rechte Wolfsburger Stadtrat tagte wieder geheim und beschloss, die Anordnungen des Innenministers zu ignorieren. Durch den eifrigen Reporter Jürgen Sandmann wurde der Beschluss bekannt. Das reichte dem Innenminister und seiner Partei, dessen Spitzenmann Kurt Schumacher im nahen Hannover saß. Der schlug zwar auch gerne nationale Töne an, duldete aber keine rechten Revisionisten vor seiner Haustür. So wurde das Bezirks-Wahlgericht Lüneburg an die in den Akten liegende Beschwerde der FDP-Fraktion erinnert.

Nun nahm die Wolfsburger Angelegenheit Fahrt auf: Die Wahl vom November 1948 wurde für ungültig erklärt. Das Innenministerium verfügte, dass der gesamte rechte Stadtrat auseinandergejagt und der ehemalige Stadtkämmerer Felix Laurent als eine Art Staatskommissar mit weitgehenden Befugnissen eingesetzt wurde. Dieser Zustand sollte so lange bestehen bleiben, bis Neuwahlen abgehalten wurden und ein anderes »demokratischeres Ergebnis« brachten. Die SPD war jedenfalls aufgewacht. Auch wenn sie in der VW-Stadt noch keine Hausmacht hatte, wollte sie ihre Wählerschaft unter den Flüchtlingen doch mobilisieren. »Wolfsburg ist eine Kolonialstadt, hier triumphiert der Radikalste, und der Ostflüchtlinge wegen können das nicht die Kommunisten sein«, schrieb *Der Spiegel*, obwohl es in Wolfsburg noch gar keine Kommunisten gab.

Die Briten wollten nicht mehr warten, bis deutsche Gerichte Akten bearbeiteten und deutsche Demokraten sich gegen die neuen Nationalisten formiert hatten. Die Militärregierung verbot am 13. April 1949 – nur gute drei Wochen vor der Gründung der BRD – die Deutsche Rechtspartei DRP. Grund: »nationalsozialistische Propaganda«. So einfach ging das, wenn man nur wollte – und konnte. Die als Welfenpartei bekannte Deutsche Partei DP übernahm das gesamte Erbe der verhinderten Nationalisten.

Diese Deutsche Partei DP stand auch bereit, als im Juni 1949 der durch die Gerichtsentscheidung erzwungene zweite Wahlgang zur Gemeindewahl in Wolfsburg stattfand. 26290 gültige Stimmen wurden abgeben. Davon gingen 12619 an die Rechten – also an die DP. Das waren zwar keine 50 Prozent mehr wie im November des Vorjahres, aber immer noch 48 Prozent. Die Sozialdemokraten bekamen trotz ihres motivierten Wahlkampfes nur 7800 Stimmen, also 29 Prozent, die CDU mit 4009 15 Prozent, die KPD 1252 Stimmen und 4,7 Prozent und die FDP mit 610 Stimmen ganze 2,3 Prozent. Die Klage beim Wahlgericht hatte den Liberalen also wenig genützt.[3]

1000 Lastautos

Der 5. August 1950 war ein großer Tag für die Deutschen. 15 Monate nach der Gründung der BRD und zehn Monate nach Gründung der DDR fanden sie endlich Zeit, sich um die Flüchtlinge in ihrem Land zu kümmern. Eine »Charta der Heimatvertriebenen« wurde verabschiedet. Die neuen demokratischen Politiker und die Vertreter der Vertriebenen schworen feierlich, keine Rache und keine Vergeltung zu üben und den Millionen Menschen, die durch den Krieg ihre Heimat verloren hatten, gleiches Recht wie den Einheimischen zuzugestehen. Das hieß, dass der neue deutsche Staat BRD alles tun wollte, damit die Flüchtlinge aus Osteuropa nicht mehr am Rande der Gesellschaft leben mussten.

Das bedeutete aber auch – und das war der eigentliche Deal hinter den etwas schwülstigen Beteuerungen –, dass die durchaus militanten Flüchtlingsverbände der zersplitterten Landesgruppen auf alle Forderungen in Richtung UdSSR, Polen und

CSSR zu verzichten hatten. Die bisweilen kriegerische Rhetorik der Flüchtlingsfunktionäre verhinderte jede Kommunikation der neuen Bonner Regierung mit staatlichen Stellen in Osteuropa – selbst wenn es um praktische oder humanitäre Fragen ging. Es sollte sogar – was aus heutiger Sicht recht merkwürdig klingt – einen »sinnvollen Einbau der Heimatvertriebenen in das Leben des deutschen Volkes« geben. Einen Einbau? Hier offenbart sich schon in der Wortwahl die pragmatische Handwerkermentalität der jungen Republik.

Mittlerweile hatte man es in der BRD schon mit einer neuen Generation von Flüchtlingen zu tun. Zu den Millionen, die in den letzten Kriegsmonaten vor der Roten Armee und den sich für die Verbrechen der Nazis rächenden Osteuropäern in das zusammengeschrumpfte Rumpfdeutschland geflohen waren, kamen seit Kriegsende auch die hinzu, die aus der sowjetisch besetzten Zone in die Westzonen auswanderten, weil sie mit dem Regime der SED und der russischen Besatzungsmacht nicht klarkamen. Nach jahrelangen Diskussionen gab es am 15. Mai 1952 sogar ein Gesetz zum allgemeinen Lastenausgleich. Mit diesem Gesetz sollten die ungleichen finanziellen Voraussetzungen zwischen den Deutschen abgemildert werden, die nach dem Krieg ihre Existenz völlig neu aufbauen mussten, und denen, die ohne große materielle Verluste nahtlos hatten weitermachen können. Das Lastenausgleichgesetz, das weitgehend ohne Eingriffe der Alliierten zustande gekommen war, setzte diejenigen, die aus der DDR flohen, denen gleich, die aus Osteuropa gekommen waren.

In der Sowjetzone bzw. der DDR verschlossen staatliche Stellen die Augen vor den immensen Problemen der Flüchtlinge aus den ehemals von den Deutschen besetzten Gebieten im Osten. Ihre Vertreibung durch die Sowjets bzw. durch einheimische Gruppen durfte nicht thematisiert werden. Eine öffentliche Behandlung der Vorgänge, die Millionen Menschen betroffen hatten und noch betrafen, war unter Strafe gestellt. Sogar im alltäglichen Sprachgebrauch war das Wort »Flüchtling« oder »Vertriebener« verpönt, wenn es um Deutsche aus dem alten Osten ging. Man sprach von »Umsiedlern«. Wer den Russen wegen der Vertreibungen Vorwürfe machte, bekam erhebliche Probleme. Die Oder-Neiße-Grenze war mit der Gründung der DDR staatlicherseits anerkannt und durfte nicht infrage gestellt werden. Forderungen nach der Rückgabe jetzt unter sowjetischer oder polnischer Verwaltung stehender Gebiete zogen ernste Konsequenzen nach sich.

Die Westalliierten hielten die Deutschen seit Kriegsende dazu an, sich um das Wohl der Vertriebenen zu kümmern. Allerdings reagierten sie verärgert auf übersteigerte Rückgabe- oder gar Vergeltungsverlangen vonseiten der radikalen Vertriebenengruppen. Die Vertriebenenfunktionäre sollten dafür sorgen, dass ihre Schützlinge sich eingliederten und am Aufbau teilnahmen, sich aber politisch so ruhig verhielten, dass sie die neue Ordnung der Nachkriegszeit nicht störten. Daran hielten sich die meisten Funktionäre jedoch nicht. Als sie realisierten, dass ihre Restitutionsgelüste bei den Siegern auf wenig Gegenliebe stießen, drifteten sie häufig ins rechte Lager ab. Dort warteten die Ewiggestrigen schon auf sie, die mit den Millionen enttäuschten neuen Wählern aus dem alten Osten liebend gerne ihre schwindende Bedeutung sublimierten. In der Ablehnung der Osteuropa gegenüber relativ ausgleichenden westlichen Besatzungsmächte war man sich sowieso einig.

Der Strom der von Osten in den Westen Flüchtenden ebbte auch nach der Gründung der beiden Staaten nicht ab. Allein die Zahl derjenigen, die aus der Sowjetzone bzw. ab Oktober aus der DDR in den Westen wollten, stieg von September 1949 bis Ende 1952, also in den ersten drei Jahren des Bestehens der DDR, auf 1,9 Millionen Menschen an. Das waren fast vier Prozent der

Gesamtbevölkerung des neuen Weststaates BRD. Allein 657 000 Menschen befanden sich in dieser Zeitspanne in den überfüllten Notaufnahmeeinrichtungen. Dazu kamen noch 8,3 Millionen sogenannte Heimatvertriebene aus den alten Ostgebieten, die jetzt zu Polen bzw. zur UdSSR gehörten. Diese wiederum machten zusammen mit den Zonenflüchtlingen 15,9 Prozent der Gesamtbevölkerung der BRD aus.

Als Schwerpunkt der Flüchtlingsansiedlung galt Schleswig-Holstein. Dort waren 35,2 Prozent der Bürger Flüchtlinge. Das Problem machte sich auch auf dem bundesweiten Arbeitsmarkt bemerkbar: So waren 37,9 Prozent aller Arbeitslosen Vertriebene.[4]

1950 fanden Landtagswahlen in Schleswig-Holstein statt. Die neue Vertretung der Vertriebenen, der sogenannte Block der Heimatvertriebenen und Entrechteten BHE, trat erstmals an. Er konnte auf Anhieb 23 Prozent aller Stimmen gewinnen. Daraufhin stellte sich der BHE bundesweit auf und konnte weitere Erfolge erzielen. Der »Block« konnte deshalb so große Teile der Bevölkerung auf sich ziehen, weil seine Sprecher auf die ideologisch stark gefärbte Rhetorik der alten landsmannschaftlich gegliederten »Volksparteien« verzichteten. Bisher war den Vertriebenen allerdings untersagt gewesen, sich über ihre durch die regionale Herkunft gegliederten Gruppierungen hinaus zu organisieren – also über sudentendeutsche oder ostpreußische Landsmannschaften hinaus. Die Demokraten der neuen BRD fürchteten nichts mehr als eine Fusion der Einzelverbände zu einer übergreifenden Partei der Vertriebenen. Man war sich klar darüber, dass eine solche Kraft zahlenmäßig sehr stark sein und sehr weit rechts stehen würde.

In seiner ersten Regierungserklärung formulierte der Kanzler der BRD die Ziele seiner Regierung: Es gehe vor allem darum, so Konrad Adenauer (CDU), die Gesetze in den Ländern und den ehemaligen Zonen zu vereinheitlichen, mehr Wohnungen zu bauen, damit sich die auch im Westen immer noch katastropale Unterbringung verbessere, die leidige Brennstoffbewirtschaftung aufzuheben, die Sozialpartner in die Eigenverantwortung zu entlassen, die Entnazifizierung abzuschließen und die Vertriebenen endlich gleichmäßig in der BRD zu verteilen.[5]

Der letzte Punkt war eine Absichtserklärung, die vor allem für die immer noch wachsamen Westalliierten gedacht war. Diese leugneten zwar nicht (wie in der DDR) die Existenz von Millionen Ost-Vertriebenen in allen Zonen, aber sie erwarteten von den Deutschen, dass sie sich in humaner Weise um die entwurzelten Menschen kümmerten. Angesichts des seit nunmehr vier Jahren andauernden Daseins der Flüchtlinge am Rande der neuen Gesellschaft ließ Adenauers Vorhaben, diese gleichmäßig über die neue BRD zu verteilen, nicht gerade auf eine Linderung des Elends hoffen.

So löste im Februar 1949 Marion Gräfin Dönhoff Verwunderung aus, weil sie es als ein wesentliches Merkmal des neuen Deutschland bezeichnete, dass jeder vierte Deutsche ein entwurzelter, »aus seiner Heimat und Gemeinschaft vertriebener Ostflüchtling« sei. Die Gräfin traf die Nachkriegsgesellschaft damit ins Mark. Ausgerechnet im Gründungsjahr der beiden neuen Staaten mussten diese sich sagen lassen, dass sie zu einem Großteil aus Desperados bestanden – aus Menschen, die kaum Hoffnung haben konnten, dass sich ihr Leben bald verbesserte.

Dönhoff bezifferte das Unverhältnis: Von 70 Mitgliedern des Parlamentarischen Rates, der 1948/1949 über das Grundgesetz beriet, war nur ein einziges Mitglied ein Ostvertriebener. Weiter: Im 104-köpfigen Wirtschaftsrat, der über die Versorgung von 40 Millionen Menschen befand, saßen nur acht Flüchtlinge. Eine eigene Partei, die für alle Landsmannschaften gleichzeitig sprach und somit die gesamte Kraft der zwölf Millionen Vertriebenen bündelte, durfte es nicht geben. Aber die Parteien, die sich nach 1945 neu gebildet oder wiedergegründet hatten, beschäftigten sich nur im Wahlkampf mit den Nöten dieser Klientel. Allein die FDP machte darin eine Ausnahme: In Wahlkreisen, in denen sie wenig Chancen hatte, stelle sie Flüchtlinge als Kandidaten auf, woraufhin unter diesen eine ebenso rätselhafte wie kurzatmige »Schwenkung zum Liberalismus« entstand.[6]

Wenn die Flüchtlinge von Anfang an eine eigene Partei hätten gründen dürfen, wäre diese bis ins entscheidende Wahljahr 1949 so mächtig geworden, dass keine Koalition ohne sie möglich gewesen wäre. Damit hätte die Zukunft der neuen BRD völlig anders ausgesehen. Um diese politische Eventualität grundsätzlich auszuschließen, war eine solche überregionale, überlandsmannschaftliche Flüchtlingspartei verboten gewesen. Demokratisch war das nicht, aber vieles, was seit Verabschiedung des Grundgesetzes undemokratisch war, war vorher, also im Interregnum von 1945 bis 1949, naheliegend und angebracht gewesen. Erst im September 1948 war das strenge Parteienverbot aufgehoben worden. Sogar die vielerorts entstandenen landsmannschaftlichen Verbindungen, die auf den ersten Blick kaum einem wirklichen politischen Zweck dienten und sich vor allem um die Heimatpflege kümmerten, waren oft zerschlagen worden.

Das Koalitionsverbot sollte – euphemistisch gesprochen – der Assimilation dienen: Wenn die Flüchtlinge sich nicht zusammenschließen konnten, konnten sie sich auch nicht absondern und waren gezwungen, im deutschen Volk zu verschwinden. In Wirklichkeit war es aber so, dass die deutschen Verwaltungsstellen dankbar waren für diese radikale Anordnung der Alliierten und sie streng umsetzten. Mit Dönhoffs Worten: »(...) denn die einheimische Verwaltung war nur allzu froh, sich hinter einer Weisung der Militärregierung verstecken zu können.«

Ab Mitte 1947 begannen staatliche Stellen – entweder durch die Alliierten dazu angehalten oder durch die Not gedrängt – eine Flüchtlingsfürsorge aufzubauen. Niedersachsen richtete als einziges Land ein eigenes Flüchtlingsministerium ein. Der Minister, der dieses Ministerium leitete, war der Pfarrer Heinrich Albertz, selbst ein Vertriebener aus Breslau. Albertz, der Sohn eines Konsistorialrats, war SPD-Mitglied. Am 9. Juni 1948 berief ihn der niedersächsische Ministerpräsident Hinrich Wilhelm Kopf (SPD) zum Minister für Flüchtlingsangelegenheiten. 1951 wurde er niedersächsischer Sozialminister. Von 1949 bis 1965 war Albertz auch Bundesvorsitzender der Arbeiterwohlfahrt AWO.

Es gab eine Konkurrenzgruppe, die sich mit Albertz heftig um die Macht innerhalb der Flüchtlingsorganisationen stritt. Dies war die sogenannte »Interessengemeinschaft der Ostvertriebenen«, die von dem Geistlichen Rat Georg Goebel geleitet wurde. In Godesberg formierte sich ein Präsidium für die Gesamtvertretung der Ostvertriebenen, das versuchte, die verschiedenen Landsmannschaften zusammenzubringen. An der Spitze dieser Gesamtvertretung stand der frühere Oberpräsident von Schlesien Dr. Lukaschek.

Lukaschek wurde ebenso wie Albertz bald Minister. Die beiden waren die ersten Vertriebenen, die in der politischen Hierarchie der BRD ganz nach oben gelangten. Lukaschek war ein strenggläubiger Katholik, der ein Gegengewicht zu dem vergleichsweise entspannten Protestanten Albertz setzte. Als im Bundesrat und im Bundestag über den finanziellen Flüchtlingsausgleich per Verordnung diskutiert wurde, warnte er vor einer Lösung von oben. Er setzte auf Einsicht und Mitleid bei den Einheimischen, nicht auf Zwang durch die Behörden.

Lukascheks Appell an das gute Gewissen der Deutschen kam nicht bei allen Flüchtlingen gut an. In Stuttgart kam es zu einer geharnischten Demonstration gegen sein Ministerium des guten Willens. Doch er war ebenso wenig wie Albertz ein schwacher Gutmensch – auch wenn sie ihn in Schlesien wegen seines Spitzbartes »Rübezahl« nannten.[7]

Schnell zeigte sich, dass Lukascheks Appell an die Einsicht der Beteiligten wirklich etwas blauäugig war. Solange die Alliierten die Flüchtlingsproblematik mit Befehlen ventilierten und die Deutschen die Hände in den Schoß legen konnten, sprach sich fast jeder Politiker für eine einvernehmliche Lösung aus. Als aber durch die Aufhebung des Koalitionsverbots und durch die Gründung der BRD ein gutes halbes Jahr später der Ball im Feld der Politiker lag, kamen die alten Streitereien wieder hoch.

Die Länder, die für eine vernünftige und demokratische Zentralisierung der Flüchtlingsfrage plädierten, waren genau die, die die meisten Flüchtlinge hatten verkraften müssen – nämlich Bayern, Schleswig-Holstein und Niedersachsen. Hessen, Nordrhein-Westfalen, Baden-Württemberg und Rheinland-Pfalz fürchteten, finanziell nicht mehr so gut wegzukommen. Sie blockierten eine einvernehmliche Regelung. Heraus kam ein sehr seltsamer Kompromiss, der wieder an den gutmütigen Dr. Lukaschek erinnerte: Die Frankfurter Zentrale durfte zwar Weisungen an alle Länder erteilen, wenn es um die Unterbringung und Versorgung der Millionen Flüchtlinge ging. Diese aber mussten diesen Weisungen nur folgen, wenn sie auch wollten.

Im Dezember 1948 war im Frankfurter Wirtschaftsrat bereits ein erster Schritt zum Lastenausgleich zwischen den Ländern beschlossen worden. Doch die französischen Militärgouverneure hatten die notwendige Zustimmung zu diesem Gesetz immer wieder hinausgezögert. Natürlich aus Sorge, ihre Länder, die sich seit 1945 einem geordneten Flüchtlingszuzug verweigert hatten, müssten nun die überlasteten Zonen finanziell unterstützen. Dieses Gezerre beobachteten die Flüchtlingsverbände, die von ihren Mitgliedern gedrängt wurden, endlich die notwendigen Hilfsmaßnahmen von deutscher Seite durchzusetzen. Selbst besonnene Stimmen warnten eindringlich davor, dass die Verzweiflung der immer noch unter dürftigen Umständen hausenden Vertriebenen sie bald radikalisieren würde.

Im November 1949, also kurz nach der Gründung des Ost-Staates, konnte man auch im Politbüro das Thema nicht mehr einfach übergehen. Im Osten gärte es unter den Flüchtlingen, vielleicht mehr noch als im Westen, denn hier durften sie nicht nur keine Partei gründen – ihre Existenz wurde staatlicherseits einfach geleugnet. Der geduldete Kunstbegriff »Umsiedler« suggerierte, dass die Menschen, die aus Polen und dem Sudetenland ins jetzige Deutschland »umgesiedelt« waren, dies aus eigenem Antrieb getan hätten, des besseren wirtschaftlichen Klimas wegen. Hinzu kam, dass bei der nach dem Krieg auf Anordnung der Sowjets durchgeführten Bodenreform etwa sechs Prozent der Vertriebenen zu einem kleinen Stück Land gekommen war, das sie nun selbst bewirtschaften konnten (allerdings nur bis zur baldigen Kollektivierung, die diese Einzelbauern in Landwirtschaftliche Produktionsgenossenschaften LPGs zwang). Diese sechs Prozent mussten zwei Voraussetzungen erfüllen: Sie mussten im alten Osten schon eine Landwirtschaft geführt haben, und sie mussten sich aktiv als Kommunisten in der Partei betätigt haben. Die große Mehrheit der Flüchtlinge erfüllte keine dieser Bedingungen.

Es gab also Grund genug für die Flüchtlinge, sich zu radikalisieren und sich in subversiver Weise gegen den DDR-Staat zu verhalten. Diese Entwicklung war den sowjetischen und ostdeutschen Geheimdiensten nicht entgangen: Man sah dort die Flüchtlinge als »*zu* gefährliches Element der politischen Beunruhigung« an.[8]

Ende September 1949 – nur zwei Wochen vor der Gründung der DDR – wurde ein gigantisches Projekt ins Werk gesetzt: 600 000 Flüchtlinge sollten innerhalb der sowjetischen Zone erneut umgesiedelt werden. Allerdings wollte die SED sie nicht in die Industriegebiete schicken, wo Arbeitskräfte gesucht wurden. Im Gegenteil: Die »Umsiedler« sollten eben diese Zentren schnellstens verlassen. Da die Industriearbeiter wegen der ständigen Normenerhöhungen schon als unzufrieden und aufrührerisch galten, wollte man das Protestpotenzial nicht noch durch die Wut der Flüchtlinge aufstacheln.

Die Funktionäre in der Einheitspartei wussten, dass sie bisher nur vor sozialen Unruhen verschont geblieben waren, weil die Verzweifelten unter den 4,3 Millionen Flüchtlingen in ihrer Zone kontinuierlich nach Westen abwanderten. Aus diesem Grund konnte das Wohnungsproblem im Osten auch nicht so drängend werden, wie es in der jungen BRD war. Als Hauptgrund für die erstaunlich ruhige soziale Situation sahen die westlichen Beobachter es aber an, dass der niedrige Lebensstandard der Flüchtlinge nicht so sehr ins Gewicht fiel, weil es allen schlecht ging – schlechter jedenfalls als den Deutschen im Westen.

Der Geistliche Rat Georg Goebel aus Lippstadt in Westfalen verlangte, dass der Flüchtlingsminister Niedersachsens zurücktreten sollte. »Geben Sie den Weg frei für Wahrheit und Recht. Mit Heimatgruß! Pfarrer Goebel«, schrieb er in einem Brief nach Hannover.[9]

Es ging nicht nur zwischen Katholiken und Protestanten hoch her. Es ging auch um eine radikale, bisweilen nationalistische Position, die Pfarrer Goebel vertrat, und um eine umsichtige Politik des Ausgleiches, für die der Sozialdemokrat Albertz stand. Goebel bezeichnete Albertz als Landesverräter, weil der als Minister eines Bundeslandes die Oder-Neiße-Linie nicht ständig thematisieren und alles davon abhängig machen konnte, dass seine Gesprächspartner sich gegen diese Grenze verwahrten.

Heinrich Albertz hingegen warf seinem katholischen und hitzköpfigen Rivalen Goebel vor, mit nationalistischen Parolen die Flüchtlinge aufzuhetzen. Während Albertz von seinem Ministersessel aus für eine realistische Eingliederung der Vertriebenen tätig war, gründete der Geistliche Rat aus Lippstadt einen Kampfverband nach dem anderen. War das »Präsidium der Ostvertriebenen« noch eine organisatorisch sinnvolle Bündelung der Kräfte, so sorgte die »Notgemeinschaft des deutschen Volkes« schon für schärfere Töne. Goebel sah sich als eine Art Kristallisationsfigur der unzufriedenen Vertriebenen und behauptete keck, sein Präsidium vertrete neun von ungefähr zwölf Millionen deutsche Flüchtlinge.[10]

Die Gründung der »Notgemeinschaft des deutschen Volkes« verlief im November 1948 unter absoluter Geheimhaltung im Hinterzimmer des Hotels Köppelmann in Goebels Heimatort Lippstadt. Co-Vorstand war Joachim von Ostau, der mit seinen stramm nationalen Parteigründungen den Militärbehörden aufgefallen war und dem bisher jede Lizenz verweigert wurde.

17 Delegierte aus den nationalen Gruppen des Flüchtlingsblocks waren im Hotel Köppelmann zusammengerufen worden. Der unermüdliche Trommler Ostau wollte mit ihnen sogar mehr als eine Partei gründen – eine »überparteiliche nationale Bewegung« sollte entstehen, die »alle bestehenden nationalen Kreise« umfassen sollte, also auch die vielen rechten Sektierer außerhalb des Vertriebenen-Spektrums – eine Art Volksfront der ausgegrenzten Ewiggestrigen. Sechseinhalb Stunden lang wurden die Delegierten auf eine gemeinsame Formel eingeschworen. Ostau

beklagte die Erfolglosigkeit der »etablierten Parteien«, denen es einfach an zündenden Ideen fehle. Die Millionen, die bald hinter der Notgemeinschaft stünden, hätten aber eine Idee: Rückkehr in die Heimat.

Die darauf eintretende Andacht nutzte der Geistliche Rat Goebel dazu, den Gesinnungsgenossen seine persönliche Vision zu vermitteln: So wie sich das Verhältnis zwischen Ost- und Westalliierten derzeit entwickele, müsse man jederzeit mit einer Verschärfung der politischen Lage an der Oder-Neiße-Linie rechnen. Dann aber würden sich die Polen aus den ehemaligen deutschen Ostgebieten zurückziehen. Das wäre dann die Stunde der neuen Bewegung: Die Männer seiner Organisation hätten für diesen Ernstfall etwa 1000 Lastautos zu Verfügung, auf denen sie dann in ihre ehemalige Heimat fahren und diese wieder in Besitz nehmen würden.

Da man bei der Sitzung im Hinterzimmer unter sich war, zögerte Georg Goebel nicht, auch das pikanteste Detail seiner politischen Agenda zum Besten zu geben: Die Besatzungsmacht hätte ihre Unterstützung für den brisanten Lastwagenkonvoi mit entschlossenen Vertriebenen bereits zugesagt.

Ein anderer Delegierter wusste mehr: Die Briten wollten längst eine deutsche Miliz, die die alliierten Streitkräfte im Eventualfall gegen einen Angriff aus dem Osten unterstützen könnte. Da sich das Verhältnis der Westalliierten zur Sowjetunion rapide verschlechterte, sei die Bereitschaft der Briten und Amerikaner, eine neue Wehrmacht in der BRD zu dulden, mittlerweile sehr hoch. Eine nationale Bewegung, die alle gegen den Osten gerichteten militanten Kräfte bündelte, werde deshalb als eine Art Vorstufe zur neuen deutschen Wehrmacht auch ohne »förmliche Lizenz« von den Militärbehörden geduldet werden.

Kein Wunder, dass die katholische Kirche ihrem Geistlichen Rat Georg Goebel verbot, eine Funktion in der Partei zu übernehmen. Er ließ sich dennoch zum 1. Vorsitzenden der Lippstädter Notgemeinschaft wählen und versuchte, diese Ehre nicht an die Öffentlichkeit dringen zu lassen – was ihm allerdings nicht gelang.

Auf Großkundgebungen sollten die Massen mit den Zielen der Notgemeinschaft vertraut gemacht werden, noch bevor diese sich unter den Fittichen der Alliierten bewaffnete und als neue Wehrmacht aufstellte. Aber die Besatzer waren dann doch nicht so begeistert von dieser militärischen Unterstützung, wie Goebel und Ostau vermutet hatten. Als sie von den Vorgängen in dem westfälischen Hinterzimmer erfuhren, sorgten sie schnell dafür, dass die Lippstädter Notgemeinschaft keine logistische Unterstützung mehr fand. So kam es, dass der Hauptgeschäftsführer Professor Krüger das Organisationsbüro in Hannover nicht beziehen konnte. Grund: Es gab kein Organisationsbüro. Krüger musste fortan wieder als Bauarbeiter über die Runden kommen.

Der Stoff, aus dem die Träume sind

Lise Meitner errechnete auf ihrer Flucht vor den Nazis, dass bei der Kernspaltung des Urans eine Energiemenge erzeugt wird, die zweieinhalb Millionen Mal größer ist als die bei der Verbrennung von Steinkohle. Das spaltbare Uranisotop U-235 kommt im natürlichen Uran nur mit einem Anteil von 0,7 Prozent vor. Der Uran-Gehalt der Erdkruste beträgt durchschnittlich 3 Gramm pro Tonne.

Das Wettrennen

Diese Geschichte spielt zwar 1949, aber sie beginnt schon sieben Jahre früher – in einer Steppenlandschaft des Ostens. Im April 1942 standen die Deutschen sehr weit in Russland. Der sowjetische Oberst Starinow verübte im Süden des Landes hinter den feindlichen Linien Sabotageaktionen gegen die Wehrmacht. Bei einem getöteten deutschen Offizier wurde ein Notizbuch mit unverständlichen Formeln gefunden. Starinow schickte die merkwürdigen Aufzeichnungen nach Moskau. Dort stellte man fest, dass es sich um Berechnungen zum Einsatz von Uran in Bomben handelte.

Zu dieser Zeit wussten die Russen noch nicht, ob und wo in ihrem Boden Uran lagerte. Nun aber mussten sie feststellen, dass deutsche Offiziere schon auf dem Gebiet der UdSSR nach Uran suchten, um daraus eine Bombe zu bauen, die sie gegen die Alliierten, womöglich auch gegen die sowjetische Bevölkerung einsetzen konnten.[1]

Noch im Jahr 1942 befahl Stalin, die durch den Einmarsch der Wehrmacht unterbrochene russische Kernforschung sofort wieder aufzunehmen. Im März 1943 übertrug er die Leitung des neuen geheimen Labors Nr. 2 dem effektiven Organisator Igor Kurtschatow (»Der Bart«). Als im August 1945 die Amerikaner in Japan ihre ersten Nuklearbomben einsetzten, berief Stalin seinen Geheimdienstchef Lawrentij Berija zum Leiter der Sonderkommission für den Bau der Atombombe.[2]

Berija schuf eine Sonderabteilung S, die nur für die Bearbeitung des Nachrichtenmaterials der Atomspione zuständig war – die Wissensfortschritte aus dem Westen sollten die sowjetische Bombe befeuern. Als Chefs der Sonderabteilung S setzte er die beiden Männer ein, die Trotzkis Ermordung in Mexiko koordiniert hatten. Berija sorgte auch dafür, dass genug Zwangsarbeiter aus dem Gulag für den Bau der Anlagen verfügbar waren.

Drei Jahre lang – von August 1945 bis Ende 1948 – waren die USA die einzige Macht auf der Welt, die Atomwaffen einsetzen konnte. 97 Prozent der Uran-Weltproduktion kontrollierten nach dem Krieg die Westmächte.[3] Die Amerikaner gaben sich große Mühe, diesen Vorsprung auszubauen. Sie führten bereits Unterwassertests durch, und bis 1948 verfügten sie über rund 50 Sprengköpfe. Da man sich in Europa gegenüber dem ehemaligen Alliierten in konventioneller Hinsicht militärisch unterlegen fühlte, entwickelte das Pentagon Anfang 1948 einen Geheimplan »Halfmoon«. »Halfmoon« sah einen atomaren Schlag mit zunächst 133, dann 100 Atombomben auf 70 bzw. 20 sowjetische Städte vor.

Der deutschstämmige Atomspion Klaus Fuchs informierte die Sowjets bis 1948, also bis zu seiner Verhaftung, über die

Atombomben-Pläne der Briten und Amerikaner.[4] Der deutsche Atomphysiker und Kommunist Jürgen Kuczynski, der 1943 in Los Alamos angeheuert hatte, hielt die Russen über die dortigen nuklearen Tests auf dem Laufenden. So verwundert es nicht, dass Stalin, als Truman ihn am 24. Juli 1945 auf der Potsdamer Konferenz beiseite nahm, um ihm vertraulich davon zu berichten, dass die USA in Japan mit einer Wunderwaffe den Krieg zu beenden gedachten, völlig unbeeindruckt reagierte.

Nach den ersten Versuchen mit einer Atombombe in der Wüste von New Mexico wandte sich der Physiker Leo Szilard im Juli 1945 an die amerikanische Regierung mit der Warnung, der Einsatz der Bombe könnte ein gefährliches atomares Wettrüsten mit der UdSSR auslösen. US-Außenminister Byrnes entgegnete dem Physiker, das stimme nicht, da die Sowjetunion keine Atombomben herstellen könnte, weil es in Russland keine Uranvorkommen gebe.

Außenminister Byrnes hatte recht: Die Sowjetunion hatte bei Kriegsende keine eigenen erschlossenen Uranvorkommen. Wenn sie nicht in der SBZ auf große Uranvorkommen gestoßen wäre, hätte sie sich auch nicht an dem Wettrüsten mit den USA beteiligen können. Am 4. April 1946 beschloss der Ministerrat der UdSSR, im erzgebirgischen Johanngeorgenstadt mit dem Uranabbau zu beginnen. Aus dieser Stadt kam die Pechblende, in der Martin Heinrich Klaproth 1789 das Element Uran isoliert hatte. Im Frühjahr 1947 begann der Abbau im sächsischen Annaberg, in Schneeberg und im Marienberger Revier.

Am 29. August 1949 zündeten die Sowjets auf ihrem Testgelände Semipalatinsk in Kasachstan die erste Atombombe. Wenn der Versuch gescheitert wäre, hätte Berija den Atomchef Kurtschatow und seine Männer erschießen lassen. Das hatte Stalin persönlich befohlen. Ein Zeitzeuge beschrieb diesen Moment um sechs Uhr in der Frühe so: »An der Turmspitze blitzte ein unerträglich helles Licht auf. Für einen Moment wurde es schwächer, dann begann es mit neuer Kraft schnell anzuwachsen. Der weiße Feuerball weitete sich rasch aus, änderte seine Farbe, wurde orange, dann rot.« Mit diesem roten Feuerball war eine zweite Atommacht geboren.[5]

Das Uran für die rote Bombe kam aus dem Erzgebirge. Die SDAG Wismut hat dort bis 1990 insgesamt 230 000 Tonnen Uran gefördert. Ihre Produktion ging nur in die Sowjetunion. Die Wismut war in der Zeit ihres Bestehens der viertgrößte Uranproduzent der Welt – noch vor Frankreich und Südafrika. Bis 1950 wuchs die Belegschaft auf 130 000 Menschen an. Da sich anfangs trotz der vergleichsweise guten Verpflegung nicht genug Freiwillige meldeten, wurden ab April 1946 Zwangsarbeiter eingesetzt. Ein Befehl des Alliierten Kontrollrates vom Januar 1946 erlaubte solche Zwangsrekrutierungen. So fuhren am 27. November 1947 vor dem Arbeitsamt Jöhstadt drei sowjetische LKW mit Rotarmisten vor, die alle Arbeitssuchenden aus der Schlange aufluden und nach Oberwiesenthal mitnahmen. Allein 1947 waren 46 000 Zwangsarbeiter in den deutschen Uranminen tätig.[6]

Etwa 70 000 flohen vor der Zwangsarbeit in den Westen. Die Sowjets zogen dann deren Verwandte zur Arbeit im Uranbergbau heran. Selbst Frauen wurden nicht verschont. Im März 1949 erhielt eine Frau im Kreis Teltow folgendes Schreiben: »Sie werden (…) ersucht, an Stelle Ihres Mannes, der sich dem Einsatz mit Ihrer Mithilfe und Ihrem Wissen durch die Flucht entzogen hat, die Arbeit in Aue aufzunehmen und sich mit dem Einweisungsbescheid auf dem Arbeitsamt in Aue zu melden.«[7]

Ab 1949/50 kamen die Arbeiter freiwillig, weil die Bezahlung (bis zu 50 Prozent über dem Durchschnitt) und Verpflegung bei der Wismut gut waren – sogar aus dem Westen kamen Arbeitswillige. Vor allem Vertriebene heuerten bei der Wismut an.

Wismut war ein Tarnname. Man wollte suggerieren, in den Bergwerken werde nach Wismut gesucht, ein Metall, das im Krieg in Schneeberg und Johanngeorgenstadt abgebaut worden war. Wismut ist kein radioaktives Metall, es wird für Legierungen verwendet. Allerdings kann man es in denselben Erzgängen finden, in denen auch Uran vorkommt. In der SDAG Wismut wurde der Begriff »Uran« nie verwendet, man sprach von »Erzen« oder »Metallen«.[8]

Am Anfang des Uranbergbaus durch die Wismut in Johanngeorgenstadt 1946

Unter großer Geheimhaltung baute ab 1946 die erst sowjetische, ab 1954 sowjetisch-deutsche Aktiengesellschaft im Erzgebirge Uran für die sowjetische Atombombe ab. Dabei fielen mehr als 500 Millionen Tonnen radioaktiver Abfälle an. Eine Fläche von 168 Quadratkilometern wurde kontaminiert. Nach der Wende mussten 3000 Halden und 20 Schlammdeponien entsorgt werden.[9]

Mindestens 5000 Arbeiter der Wismut starben im Laufe der Jahre an Lungenkrebs. Gegen die Verstrahlung wurde wenig getan, dafür wurden aber großzügige Schnapszuteilungen genehmigt, um die Wismut-Arbeiter bei Laune zu halten. Abhängig von Brigadeleistung und Fehlschichten erhielt ein Wismut-Bergarbeiter bis zu zehn Flaschen Schnaps zu je 0,7 Liter im Monat. Der Schnaps sei gut gegen die »Staublunge«, wurde den Arbeitern gesagt, eine Behauptung, mit der die Russen auch die Bewohner ihrer Testgebiete in Kasachstan beruhigten.[10]

Angesichts der rüstungspolitischen Bedeutung des Urans spielte die Arbeitssicherheit im Uranbergbau keine Rolle. Es wurde trocken gebohrt und gesprengt; die Staubentwicklung war enorm, die Arbeiter atmeten den radioaktiven Staub ein. Oft gab es nicht einmal eine Bewetterung der Schächte (Lüftungsanlagen).

Der atomare Rüstungswettlauf wurde schärfer. Deshalb verlief der Abbau unter einem enormen Druck. Die Zahl der Arbeiter stieg so schnell an, dass nicht genug Quartiere vorhanden waren. In Johanngeorgenstadt wurden in Hausfluren Liegen aufgestellt, auf denen die Männer zwischen ihren Schichten schliefen. Der »Wismut-Handel«, eine von der HO (Handelsorganisation der DDR) unabhängige Verkaufskette, verfügte über eigene Kaufhallen und Gaststätten inner- und außerhalb der Wismut-Betriebe.[11]

Als das Zwangsarbeitssystem abgebaut wurde und die Arbeiter von selbst kamen, fehlten für andere Tätigkeiten wie etwa die Bekämpfung der katastrophalen Borkenkäferplage im Thüringer Wald 1948/49 die Arbeitskräfte. Die Wismut-Arbeitsplätze standen unter Ausnahmerecht, nämlich unter einem sowjetischen Sondergesetz, das den reibungslosen Abbau der für Semipalatinsk wichtigen Uranvorkommen garantierte.[12]

Am 1. Januar 1991 wurde die Förderung eingestellt und aus der SDAG (sowjetisch-deutschen Aktiengesellschaft) Wismut wurde die bundeseigene Wismut GmbH. Sie hatte nur ein Ziel: die ökologischen Schäden des Uranbergbaus zu beseitigen – soweit das möglich war.

Der Klotz

Die Bonner Republik war erst ein paar Tage alt, da fand Anfang Juni 1949 in Frankfurt ein aufsehenerregender Prozess statt, der sich bis in amerikanische Regierungskreise auswirkte. Es ging nämlich um Uran.

Im Frankfurter Schwurgerichtssaal standen im Juni 1949 neun Angeklagte vor dem Mil.-Gov.-Richter Fred J. Cohn. Auf dem Asservatentisch lag ein Klotz – ein Stück Metall. Der Quader hatte jeweils fünf Zentimeter Kantenlänge, war metallfarben und hatte eigenartige gelbe Flecke. Dieser Klotz wog sagenhafte fünf Pfund.

Fünf Wochen hatten die neun Angeklagten in der Frankfurter Hammelgasse in Untersuchungshaft gesessen. Nun starrten sie fassungslos auf den gelblichen Metallklotz. Vier Jahre lang war er von Hand zu Hand gegangen.

Die Geschichte hatte etwas vom Hans im Glück. Jeder der neun Angeklagten hatte in den letzten Jahren gehofft, dass dieser Klotz, der wie im Märchen beständig seinen Wert potenzierte, ihn so reich machen würde, dass er alles hinter sich lassen konnte und nie mehr arbeiten musste.

Nun waren ihre Träume geplatzt. Die neun Deutschen standen vor einem amerikanischen Militärgericht, und man hatte ihnen gesagt, dass auf das, was man ihnen vorwarf, die Todesstrafe stand. Der Ankläger, US-Staatsanwalt John W. Mac-Donald, hatte in seinem Plädoyer behauptet, das, was sie mit diesem Metallklotz getan hatten, sei »schlimmer als Mord«.[13]

Dabei hatte alles so schön und so unschuldig begonnen. Ziemlich genau vier Jahre zuvor. In Garmisch, also in Bayern. Im Sommer. Kurz nach dem Zusammenbruch. Es war heiß. Kinder spielten an der Loisach-Brücke im Fluss. Dabei trat ein Junge auf einen Metallklotz, der im Schlick der Loisach steckte. Die Kinder bargen das Metall und brachten es ans Ufer. Sofort wurde das Fundstück untersucht. Man staunte über das ungewöhnliche Gewicht.

Ein Junge suchte sich ein Stück Granit und schlug damit auf den Klotz. Sofort sprangen Funken, wie bei einem Feuerstein, nur heller und häufiger. Ein Wunderding, dachten die Kinder und schlugen noch mehr Funken.

Ein Schlossergeselle aus dem nahen Dorf kam vorbei. Er blieb am Loisach-Ufer stehen und schaute den Kindern eine Weile zu, wie sie mit einem Stein Funken aus einem Metallquader schlugen. Dann nahm er ihnen ihr Spielzeug einfach weg. Vor Gericht sagte er aus, als Schlosser habe er immer Interesse an Metallen, die damals noch rar waren. Deshalb habe er »an eine berufliche Verwendbarkeit« gedacht, als er den Würfel mit nach Hause nahm.

Auftritt Angeklagter Nummer eins. Toni Biersack genoss als Eishockeyspieler und Taxiunternehmer eine gewisse Prominenz. Biersack war erst 18 Jahre alt. Er stand kurz vor seinem Eintritt in die 1. Mannschaft des SC Riessersee, mit dem er später, also 1950, als der Alptraum vorbei war, sogar Deutscher Meister werden sollte. Biersack war Verteidiger und Stürmer gleichzeitig. Ein zupackender und ehrgeiziger junger Mann, der nicht daran dachte, sich allein auf den Sport zu konzentrieren. (Zehn Jahre nach den geschilderten Ereignissen sollte er von Garmisch zum Verein SG Nürnberg wechseln, mit dem er gleich zwei Mal in die

Bundesliga aufstieg. Als Mitglied der Nationalmannschaft nahm er an zwei Weltmeisterschaften und 1956 an den Olympischen Winterspielen teil. 1989 wurde er sogar in die deutsche *hall of fame* aufgenommen.) 1945/46 hatte Biersack ähnliche Probleme wie fast alle Deutschen: Er hatte nicht genug zu essen, keine gute Kleidung und in der Mangelgesellschaft kaum sichtbare Aufstiegschancen. Toni Biersack wollte aber aufsteigen – er war eben ein Leistungssportler.

Biersack schaute sich das Fundstück des Schlossergesellen genauer an. In Garmisch ging im Sommer 1945 ein Gerücht um, das die Bevölkerung sehr bewegte; Es hieß, deutsche Wissenschaftler hätten Anfang Mai eine große Anzahl von handlichen Würfeln aus Uran kurzerhand in der Loisach versenkt, um zu verhindern, dass sie in die Hände der aus Westen heranziehenden amerikanischen Truppen fielen.

Biersack, Kumpel und gleichzeitig Geschäftsmann, ist bereit, dem ratlosen Schlosser das Metallstück abzunehmen – zu einem fast schon symbolischen Preis von 200 Mark (damals noch Reichsmark, deren Wert gegen null ging).

Nun war der 18-jährige Biersack in Besitz des gelben Würfels aus der Loisach – und der hatte seine Potenziale bereits bewiesen, indem er seinen Wert in wenigen Tagen vervielfacht hatte: von null auf 200 RM. Doch das war nur der Anfang einer fantastischen Wertschöpfungskette.

Natürlich konnte der Klotz seine Wertsteigerung nicht entfalten, wenn er in Biersacks Wäscheschrank in Garmisch versteckt lag. Er musste unter Leute – am besten in die Landeshauptstadt, wo die Mangelwirtschaft ganz anders brummte als im verschlafenen Garmisch. Der Klotz war so etwas wie der Bitcoin der Mangeljahre. Aber Stillstand ist der Tod einer jeden Schattenwährung. Der *Spiegel* sprach von einer »kommerziellen Kettenreaktion« –

natürlich in feinsinniger Anlehnung an die atomare Kettenreaktion in der Kernphysik, von deren friedlicher Nutzung damals alle träumten, obwohl sie doch gerade erst gezeigt hatte, wie vernichtend sie eigentlich war.

Auftritt Angeklagter Nummer zwei. Herr Richard Pössinger, ebenfalls Geschäftsmann, aber trotz Zusammenbruch so gut bei Kasse, dass er sich Investitionen in seine Zukunft leisten konnte. Mit ihm sprach Toni Biersack »streng vertraulich« über die Angelegenheit des in der Loisach gefundenen Würfels. In der Münchner Geschäftswelt war man natürlich längst informiert über die Verzweiflungstat der deutschen Wissenschaftler bei der Annäherung der US-Truppen. Man zeigte Interesse an der Sicherung des Volkseigentums. Pössinger griff in seine Schatulle und zahlte den Eishockeyspieler aus Garmisch aus. Dann machte er sich auf die Suche nach einem Partner, der dazu beitrug, dass seine Ausgabe Profit abwarf.

Auftritt Angeklagter Nummer drei. Herr Daniel Heß, Berufsboxer aus dem hessischen Eberstadt – einem neureichen Stadtteil Darmstadts. Die Profi-Sportwelt zeichnet sich dadurch aus, dass sie nie die Vergänglichkeit aus dem Blick verliert. Bei Boxern kommen neben dem Alter noch die zahlreichen Beeinträchtigungen des Ringes dazu – der Kölner Boxer Jupp Elze zum Beispiel steckte bei seinem letzten und tödlichen Kampf am 21. Juni 1968 150 Kopftreffer ein (siehe S. 202). Der Berufsboxer Heß aus Eberstadt sah sein finanzielles Heil in der modernen Nuklearwaffentechnik und kaufte dem Vertrauensmann Pössinger den Glückswürfel für eine Summe ab, die der Münchner später ungern nennen wollte. Die Wertschöpfung des Urans hatte trotz Mangelwirtschaft eine Dimension erreicht, in der man Summen nicht mehr so gerne öffentlich macht.

Auftritt Angeklagter Nummer vier: Herr Karl Steinhorst aus Mannheim – der hatte einen Wagen und eine Sekretärin, was sich als nützlich erweisen sollte. Kürzen wir die Sache etwas ab: Auftritt Angeklagter Nummer fünf – Herr Karl Emerich aus Darmstadt. Herr Emerich musste schon keinen langen Weg mehr auf sich nehmen. Sein Nachbar war flüssig genug. Also Auftritt Angeklagter Nummer sechs: Erwin Ritter, ebenfalls Darmstadt.

Erwin Ritter wiederum verließ die Stadt. Weit musste er mit seinem fünf Pfund schweren Würfel nicht reisen. Die Kräfte des freien Marktes, die nach so vielen Jahren Nationalsozialismus und karger Besatzungszeit endlich mal wieder so richtig ihre Muskeln spielen lassen konnten, riefen ihn nach Oppenheim, in die Weinstadt am Rhein. Dort hatte sich ein Trio zusammengefunden, das sich nun anschickte, das Nukleargeschäft auf eine höhere Ebene zu hieven.

Auftritt Angeklagter Nummer sieben, acht und neun: Der Grundstücksmakler Fritz Lehmann sorgte für Visionen, ein Student der Jurisprudenz namens Hans Nelson sorgte für die juristische und der Sparkassendirektor im Ruhestand Wilhelm Beyer für die finanzökonomische Expertise.

Mittlerweile war Februar 1949. Das Atom-Klötzchen hatte in knapp vier Jahren seinen Wert potenziert: von 200 Mark auf mehrere Millionen Mark – von Reichsmark auf D-Mark wohlgemerkt. Es zeigte sich nun, dass die Aufnahme des emeritierten Sparkassendirektors in das Fähnlein der neun Aufrechten eine kluge Entscheidung war, denn dieser Herr Beyer garantierte Zutritt zu den Sphären des gehobenen, aber scheuen Finanzkapitals, das unbedingt nötig geworden war bei einem projektierten Verkaufserlös von zehn Millionen DM. Die Angelegenheit gelangte dorthin, wo auch 1949 das Geld saß – nach Frankfurt am Main. Dort vermittelte ein Herr Treudel, Ex-Geschäftspartner des ehemaligen Sparkassendirektors Beyer, einen Interessenten, der das Zeug dazu hatte, den Würfel der geneigten Atomwaffenindustrie zuzuführen und den provinziellen Anteilseignern so zu ihrem sauer verdienten Profit zu verhelfen.

Dieser Mr. Michaelson war Amerikaner und natürlich schwerreich. Das vier Jahre lang eingefädelte Atomgeschäft ging in seine Endphase. Mr. Michaelson kam mit Treudel nach Oppenheim und wollte das mittlerweile schon berühmte Uran-Klötzchen in Augenschein nehmen.

Bei dieser Gelegenheit stellte sich heraus, dass etwas eingetreten war, was bei bedeutenden Finanzgeschäften nicht unüblich ist: Man hatte um den Wert gerungen, und die Anteile waren von einem Partner zum nächsten gewandert – aber die Ware selbst, ihre physische Erscheinung, war längst hinter der Spitze der Geschäftsentwicklung zurückgeblieben. Im Grunde fand 1949 in Oppenheim ein Warentermingeschäft statt. Es wurde verbissen gefeilscht – aber die Ware hatte schon lange niemand mehr gesehen. Jeder verwies an seinen Vorgänger. Und der Kommissionär Ritter aus Darmstadt wollte plötzlich 300 000 DM allein dafür haben, dass er dem Amerikaner Michaelson die Möglichkeit eröffnete, vor den Würfel, der diesen zehn Millionen Mark kosten sollte, zu treten. Damit es endlich seinen Schnitt machte, rückte das dynamische Trio aus Oppenheim am nächsten Tag mit einer Aktentasche an, in der sich die verlangte Kaution für Herrn Ritter befand. Nun signalisierte der seinem Vorgänger Steinhorst aus Mannheim, dass die Sache klar sei. Steinhorst kam mit dem Wagen und samt Sekretärin nach Frankfurt. Im Kofferraum befand sich das Uranklötzchen aus der Loisach bei Garmisch. Alle waren zufrieden.

Vor allem der schwerreiche Käufer aus den USA und sein deutscher Begleiter. Mr. Michaelson bat nun um eine Atempause, die ihm großzügig gewährt wurde. In dieser Pause gab sich Michaelson als Mitarbeiter des US-Geheimdienstes zu erkennen. Sein Begleiter, der sich als Frankfurter Kripo-Beamter auswies, nahm die anwesenden Uran-Gesellschafter fest und brachte sie ins Frankfurter Polizeipräsidium.

Der Prozess fand vor dem 4. US-Distriktgericht statt. Die Anklage des US-Staatsanwaltes John Mac-Donald lautete: Verstoß gegen MG-Verordnung Nr. 1 und das Kontrollratsgesetz Nr. 43. Es geht in diesen Paragrafen um den Besitz von bzw. die Verfügung über Kriegsmaterial. Nach alliiertem Besatzungsrecht konnte die Todesstrafe verhängt werden. In einigen Zeitungen wurde darüber spekuliert, ob die Angeklagten in Uran-Schiebungen mit der Sowjetunion verwickelt seien. Das bedeutete: die Höchststrafe, also den Strick, für die unbedarften Biedermänner aus der deutschen Provinz.

Hitlers Uranbrenner

Die Stimmung im Frühjahr 1949 war aufgeheizt. Die UdSSR-Bombe konnte jederzeit einsatzbereit sein. Was ihr noch fehlte, war genügend Uran. Und damit hatten die Angeklagten zu handeln versucht. Niemand zweifelte daran, dass sie ihr Klötzchen ebenso an einen russischen Interessenten verkauft hätten wie an den netten Mr. Michaelson aus den USA.

In der nun folgenden Hauptverhandlung im Frankfurter Schwurgericht wurde die ganze deutsche Vorgeschichte des missglückten Uranhandels von Oppenheim aufgerollt.

Schon 1939 hatte die Wehrmacht Informationen über Versuche mit Atomwaffen in den USA erhalten. Das Heereswaffenamt berief eine Konferenz deutscher Kernphysiker ins Berliner Kaiser-Wilhelm-Institut ein. Die Militärs appellierten an den Patriotismus der Physiker – sie sollten dazu beitragen, dass auch Deutschland

Fortschritte in der Entwicklung atomarer Waffen machte. Die theoretische Arbeit an einer deutschen A-Bombe begann.

Uranerz aus dem 1938 besetzten Sudetenland durfte unter den Nazis nicht mehr ausgeführt werden. Die Aufbereitung des geförderten Urans lag in den Händen der »Auer-Gesellschaft«, die einen Uranerzbaubetrieb in Oranienburg betrieb. In diesem Betrieb arbeiteten zahlreiche Häftlinge aus dem KZ-Sachsenhausen und Kriegsgefangene ohne Strahlenschutz. Ab Januar 1940 lieferte die »Auer-Gesellschaft« monatlich eine Tonne reines Uran an die Deutsche Gold- und Silberscheideanstalt in Frankfurt am Main (DEGUSSA). Dort wurde Uranmetall in Form von handlichen Würfeln gegossen. Am 15. März 1945 bombardierte die US Air Force Oranienburg und zerstörte die Stadt zu 75 Prozent – das Ziel dieses Angriffs war die »Auer-Gesellschaft«. Nach der Wende wurde festgestellt, dass das ehemalige Firmengelände stark radioaktiv verseucht war.[14]

Im Juni 1942, ein halbes Jahr vor Stalingrad, fiel die endgültige Entscheidung gegen den Bau einer Bombe. Die Operation Barbarossa, also der Krieg in der UdSSR, benötigte alle wirtschaftlichen Mittel, zudem gab es keine technologischen Kapazitäten, die die aufwändigen Tests hätten durchführen können. Ganz aufgeben wollten die Nazis den Atomplan jedoch nicht. So sollte aufgrund der Berechnungen der Berliner Physiker um Werner Heisenberg ein primitiver Uranbrenner entstehen, mit dem große Energiemengen durch Kernspaltung freigesetzt werden könnten. Falls dieses Experiment gute Ergebnisse brachte, wollte man neu über eine Bombe nachdenken.

Im Januar 1944 wurden die Labors des Kaiser-Wilhelm-Instituts in Dahlem ausgebombt. Die Forscher zogen deshalb mit ihren Uranwürfeln in die süddeutsche Provinz – genauer nach Haigerloch (Zollernalbkreis), wo in einem Bierkeller unterhalb der Schlosskirche ein neuer Forschungsreaktor aufgebaut wurde. Doch bevor der Brenner richtig zu arbeiten begann, rückte die US-Armee an. Um ihre Uranwürfel nicht in deren Hände fallen zu lassen, warfen die Forscher sie auf ihrer Flucht nach Süden einfach in Flüsse und Bäche Bayerns.

Im Frühsommer 1949 kämpfte in Frankfurt die Verteidigung um das Leben der Angeklagten. Sie wollte beweisen, dass die Klötzchen aus Uran harmlos waren und deshalb nicht unter den juristischen Begriff der Kriegswaffen fielen. Doch die Staatsanwaltschaft ließ einen Sachverständigen aus den USA einfliegen: Mr. Allen Gold vom amerikanischen Geheimdienst war Fachmann für Nuklearwaffen. Er untersuchte das Klötzchen aus Garmisch und erklärte dem Gericht, dass der radioaktive Würfel zu 99 Prozent aus reinem Uran bestehe. Es handele sich zweifellos um einen der 680 Uranwürfel, die 1944 in dem Haigerlocher Uranbrenner hatten verarbeitet werden sollen. Beim Einmarsch der US-Army in Garmisch hatten Experten des Militärs, die gezielt nach solchen Überbleibseln der NS-Waffenindustrie suchten, allein fünf solcher Würfel aus der Loisach gefischt. Weitere wurden in der Region gefunden. Offensichtlich hatte sich eine Gruppe der Forscher aus Haigerloch nach Garmisch geflüchtet. Für Allen Gold war klar, dass die Nazis den Uranbrenner betrieben, weil sie mit seiner Hilfe eine Atombombenfabrik aufbauen wollten.

Allein für den Betrieb des Brenners hätte man acht bis zehn Tonnen der Uranwürfel benötigt. Die 680 Würfel aus Haigerloch wogen zusammen aber nur 1,5 Tonnen – hätten also für den Bau einer Bombe erst recht nicht gereicht. Der US-Geheimdienstmann gestand der Verteidigung zu, dass man einen Uranbrenner auch für zivile Energiegewinnung nutzen könnte. Der von der Staatsanwaltschaft bestellt Zeuge Dr. Dreblow vom Max-Planck-Institut erklärte ebenfalls, die mithilfe des Urans gewonnene Energie könne nicht nur für Kriegszwecke genutzt werden. Im Übrigen, so Dreblow, sei »Uran (…) in dieser Form nur Rohmaterial und zur Verwendung in der Atombombe nicht geeignet«.[15]

Die Anwälte der neun Deutschen schlugen sofort in diese Kerbe: Der Uranklotz, den ihre Mandaten dem Lockvogel Mr. Michaelsen für zehn Millionen Mark hatten verkaufen wollen, sei ohne komplizierte Weiterverarbeitung nicht mehr wert »als ein gewöhnlicher Stein«. Sie bestritten daher, dass von Kriegsmaterial die Rede sein könne.

Die Uranschieber staunten, als sie das Urteil hörten: Freispruch für alle.

Der Uranklotz wurde allerdings einbehalten. Er war laut Gericht Eigentum des untergegangenen Deutschen Reiches. Als dessen Rechtsnachfolger fungierte die amerikanische Militärregierung.

Auf den ersten Blick mutet das Frankfurter Urteil von 1949 seltsam an: Die USA und die Sowjetunion befanden sich in einem harten Wettkampf um die neue Atombombe. Deutschland stand dabei auch auf dem Spiel, denn die Amerikaner würden ihre vermeintliche Unterlegenheit bei der konventionellen Bewaffnung in Europa durch ein nukleares Drohpotenzial ausgleichen. Umso schwerer wog das Geschacher der neun Angeklagten um ihren Uranwürfel.

Neuere Forschungen aber belegen, dass die Einschätzung der atomaren Möglichkeiten des Naziregimes lange falsch war: Mitglieder des sogenannten »Uranvereins«, also des inneren Kreises der deutschen Atomforschung, waren von Juli 1945 bis Februar 1946 auf dem englischen Landsitz Farm Hall interniert. Die Briten hörten ihre Gespräche ab. Besonders interessant war natürlich die Reaktion der Deutschen auf den Abwurf der ersten US-Bombe über Japan. Die Briten trauten ihren Ohren nicht: Die Mitglieder des Uranvereins verstanden kaum etwas von dem, was in Japan passiert war. So musste Heisenberg zugeben, die kritische Masse, also die Menge an spaltbarem Material, die man zur Auslösung einer atomaren Kettenreaktion in einer Bombe brauchte, nie berechnet zu haben. Als er mit den neuen Informationen versuchte, die Berechnungen nachzuholen, machte er typische Anfängerfehler.

Die Uran-Experten aus Los Alamos, also Edward Teller und Hans Bethe, waren der Meinung, dass Heisenberg die Berechnung zum ersten Mal anstellte. Das heißt: Nazideutschland war die Ausnahme unter denen, die Atomstaaten werden wollten. Den Deutschen fehlte das, was alle anderen schon hatten: das theoretische Basiswissen. Zudem verfügte man in Hitler-Deutschland nicht über Zyklonen, die die Reaktion beschleunigten. Man unterließ es sogar, die Geräte, die in Kopenhagen und Paris vorhanden waren, zu beschlagnahmen. Die britischen und amerikanischen Experten gingen deshalb davon aus, dass Heisenberg und seine Kollegen so gut wie nichts über die Konzeption der Bombe wussten, die sie herstellen sollten. Deshalb hatten sie sich auch darauf beschränkt, einen Reaktor zu bauen. Sie wollten mit ihrem Uranbrenner wenigstens Energie aus der Kernspaltung gewinnen – wenn sie schon nicht wussten, wie sie eine Bombe bauen sollten. Einige Wissenschaftshistoriker gehen sogar davon aus, dass die Naziforscher nicht einmal den grundlegenden physikalischen Unterschied zwischen einem Reaktor und der Bombe verstanden. Das Material in der Bombe muss viele Millionen Grad heiß werden, bevor die Atome sich in Bewegung setzen – sonst wird die Bombe gasförmig und dehnt sich aus, was die Kettenreaktion beenden würde.[16]

Diese Erkenntnis verringerte die moralische Schuld der Uranhändler aus Süddeutschland nicht. Aber sie machte es dem US-Ankläger schwer, den Vorwurf, die neun Deutschen hätten mit Kriegswaffen gehandelt, aufrechtzuerhalten. Der Würfel aus

Haigerloch war kein Teil einer deutschen Atombombenindustrie und konnte auch 1949 nicht ohne weiteres zum Teil einer neuen Bombe werden. Das war das große Glück der neun Biedermänner aus Süddeutschland. Es hätte auch anders für sie ausgehen können.

Einer der freigesprochenen Angeklagten kam nach 1949 übrigens noch einmal negativ in die Schlagzeilen (neben seinen zahlreichen positiven sportlichen Erfolgen). Das war im Frühsommer 1954 bei den Eishockey-Welt- und Europameisterschaften in Stockholm. Als der Bürgermeister der schwedischen Hauptstadt die Medaillen verteilte, rief er auch Toni Biersack auf das Podium. Er überreichte ihm den Holzknüppel – den Preis für den unfairsten Spieler. Toni nahm ihn an und kehrte mit hochrotem Kopf und das Gesicht vor den Fotografen schützend auf seinen Platz zurück.[17]

Am 6. November 1949 tauchten Gerüchte über Unfälle im Uranbergbau auf – auch im Westen. Die junge DDR bestritt heftig, dass es einen Unfall gegeben habe. Doch Flüchtlinge aus dem Osten berichteten, dass eine Explosion in einem Stollen bei Zwickau bis zu 3700 Opfer gefordert habe. Bei einem Grubenbrand bei Johanngeorgenstadt sollen 2500 Arbeiter gestorben sein. Am 24. November 1949 floh der Bürgermeister von Aue, Johannes Heinz, nach Berlin. Heinz hatte sich geweigert, weitere Wohnhäuser abreißen zu lassen, damit mehr Platz für den Uranbergbau war. Ebenso wie er kamen Flüchtlinge aus dem Uranbergbau in den Westen und berichteten von furchtbaren Unglücken.

Die hohen Zahlen, die 1949 in der Westpresse kursierten, haben sich jedoch niemals, auch nicht nach der Wende, verifizieren lassen. Nur so viel ist belegt: Im Mai 1949 drang Wasser aus dem Filzsee, einem Bergsee bei Schneeberg, in den darunterliegenden Stollen ein. 180 Bergleute starben. Das wohl schwerste Unglück ereignete sich in Johanngeorgenstadt; mehrere hundert Tote meldeten damals die westdeutschen Zeitungen.

Nikolaj Grishin, ein übergelaufener sowjetischer Offizier, berichtete, 1949 sei in der Grube von Johanngeorgenstadt eine Kammer mit Sprengstoffen explodiert. Ein unterirdischer Bergrutsch sei ausgelöst worden. Die gesamte Schicht sei begraben worden. Ein geflohener Wismut-Leiter, der damals vor Ort zuständig war, berichtete 1950, im Objekt 1, Schacht 14 hätten 800 Menschen nicht geborgen werden können.[18]

Es fehlen jedoch zusätzliche Belege für diese Opferzahlen. In einigen Berichten von ehemaligen Wismut-Arbeitern werden die hohen Todeszahlen bestritten und es wird darauf hingewiesen, dass solche Dimensionen niemals hätten vertuscht werden können.

Dafür zeigte sich, dass der alltägliche Abbau viele Opfer unter den Bergleuten gefordert hat. Der als Wundermittel verteilte Schnaps »Kumpeltod« (Bergarbeiterjargon) half nämlich nicht gegen die Staublunge. Die Wismut bohrte bis 1955 trocken. Der kontaminierte Staub setzte sich in den Lungen fest und schädigte die Bläschen. Allein 15 000 anerkannte Fälle von Silikose gab es nach DDR-Statistiken. Dazu kamen noch mindestens 5000 Fälle von Lungenkrebs, der durch die radioaktive Ablagerung in den Stollen entstand.[19]

20 000 Tote. Ohne dass die rote Bombe gezündet wurde.

China Connection

Der Lockvogel

Anfang April 1949 wurde in Hamburg-St. Pauli ein amerikanischer Matrose aufgegriffen, mit dem etwas nicht stimmte: Der Mann schien völlig weggetreten zu sein. Die britische Militärpolizei nahm ihn mit. Auf dem Revier stellten die Briten fest, dass er nicht nach Alkohol roch.

Die MP war keine normale Polizei, es war eine Einheit der Armee – und dementsprechend roh im Umgang mit ihrer Klientel, meistens Angehörige der Besatzungstruppen, die sich in ihrer Freizeit betranken und dann randalierten. So dauerte es nicht lange, bis der Seemann mit der Sprache herausrückte: Er habe Kokain konsumiert. Der Seemann kannte sich aus in der Szene, er war seit langem schon kokainsüchtig und hatte in jedem Hafen seine Anlaufstelle. In Hamburg war das die Schmuckstraße. Dort bekomme man alles: Kokain, Morphium, Haschisch, Marihuana. Die MPs wollten den Namen des Dealers, doch der Amerikaner wusste nur, wo der Mann residierte – und dass er ein Chinese war.

Ein Chinese? In Hamburg? Das erschien den Briten mehr als merkwürdig. Also setzten sie sich mit einem deutschen Fachmann in Verbindung – etwas, was die Militärpolizei selten tat, da sie die

Angelegenheiten, mit denen sie befasst war und die sich in Militärkreisen abspielten, normalerweise selbst regelte.

Hans Schwarz war damals bei der Hamburger Kripo für Rauschgift zuständig. Ihn kontaktierten die Briten in seiner Dienststelle in der Kirchenallee 47. Schwarz hatte von seinen Zuträgern schon gehört, dass in der Schmuckstraße eine bunte Palette von Drogen gehandelt wurde. Mehr wusste er allerdings nicht.

Die Militärpolizei hatte einen Plan. Der Matrose wurde gehörig unter Druck gesetzt, ihm wurde allerdings auch Nachsicht bei seinen Koks-Delikten versprochen. Dafür musste er die Polizei nicht nur zu seinem Dealer in der Schmuckstraße 6 führen – er musste dem Chinesen gegenüber auch so tun, als sei er an einer größeren Lieferung interessiert. Der Matrose diente der britischen MP also als Lockvogel.

Der deutsche Kripo-Mann Hans Schwarz war mit von der Partie, als die MP dann den fensterlosen Luftschutzkeller stürmte, in dem der Chinese Chong Chung seine Drogen verdealte. Die Lampe brannte noch, die Opiumpfeife war noch warm, auf dem Tisch stand eine Dose mit schwarzem Rauchopium.

Drogenpolizist Schwarz durchsuchte die Räumlichkeiten im Keller der Schmuckstraße. Es dauerte nicht lange, da hatte er drei Dosen Rauchopium, eine Flasche mit selbstgebranntem Opiumschnaps »Yeen Chee Fuey«, 100 Gramm hochprozentiges Kokainpulver, 360 Kokaintabletten und andere Opiate in Tablettenform gefunden. Die Drogen waren im Luftschacht der Entlüftungsanlage versteckt, die bei Bombenangriffen dafür gesorgt hatte, dass die Menschen im Luftschutzkeller nicht erstickten.[1]

Bei seinen Ermittlungen stieß der 35-jährige Drogenpolizist Schwarz auf die Reste der chinesischen Gemeinde von Hamburg. Chongs Nachbar in der Schmuckstraße, der mittlerweile 60-jährige Sau Neng, war vor dem Krieg ein wohlhabender Bürger der

Hansestadt gewesen. Er hatte ein nobles Restaurant betrieben und in einer schmucken Villa in Blankenese gewohnt.

Hamburg-St. Pauli, Millerntorplatz, die Ruine der 1943 zerstörten Volksoper, aufgenommen 1947

Mehr als 300 Chinesen hatten in den Dreißigerjahren in der Hansestadt gelebt. Sie hatten sich alle in der Gegend um die Schmuckstraße und die Talstraße angesiedelt, wo sie Speisegaststätten und Wäschereien betrieben – wie damals überall auf der Welt, wo sich Chinesen in Großstädten niederließen. Die chinesischen Wäschereien lebten vor allem von den Besatzungen der Schiffe, die im Überseehafen Hamburg Station machten.

1944 hatten die Nazis alle Chinesen ins KZ gesteckt – sie galten als Feinde des deutschen Verbündeten Japan und damit als potenzielle Gegner. Nur einer blieb auf freiem Fuß: Kam-Sing-Fok dolmetschte für Heydrichs Sicherheitsdienst SD. Als Sau Neng nach dem Krieg das KZ Harburg verlassen durfte, fand er seine Speisegaststätte von Bomben der Alliierten zerstört. Seitdem hielt er sich mit kleinen Gelegenheitsarbeiten über Wasser. Er hauste im Kellergeschoss der Schmuckstraße 6, wo auch die Drogen verkauft wurden. Allerdings wollte von den Chinesen in der Schmuckstraße keiner etwas von den Rauschgiftgeschäften gewusst haben – wie die anderen 45 Hamburger Chinesen auch, die den Krieg und das KZ überlebt hatten.

Was die Rauschgifthöhle von Herrn Chong Chung für die Hamburger Drogenpolizei so ungewöhnlich machte: Seit Kriegsende hatte es in der Hafenstadt wie auch im Rest Deutschlands kaum noch Nachfrage nach Opium gegeben. Die Vorkriegsdroge, die im Berlin der Weimarer Jahre vor allem als modischer Muntermacher für endlose Partys galt, war völlig verdrängt worden. Deshalb wunderte sich Hans Schwarz, dass sich der Chinese mit seinem Drogengeschäft in der Schmuckstraße eine gutbürgerliche Existenz in Barmbek hatte aufbauen können – sogar mit einer deutschen Frau an seiner Seite. Für den Hamburger Drogenermittler waren die Chinesen bisher eine Nischenerscheinung gewesen, ein Ring, der sich fast ausschließlich auf den Verbrauch in den eigenen Reihen beschränkte.

99 Prozent des Drogenhandels in Hamburg drehte sich um eine andere Substanz: Pervitin. Dass sich ein erfahrener Konsument aus dem Ausland wie der amerikanische Seemann in der Opiumhöhle von Chong Chung bedienen ließ, passte nicht ins Bild.

Die Wehrmachtsdroge

Der Umstieg auf Opium, den die Polizei im April 1949 bemerkte, war deshalb so alarmierend, weil die große Droge der frühen Nachkriegsjahre, das Pervitin, als relativ harmlos galt und gesellschaftlich anerkannt war. Nur die Drogen, die von Besatzungssoldaten ins Land geschmuggelt wurden, waren in den Augen der Polizei gefährlich. Diese importierte Ware machte jedoch nur ein Prozent des Drogengeschäfts aus.

Deutschland war vier Jahre nach Kriegsende ein Land der Drogenkonsumenten. Pervitin wurde fast überall konsumiert und war auch leicht zu haben. Das »Wachhaltemittel«, wie der Volksmund die Droge verniedlichend nannte, gab es auf dem Schwarzmarkt oder rezeptpflichtig in Apotheken. An Rezepte kam man leicht: Ärzte setzten Pervitin als Appetitzügler oder Stimmungsaufheller ein, wenn die Patienten einen depressiven Eindruck machten – und das machten in den Jahren nach dem Krieg viele Deutsche.

In der zweiten Hälfte der Vierzigerjahre wurde das Land von Kriegsheimkehrern überschwemmt. Die Mehrheit davon war an täglichen Drogenkonsum gewöhnt und versorgte sich auf dem Schwarzmarkt mit Methamphetamin. Allein für den zivilen Markt hatte die Pharmaindustrie 1941 bis 1944 zwischen 30 und 36 Millionen Psychotabletten hergestellt. Viele davon lagerten noch in den heimischen Arzneischränkchen.

Die Studenten der Nachkriegsjahre hatten durch den Krieg viel Zeit verloren, gleichzeitig brauchte das Land schnellstens Hochschulabsolventen für die im Aufbau befindliche Wirtschaft und die junge Wissenschaft. Deshalb mussten die Studiengänge zügig absolviert werden, was unter großem Druck geschah. Doch die Studenten waren oft ausgehungert und durch die Kriegserlebnisse und die anschließende Mangelwirtschaft nervlich am Ende. Um die Prüfungen dennoch zu schaffen, griffen sie zu dem gebräuchlichsten Muntermacher. Jemanden, der Pervitin nahm, hielt man für zielstrebig und erfolgsorientiert.

Pervitin spielte Ende der Vierzigerjahre die Rolle, die heute von Nahrungsergänzungsmitteln übernommen wird. Die beliebte Droge galt als so harmlos wie Schokolade. Das hatte mit dem Krieg und der Wehrmacht zu tun.[2]

Pervitin ist ein Methamphetamin. Das Präparat hat eine große Ähnlichkeit mit dem vom Körper hergestellten Hormon Adrenalin. Ebenso wie dieses führt es eine Stimmungsaufhellung herbei, es hebt die Konzentration und die Kondition. Zuerst wurde es auch gegen Asthmaanfälle verwendet.

Pervitin wurde seit 1938 in Deutschland von den Temmler-Werken in Berlin vertrieben. Vier Jahre lang hatten die Forscher um den Pharmakologen Friedrich Hauschild in den Labors in Berlin-Johannisthal an ihrer Weiterentwicklung von Amphetaminen gewerkelt, bis sie den Massen endlich Pervitin anbieten konnten.[3]

Die Pillen in den orange-blauen Packungen setzen sich in nur wenigen Monaten als Allzweckwaffe gegen Müdigkeit, Fahrigkeit und Antriebslosigkeit durch. Eine Pervitin-Tablette kostete sechs Reichspfennige, das war ein erschwinglicher Preis für fast jeden.

Der neue Wirkstoff wurde im September 1939 an Studenten getestet: Sie nahmen Pervitin ein und waren auch noch nach zwei Tagen ohne Schlaf in der Lage, kniffelige Aufgaben zu lösen. Das war genau das, was man brauchte: Die Menschen waren eigentlich müde und satt geworden von den wirtschaftlichen Kraftanstrengungen der ersten Zeit unter Hitler. Aber die Vorbereitung des Krieges lief auf Hochtouren, alle Bereiche der Wirtschaft, die mit Rüstung zu tun hatten, boomten. Es wurden tatkräftige, hellwache Menschen gebraucht, keine saturierten Wohlstandsbürger, die ihr Schäfchen im Trockenen hatten.

Das Mittel schlägt in der aufgedrehten Vorkriegsgesellschaft ein wie eine Bombe. Man vertreibt es in den verschiedensten Darreichungsformen – und die Deutschen im Nazireich lieben es. Als Geschenk kann man Pralinen kaufen, in denen eine noch fast harmlose Dosis Pervitin enthalten ist. Diese Süßigkeit kommt gut an und verführt dazu, mehr von dem Wundermittel zu konsumieren. Die »Hausfrauenschokolade« genannte Leckerei verkaufte sich prächtig. Der Werbespruch lautete: »Pervitin macht die Hausfrau fröhlich.«

Beim Menschen genüge eine Dosis von einem bis fünf Milligramm »zur Erzielung eines viele Stunden anhaltenden instruktiven zentralen Effektes (Beseitigung jeder Müdigkeit, Tätigkeitsdrang usw.)«, schrieb der Pharmakologe Friedrich Hauschild im April 1938 in der *Klinischen Wochenschrift*.[4] Der Tremmler-Chefpharmakologe wies in seinem Fachaufsatz aber schon auf verdächtige Nebenwirkungen bei Ratten hin: Sie wurden von einer rasenden Unruhe ergriffen und fraßen sich selbst die Pfoten und die Bauchdecke an.

Norman Ohler (»Der totale Rausch – Drogen im Dritten Reich«) beschreibt die Situation in Deutschland so: »Pervitin verbreitete sich in allen Schichten. Möbelpacker packten mehr Möbel, Feuerwehrleute löschten schneller Feuer, Friseure schnitten schneller Haare, Nachtwächter schliefen nicht mehr ein, Lokomotivführer führten, ohne zu murren, ihre Lokomotiven, und Fernfahrer bretterten, ohne Pause machen zu müssen, über die in Rekordzeit fertiggestellten Autobahnen.«[5]

Auch die Wehrmacht wird auf das Wundermittel aufmerksam. Dort denkt man schon in den Kategorien des totalen Kriegs: In einer auf Hochtouren laufenden Gesellschaft und in einer Armee, die in ganz Europa kämpfen und siegen soll, ist die natürliche Müdigkeit eine massive Barriere. Pervitin aber scheint die biologische Grenze jedes Menschen zu durchbrechen. Schon eine geringe Dosis hält in ihrer Wirkung leicht zehn Stunden an, und die Militärärzte stellen bei ihren Versuchen fest, dass das Mittel nicht nur Spannkraft und Kampfbereitschaft stärkt, sondern auch unempfindlich macht gegen Kälte und Schmerz – und die Angst vertreibt es sowieso.

Pervitin wirkt ungewöhnlich schnell. Auf einen Schlag ist man trotz Müdigkeit hellwach und in einer unternehmungslustigen Stimmung. Körperliche Bedürfnisse spielen kaum noch eine Rolle: Man verspürt weder Hunger noch Durst, könnte jedoch mehrere Flaschen Wein trinken, ohne müde zu werden. Das Herz schlägt schneller, und man spürt im ganzen Körper eine angenehme Wärme. Die Außenreize verstärken sich: Licht wirkt grell, Farben sind intensiver. Man schreckt vor keinem Hindernis mehr zurück, könnte »die Fassade dort hochklettern oder jede andere aberwitzige Aufgabe lösen, spielend, so sehr fliegen einem Kraft, Mut und Geschicklichkeit zu«. Das Selbstvertrauen wächst, ebenso die Risikobereitschaft.[6]

Es ging 1938/39 darum, einen neuen Menschen zu schaffen, der kämpfte und siegte und so gut wie nie schlief. Auch Stalin arbeitete zu dieser Zeit daran, er versuchte, das Ziel mit Ideologie und Terror zu erreichen. Hitler wählte zusätzlich den pharmazeutischen Weg.

Die Temmler-Werke machen im Krieg das große Geschäft: 35 Millionen Tabletten werden schon für den Frankreichfeldzug gebraucht. Doch die Kämpfe werden härter, die Anforderungen an die Soldaten steigen unaufhaltsam. Das heißt: Die übliche Menge Pervitin – von den Soldaten »Panzerschokolade« oder »Stuka-Pille« genannt – reicht auf dem Russlandfeldzug längst nicht mehr. Nicht nur die körperlichen Anstrengungen übersteigen das normale Maß bei weitem, auch die psychischen Belastungen durch die tagtäglichen Gräuel sind für viele ohne Drogen nicht mehr zu ertragen. Die Soldaten brauchen immer mehr davon. Wenn die Wirkung des Pervitins nachlässt, müssen sie dreimal länger schlafen als sonst. Zudem zeigen sich jetzt schwere Nebenwirkungen: Depressionen, Herzerkrankungen, Wahnvorstellungen. Nicht wenige Süchtige suchen den Tod – in der nächsten Schlacht oder durch Selbstmord wie der drogenkranke Fliegerheld Ernst Udet (Vorbild für Zuckmayers General Harras in dem Theaterstück *Des Teufels General*).

Die Wehrmachtsführung schert sich nicht um die Nebenwirkungen. Es ist Krieg. Die Dosen sollen erhöht werden, gleichzeitig wird an der Heimatfront fieberhaft an der Optimierung des Präparates gearbeitet. Das geschieht mit Menschenversuchen an Gefangenen. Im KZ Sachsenhausen müssen Insassen Gewaltmärsche absolvieren, um die Haltbarkeit von neuen Schuhen zu testen. Man zwingt sie dazu, Pervitin einzunehmen, das mit Zusatzstoffen wie Kokain angereichert ist. Dann packt man ihnen Sandsäcke auf die Schultern. Die Testpersonen laufen ohne Pause bis zu 80 Stunden, bis sie zusammenbrechen.

Insgesamt sollen bis 1945 mehr als 60 Millionen Tabletten mit Pervitin an der Front ausgegeben worden sein. Selbst Hitler ließ sich von seinem Leibarzt Morell tägliche Injektionen verabreichen, die neben Morphiumderivat, Vitaminen und Hormonen auch Pervitin enthielten.

Gegen Kriegsende wurden sogar Kinder, die an der Heimatfront als Flakhelfer tätig waren, mit Pervitin aufgeputscht. Der Flakhelfer Siegfried Tonn war 16 Jahre, als er bei nächtlichen Luftangriffen von einem Unteroffizier jeweils eine Tablette Pervitin bekam, damit er die Nacht über wach blieb. Nach Kriegsende studierte Siegfried Tonn Chemie. So lernte er in seiner Küche, Pervitin herzustellen. Er verkaufte es als Partydroge auf Studentenfeiern in den Berliner Ruinen.[7]

Dabei wussten die Ärzte um die Gefahren der Massendroge Pervitin für die Volksgesundheit. Im März 1940 sagte der Reichsgesundheitsführer Leonardo Conti vor dem Nationalsozialistischen Deutschen Ärztebund: »Wer Ermüdung mit Pervitin beseitigen will, der kann sicher sein, dass der Zusammenbruch seiner Leistungsfähigkeit eines Tages kommen muss. Dass das Mittel einmal gegen Müdigkeit für einen Hochleistungsflieger, der noch zwei Stunden fliegen muss, angewendet werden darf, ist wohl richtig. Es darf aber nicht angewendet werden bei jedem Ermüdungszustand, der in Wirklichkeit nur durch Schlaf ausgeglichen werden kann. Das muss uns als Ärzten ohne weiteres einleuchten.«[8]

Ein Großhändler in Berlin fiel auf, weil er sich große Mengen Pervitin-Tabletten illegal beschafft hatte und nun an Apotheken verkaufte. Unter seinen Kunden befand sich auch der »Salon Hartmann«, ein stadtbekanntes Bordell. Das war zu viel für die Nazis. Ab dem 1. Juli 1941 fiel Pervitin unter das strenge Reichsopiumgesetz.[9]

Das galt aber nur für die Zivilbevölkerung. In der Truppe wurde das Mittel weiter verwendet – vor allem an der Front. Allerdings achteten die Militärärzte jetzt auf die Einhaltung der vorgeschriebenen Dosis. Es wurden Dosen von fünf bis zehn Milligramm Methamphetamin pro Tablette ausgegeben. Auf dem Beipackzettel der Wehrmachtspackungen stand: »Man nehme höchstens zwei Tabletten. Tagwachen nehmen ein bis zwei Tabletten morgens, Nachtwachen ein bis zwei Tabletten abends, um Schlaflosigkeit zu erhalten; die Wirkungsdauer beträgt mehrere Stunden. Benutzung nur von Fall zu Fall!«[10]

Die Soldaten waren aber längst so weit, dass sie ohne Pervitin nicht mehr weitermachen konnten. Also ließen sie sich die Droge aus der Heimat kommen. »Schickt mir nach Möglichkeit bald noch etwas Pervitin«, schrieb der Gefreite Heinrich Böll aus Polen nach Hause.[11]

Das Wunder von Bern

Mit dem Ende des Kriegs verschwand die Droge nicht. Zumal noch viele Pervitin-Präparate im Umlauf waren. Pervitin wurde zur »Lastwagenfahrerdroge« – als Allerweltmuntermacher für die, die hart arbeiten mussten. Also für alle.

Auch Sportler griffen gewohnheitsmäßig zu den noch umlaufenden Wehrmachtsbeständen. 1953 schaffte der Tiroler Hermann Buhl die Erstbesteigung des Nanga Parbat, eine Kletterstrapaze von 41 Stunden und Übernachtung in eisiger Kälte, nur, weil er Pervitin in seinem Gepäck hatte. In seinem Tagebuch berichtete er freimütig von der Einnahme der Droge in der Gipfelzone.[12]

Am Abend des 3. Dezember 1949 wollte ein Berlin-Besucher aus Sachsen am Bahnhof Zoo seine Ost-Mark in West-Mark schwarz umtauschen. Eine Frau in Schwesterntracht bat ihn dazu in ihre kleine Charlottenburger Wohnung. Als der Sachse in Erwartung der Westmark (und sicher auch anderer Wohltaten) auf dem Sofa Platz nahm, legte die Berlinerin ihm eine Wäscheleine um den Hals und erdrosselt ihn. Anschließend stach sie ihm mit ihrem Küchenmesser in die Halsschlagader und ließ sein Blut vorsichtig in einen bereitstehenden Eimer laufen. Die Leiche wurde zerstückelt, verpackt und an verschiedenen Stellen der Stadt abgelegt. Die Kleidung und die wenigen Habseligkeiten ihres Opfers machte die Frau auf dem Schwarzmarkt zu Geld. Ähnlich verfuhr sie nur drei Wochen später, am zweiten Weihnachtsfeiertag 1949, mit der Angestellten eines Schreibmaschinenhändlers. Diesmal ging es um eine Schreibmaschine der Marke »Erika«, die das Opfer hatte ausliefern sollen. Die Täterin wollte sie ihrem Geliebten schenken, einem Kripobeamten, der seine Protokolle von Hand schreiben musste.[13]

Spielende Kinder fanden am 4. Januar Teile des Opfers in der Nähe des Alexanderplatzes. Die Polizei konnte anhand der fachkundigen Zerstückelung der beiden Leichen einen Zusammenhang zwischen den beiden Mordfällen herstellen. Die Täterin war schnell gefunden. Es handelte sich um die 37-jährige Krankenschwester Elisabeth Kusian. Sie hatte bei ihrer Arbeit im Krankenhaus den Ärzten beim Operieren zugesehen und von Polizisten etwas über fachgerechtes Töten erfahren.

Elisabeth Kusian war schwer drogensüchtig; neben Morphium nahm sie vor allem Pervitin, das die Polizei in ihrer Wohnung fand. Der Prozess gegen den »Todesengel« (Kusian trug bei ihren Taten immer die Schwesterntracht), wie die Boulevardpresse titelte, erregte großes Aufsehen – nicht zuletzt wegen ihrer Pervitinsucht, die damals große Bevölkerungsteile betraf.

Trotz ihrer schweren Drogenerkrankung wurde Elisabeth Kusian im Januar 1951 wegen vorsätzlichen Raubmordes in zwei Fällen zu einer lebenslangen Haftstrafe und Ehrverlust auf Lebenszeit verurteilt. Sie wurde vom Gericht als schuldfähig angesehen – Pervitin war eine Volksdroge und sollte deshalb nicht in den Ruch geraten, Menschen zu Monstern zu machen.[14]

Opium und Kokain wurden in Nischen konsumiert. Sie waren gefährlich, aber längst nicht so verbreitet wie Pervitin. Während in St. Pauli der oberste Drogenfahnder Hans Schwarz hinter der vermeintlichen China-Connection herjagte, die dabei war, das Nachkriegsdeutschland in eine einzige Opiumhöhle zu verwandeln, hatten die 450 Prostituierten in der Ulricusgasse, Herbert- und Lohestraße ständig genug Pervitin-Tabletten auf dem Nachtschränkchen oder in der Handtasche, weil es einen munter hielt und »so strahlend glänzende Augen macht«.[15]

Die Chinesen stellten keine wirkliche Gefahr dar. Sie bedienten auch weiter mit ihrem Opium nur ein paar fehlgeleitete Matrosen. Man war aber allzu gerne bereit, die Schmuckstraße-Connection als ernste Bedrohung darzustellen. Das tat nicht nur der Hamburger Ermittler, das tat auch der *Spiegel* in seiner reißerischen Berichterstattung über den Fall. Die Chinesen eigneten sich eben besser als Buhmänner als der deutsche Durchschnittsbürger, der sich gewohnheitsmäßig mit Pervitin versorgte.

Die Westdeutschen mussten sich abrackern für den »Traum einer kleinbürgerlichen Idylle«. Diejenigen, denen das zu viel wurde, griffen zum allgegenwärtigen Pervitin – nicht nach Opium oder Kokain, wie die Hamburger Polizei vermutete. Die Droge Pervitin gehörte bis in die Sechzigerjahre zum bundesdeutschen Alltag.

1950 berichtete der *Spiegel* über die vielen unterbezahlten Mediziner, die tagsüber in Kliniken arbeiteten und sich nachts als Taxifahrer und Nachtwächter über Wasser hielten. Wer viel arbeitete und wenig schlief, nutzte Pervitin so selbstverständlich wie Aspirin, hieß es. Das Aufputschmittel wurde überall konsumiert – wie Kaffee oder Zigaretten.[16]

Dabei hätten die Jungmediziner wissen müssen, wie gefährlich diese Droge wirklich war – auch wenn die Pharmaindustrie immer wieder Gutachten vorlegte, die beweisen sollten, dass Pervitin keinerlei Nebenwirkungen hatte. Gleichzeitig belegten aber z. B. die Patientenakten des damaligen Universitäts-Krankenhauses in Hamburg-Eppendorf, wie fest das Pervitin selbst die Mittelschicht im Griff hatte. Dort wurden regelmäßig Ärzte, Juristen, Pfarrer und Diplomingenieure psychiatrisch behandelt, nachdem sie nach langem Pervitin-Missbrauch unter Psychosen litten. Allein in West-Berlin waren zwischen 1945 und 1952 in den stationären Therapieeinrichtungen 107 Pervitin-Abhängige registriert, die ihren Drogenkonsum mit schweren psychotischen Erkrankungen bezahlten.[17]

Angeblich stand die deutsche Fußballnationalmannschaft bei ihrem Weltmeisterschaftsspiel gegen den Favoriten Ungarn, dem sogenannten »Wunder von Bern«, am 4. Juli 1954 unter Pervitin. Unter Sportlern war die Droge sowieso beliebt. Das erste prominente Todesopfer der Kriegsdroge in der Nachkriegszeit war der 28-jährige Boxer Jupp Elze. Er wurde 1968 beim Kampf gegen Juan Carlos Duran k. o. geschlagen. Er wachte nicht wieder auf. Elze hatte in diesem Kampf 150 Kopftreffer eingesteckt. So etwas ist nur unter Pervitin-Einwirkung möglich.

Neben den Temmler-Werken beherrschte die Firma Knoll AG (Ingelheim) den Markt mit Pervitin. Die Temmler-Werke wurden nach dem Mauerbau aufgeteilt. Ein Firmenteil verblieb im Osten und verdiente weiter gut – ihr Hauptkunde wurde die NVA, die erst 1988 das Pervitin aus dem Ausrüstungsbestand ihrer Grenztruppen nahm. Der Rest der Produktion zog nach Westdeutschland. Auch hier lief die Produktion weiter, nicht zuletzt durch den Großkunden Bundeswehr. Die verzichtete ab 1970 darauf, Pervitin für ihre Soldaten bereitzuhalten.

Auch bei den Alliierten waren Amphetamine an die Truppe verteilt worden. Die Amerikaner und die Briten bevorzugten Benzedrin, die Franzosen schworen auf Maxiton. Untersuchungen belegen, dass allein bei den US-Streitkräften im Zweiten Weltkrieg 200 Millionen Amphetamin-Tabletten konsumiert worden sind.[18]

Viele GIs kehrten drogensüchtig aus Europa in ihre Heimat zurück. Ab den Siebzigern entdeckten Motorradgangs in den USA Crystal Meth – chemisch nichts anderes als Pervitin, allerdings in kristalliner Form. Methamphetamin wurde nun nicht mehr als Pulver in Tabletten verkauft, sondern als glänzende Kristalle, die in Drogenlabors von einer kleinen Gruppe eingeweihter Chemiker hergestellt wurden. Das änderte sich, als in den Achtzigerjahren ein Chemiker aus Wisconsin das Drogenkochbuch *Secrets of Methamphetamine Manufacture* schrieb. Mit dieser Bauanleitung in der Hand konnte nun fast jeder, der rudimentäre chemische Kenntnisse besaß, in seinem Keller Crystal Meth herstellen. Wie der frustrierte Chemielehrer Walter White, der in einem Wohnwagen in der Wüste seine atemberaubende Drogenkarriere beginnt. Die US-TV-Serie *Breaking Bad* handelte also von – Pervitin. Von dem Stoff, den der brave Hamburger Drogenpolizist Hans Schwarz im April 1949 noch als das kleinere Übel im Vergleich zu chinesischem Opium ansah. Heute gefährdet Crystal Meth die Gesundheit und das Leben einer ganzen Teenagergeneration, während Chongs Opiumpfeife höchstens noch auf Nostalgikerpartys herumgereicht wird.

Markgraf und das Mädchen

Ein Polizist verschwindet

Am 12. September 1949, drei Wochen vor der Staatgründung der DDR, trat Paul Markgraf zum letzten Mal öffentlich als Polizeipräsident von Berlin in Erscheinung. Er trug an diesem Tag wie immer die Uniform eines Obersten, der er in seiner aktiven Militärzeit nie war. Nach diesem Auftritt verschwand Paul Markgraf aus der Öffentlichkeit. Die Geschäfte des Polizeipräsidenten übernahmen bis zum 2. Februar 1950 – der neue Staat DDR bestand bereits drei Monate – seine Stellvertreter Richard Gyptner und Alfred Schönherr. An diesem 2. Februar wurde der ehemalige Chefinspekteur der Polizei Waldemar Schmidt als neuer Polizeipräsident vorgestellt. Bei dieser Gelegenheit dankte man auch dem bisherigen Amtsinhaber Paul Markgraf für seine Arbeit. Er habe das Amt wegen eines höheren Auftrages aufgeben müssen, hieß es. Damit war der verschwundene Paul Markgraf fast vier Jahre im Amt gewesen – von 1945 bis 1949.

Am 2. Februar 1950 befand sich Markgraf schon nicht mehr in Deutschland. Die unsichtbare Macht, die immer noch über die Geschicke der Sowjetzone wachte, auch wenn sie jetzt ein eigener Staat war und DDR hieß, hatte ihn abgezogen. Er hielt sich seit Oktober 1949 in Privolsk auf.

Privolsk liegt bei Saratow an der Wolga. Dort betrieb die Sowjetunion eine streng geheime Schulungseinrichtung. Von 1949 bis 1953 wurde in drei Sonderlehrgängen Personal für mittlere und höchste militärische Ränge ausgebildet. In jedem dieser drei Lehrgänge, die jeweils ein Jahr dauerten, saßen etwa 150 Teilnehmer. Sie kamen aus der neu gegründeten DDR – genauer aus der Staatssicherheit oder der Volkspolizei. Nach Abschluss des Lehrganges sollten die Absolventen in der Lage sein, ein militärisches Regiment als Kommandeur zu führen.[1]

Der in Berlin so plötzlich verschwundene Markgraf war vom Oktober 1949 bis zum Oktober 1950 Schüler im ersten Regimentskommandeurs-Lehrgang in Privolsk. Aus dem politischen Polizeipräsidenten sollte ein politischer Militär werden. Gezwungenermaßen, denn in Berlin hatte er sich eine Menge Feinde gemacht.

Paul Markgraf war nicht zum ersten Mal zu einem Lehrgang in der Sowjetunion. Schon 1943 hatte er diese Erfahrung machen dürfen – wie 1949 auch alles andere als freiwillig.

Bei seinem Amtsantritt im Mai 1945 hatte Markgraf selbst seine Visitenkarte in der *Berliner Zeitung* (Selbstdarstellung in der *Berliner Zeitung* vom 27. Mai 1945) veröffentlicht, in der er sich den Berlinern als erster Polizeipräsident nach dem Zusammenbruch vorstellte und zum ersten Mal das Wort »Volkspolizei« verwendete.

Markgraf war seiner Zeit voraus. Er wusste schon im Mai 1945, dass die Polizei im Osten einmal eine politische Einrichtung sein würde, Teil des gesellschaftlichen Kampfes der SED, der erst ein Jahr später gegründeten Sozialistischen Einheitspartei. Erst am 2. Juni 1946 bezeichnete das *Neue Deutschland* die seit einem Jahr bestehende Polizei in der SBZ als »Volkspolizei«, also als eine »volksverbundene Auslese«.[2] Die kasernierte Volkspolizei, also der Nukleus der späteren Nationalen Volksarmee, gab es ab 2. Juli 1948 – und zwar auf einen Vermerk von Stalin hin, der der sofortigen Einrichtung einer 10000 Mann starken kasernierten Bereitschaftspolizei zustimmte. Diese Truppe, in der Markgraf eine wichtige Rolle spielen sollte, wurde militärisch ausgebildet und mit schweren Waffen ausgerüstet. Einen Tag nach Stalins Zustimmung erging der entsprechende Befehl der SMAD an die deutschen Stellen.[3]

Paul Markgraf, 1945–1949 Polizeipräsident von Berlin

Die Offiziere dieser Kasernierten Volkspolizei KVP waren fast ausnahmslos ehemalige Soldaten der Wehrmacht. Das sollte im Westen bei der Gründung der Bundeswehr am 12. November 1955 nicht anders sein. Bundeskanzler Adenauer gab deshalb vor dem Bundestag vorsorglich eine Ehrenerklärung für die deutschen Soldaten ab. Auf den Vorwurf, die Bundeswehr bestehe zu einem Großteil aus Wehrmachtssoldaten, erklärte Adenauer, die NATO akzeptiere keine 18-jährigen Generale. So kamen noch im Jahr 1959 von 14900 Bundeswehroffizieren 12360 aus der Reichswehr oder der Wehrmacht. 300 Offiziere der jungen Bundeswehr waren sogar in der Waffen-SS gewesen.[4]

Auch Paul Markgraf gehörte zu diesen ehemaligen Wehrmachtsangehörigen. Etwa 5000 von ihnen waren in den sowjetischen Kriegsgefangenenlagern ausgewählt worden – darunter 100 höhere Offiziere und fünf Generale Hitlers. Die Russen hatten sie »umerzogen« und für die Verwendung in der KVP ausgebildet. Die Entlassung aus der Kriegsgefangenschaft war in vielen Fällen nur unter der Bedingung vollzogen worden, dass die Entlassenen sich für den Aufbau der Kasernierten Volkspolizei zur Verfügung stellten.

Doch diesen harten Weg hatte Paul Markgraf nicht nehmen müssen. Er gehörte zur Heiligen Familie der DDR – zu denen, die schon am 30. April 1945 zusammen mit Ulbricht aus Moskau eingeflogen wurden, um den neuen sozialistischen Staat auf deutschem Boden aufzubauen. Allerdings zählte er nicht zur ersten Garde der sogenannten »Gruppe Ulbricht« wie Walter Ulbricht selbst, Otto Winzer, Hans Mahle, Karl Maron oder Gustav Gundelach. Das waren durchweg ehemalige Nazigegner, deutsche Kommunisten, die vor Hitler ins sowjetische Exil geflüchtet waren. Ihr Adel bestand im Gegensatz zu denen, die nach Westen vertrieben worden waren, vor allem darin, dass sie sich für die sozialistische Sowjetunion und nicht für das kapitalistische Ausland entschieden hatten – insofern man angesichts des Naziterrors von einer freien Entscheidung sprechen konnte.

Doch Paul Markgraf gehörte auch nicht zur zweiten Garnitur. Er gehörte zu einer ganz besonderen Kaste, die in der neuen DDR eine klar gezirkelte Aufgabe hatte. Es handelte sich dabei um hohe Wehrmachtsangehörige, die in russische Gefangenschaft geraten waren. Walter Ulbricht wollte nicht, dass seine Leute aus dem engeren Kreis, die später die DDR-Führungselite bilden sollten, mit den Passagieren des zweiten Flugzeuges auch nur ein Wort wechselten.[5]

Paul Markgraf war Berufssoldat gewesen, er war 1931 in die Reichswehr eingetreten und später ein Soldat Hitlers geworden, sogar ein Ritterkreuzträger, der sich durch Tapferkeit im Kampf gegen die Rote Armee ausgezeichnet hatte. Eigentlich hatte er Bäcker gelernt. Aber er strebte die Unteroffizierslaufbahn in der Infanterie an. Als 1939 der Krieg begann, war er Hauptfeldwebel. Im Feld wechseln die Dienstgrade schnell: Markgraf wurde 1941 Leutnant und 1942 Hauptmann. Als Führer der Panzerjäger-Abteilung 40 in der 24. Panzerjäger-Division erhielt er am 5. Januar 1943 das Ritterkreuz des Eisernen Kreuzes. Nur wenig später kam Markgraf als Teil der 6. Armee von General Paulus in Kriegsgefangenschaft.

Das war in Stalingrad – dort erlebte er seinen ersten Karriereknick. Der Ritterkreuzträger wurde zum Kriegsgefangenen in einem der zahllosen Lager, in denen viele seiner Kameraden umkamen.

Doch es gab Rettungsanker. Walter Ulbricht schickte den Nazi-Offizier Markgraf nach Gorki, wo man ihm in einem der viermonatigen Schulungskurse seine faschistische Gesinnung austrieb – oder sie zumindest mit einem kasernentonhaften Antifaschismus übertünchte. Bei diesem Kurs traf Markgraf auf Wilhelm Zaisser – im Gegensatz zu Ulbricht eine charismatische Figur. Ein Mann, der viel erlebt hatte und mit Menschen umgehen konnte.

Die 500 Teilnehmer des Lehrganges von Gorki wurden zum Abschluss von Ulbricht noch einmal eingehend überprüft. Nur 70 der 500 Männer kamen auf die »Antifaschistische Frontschule« für Kriegsgefangene, die die Komintern im Mai 1942 in Oranki gegründet und dann nach Krasnogorsk bei Moskau verlagert hatte, wo die Schule nach dem Ende der Komintern vom geheimnisumwitterten »Institut 99« – einer Einrichtung des Nationalkomitees Freies Deutschland – unter der Leitung von Arthur Pieck, dem Sohn Wilhelm Piecks, weitergeführt wurde. (Der Arthur Pieck, dessen Wagen die Gladow-Bande in Berlin stahl und der dann keine Anzeige machte. S. 96.) In Krasnogorsk erhielten Männer wie Paul Markgraf oder der Ex-Wehrmachtsgeneral Vincenz Müller, ab 1950 Vizepräsident der Volkskammer, Generalleutnant der KVP und zweiter Vorsitzender der nationaldemokratischen NDPD, von Ulbricht persönlich den letzten ideologischen Schliff. Als Schlusspunkt der Schulung galt die Lektüre von Lenins *Staat und Revolution*.

General Gómez

Wilhelm Zaisser war Leiter des deutschen Sektors in Krasnogorsk. Von Zaisser war Markgraf eher beeindruckt als von Ulbricht, denn er war auch ein Berufssoldat, allerdings einer auf der anderen Seite, ein kommunistischer Offizier. Im Ruhrgebiet geboren war Zaisser schon 1920 in die KP eingetreten, hatte der Leitung der »Roten Ruhrarmee« angehört, die sich nach dem Kapp-Putsch formiert hatte. Ab 1924 war er für den militärischen Nachrichtendienst der jungen UdSSR tätig – unter anderem auch in China.

Im Spanischen Bürgerkrieg fungierte Zaisser als Generalstabschef der Internationalen Brigaden. Er wurde als General Gómez legendär für seine Kampfbereitschaft, seinen Scharfsinn und seine Unnachgiebigkeit im Umgang mit Feinden in den eigenen Reihen.

Wilhelm Zaisser, Minister für Staatssicherheit der DDR

Doch das war nur eine Seite dieses Weltreisenden in Sachen Konspiration. Er konnte auch anders. Wenn ihm etwas gegen den Strich ging, muckte er auf – auch gegen die, die ihn schützten. Anders als der spätere Berliner Polizeipräsident Markgraf, der alles tat, um sich die Gunst der Mächtigen zu bewahren. Das war der große Unterschied zwischen Zaisser und seinem Schützling Markgraf.

Zaissers Mentor war Jan K. Bersin, ein hoher Offizier im Generalstab der Roten Armee. Bersins IV. Abteilung war für die Militäraufklärung zuständig. Nach einer intensiven Ausbildung schickten die Russen Zaisser nach Syrien, wo er als militärischer Berater den Aufstand der Drusen gegen die französische Kolonialmacht organisierte.

Im Spanischen Bürgerkrieg übernahm Zaisser als General Gómez in Albacete das Kommando der XIII. Internationalen Brigade, die 21 Nationalitäten umfasste. Als im Juli 1937 der republikanische Generalstab eine Offensive plante, bei der Zaissers XIII. Brigade eine wichtige Rolle spielen sollte, stellte er sich gegen den Befehl seiner Vorgesetzten in Valencia: Er wies darauf hin, dass gerade seine Soldaten durch vorhergehende Kämpfe sehr geschwächt waren. Zaisser wurde als General abgesetzt und in die Etappe abgeschoben.

In die UdSSR zurückgekehrt wurde er mit den Säuberungen Stalins konfrontiert, denen selbst der mächtige Jan K. Bersin zum Opfer fiel. Zaisser überlebte wie durch ein Wunder – dabei wäre gerade er durch seine Renitenz in Spanien ein Kandidat für die Exekutionskommandos gewesen, andere waren linientreu geblieben und hatten dran glauben müssen.

Als die Gruppe Ulbricht nach Berlin geschickt wurden, um einen neuen deutschen Staat aufzubauen, war Zaisser nicht dabei. Es hieß, er werde in der Sowjetunion bei der Umschulung der deutschen Kriegsgefangenen gebraucht. Ein Ex-Nazi wie Markgraf durfte fliegen, Zaisser, der vorbildliche Kommunist, musste in der UdSSR bleiben. Er fühlte sich übergangen: »Ich gehöre eben nicht zu diesem Pickwick-Club. Diese Genossen betrachten mich nicht als Deutschen, weil ich immer für die Sowjetunion gearbeitet habe. (…) Sie werden abwirtschaften und dann komme ich.«[6]

Und so war es dann auch: Im Februar 1947 durfte er mit seiner Frau Elisabeth nach Deutschland heimkehren. Wilhelm Zaisser wurde Polizeichef von Sachsen-Anhalt und später sächsischer Innenminister, ab 1950 erster Staatssicherheitsminister der DDR, Mitglied des ZK und des Politbüros der SED. 1953 aber wurde er entmachtet und zusammen mit Rudolf Herrnstadt aus der SED ausgeschlossen. Doch bis dahin hielt er seine Hände über Paul Markgraf. Der große Kommunist Wilhelm Zaisser hatte den kleinen Paul Markgraf – Oberleutnant der Wehrmacht und Ritterkreuzträger – in Krasnogorsk unter seine Fittiche genommen.

Die beiden hatten einiges gemeinsam – wenn sie auch nicht auf der gleichen Ebene der Macht agierten: Sie waren Militärs und Polizisten, sie dachten in den Kategorien der Geheimdienste, allerdings aus der Perspektive des Offiziers. Und sie glaubten an die Sowjetunion. Mehr als an ihre deutschen Genossen.

Leute wie Zaisser und Markgraf sollten die Polizei im Osten prägen – die Polizei und die Kasernierte Volkspolizei KVP, aus der 1956 die NVA hervorging. Die Polizei hatte militärische Dienstgrade, und sie wurde wie das Militär geführt. Man erwartete von ihr die gleiche politische Loyalität wie bei den Militärs. Mehr noch: Während im Januar 1961 von 653 hohen NVA-Offizieren 338 ehemalige Wehrmachtsangehörige waren, wurde die Polizei schon mehr als ein Jahrzehnt früher auf politische Sauberkeit gedrängt.[7]

Wilhelm Zaissers Tätigkeit in Sachsen und Sachsen-Anhalt war nur ein Anlauf, eine Gewöhnungsphase – weniger für ihn als für Ulbrichts Leute, die sich fragten, wieso der Spätzünder, der zwei Jahre nach ihnen in der Heimat angelangt war, ohne Umschweife in Schlüsselpositionen gelangte.

Zaisser bereitete sich darauf vor, das Ministerium für Staatssicherheit zu leiten, an dessen Spitze eigentlich der emsige Erich Mielke hatte stehen sollen. Schon im Dezember 1948 war die Gründung des Ministeriums von den Russen im Geheimen in die Wege geleitet worden. Erich Mielke war einer der deutschen »Gründungsväter« der Stasi. Aber die Sowjets hatten andere Pläne, so musste er zurückstehen und Wilhelm Zaisser den Vortritt ins Ministerium lassen. Mielke wurde immerhin sein Vize und später einer seiner Nachfolger.

Nun saß Wilhelm Zaisser dort, wo seine Hintermänner ihn haben wollten.

Bei Paul Markgraf ging es schneller. Er war ja auch nur Berliner Polizeipräsident. Das aber schon seit Mai 1945. Zwei Jahre vorher war er im sowjetischen Gefangenenlager Lunjewo dem Bund deutscher Offiziere BdO beigetreten und hatte das Gründungsdokument, den »Aufruf an die deutschen Generale und Offiziere! An Volk und Wehrmacht!« vom 12. September 1943, unterzeichnet. Bis zu seiner Abberufung nach Berlin agitierte er als Frontbevollmächtigter des NKFD (Nationalkomitee Freies Deutschland) in der Roten Armee. Noch 1985 verlieh ihm die Sowjetunion anlässlich des 40. Jahrestages des Sieges im Großen Vaterländischen Krieg eine Medaille für seinen Fronteinsatz an der Seite der Roten Armee.

So waren es nicht etwa deutsche Stellen, die ihn an die Spitze der Berliner Polizei setzten – das tat der sowjetische Stadtkommandant Bersarin, der wenig später auf einem in den Trümmern der Reichskanzlei gefundenen Motorrad tödlich verunglückte. Jetzt erst wurde Markgraf Mitglied der KPD (ab April 1946 der SED). Seinen Amtssitz hatte er zuerst in der Linienstraße, dann in der Torstraße (die damals noch Elsasser Straße hieß), und schließlich im Karstadt-Verwaltungsgebäude am Alexanderplatz.

Markgraf und Zaisser – das war ein nicht unübliches deutsches Muster: die Wandlung von einem Extrem zum anderen, die nur auf den ersten Blick halsbrecherisch wirkt. Vom Nationalisten bzw. Nationalsozialisten zum überzeugten Bolschewisten. Mit der gleichen Unbedingtheit, mit der sie an Deutschland hingen, hingen sie später auch an der Sowjetunion. So wurde Markgraf nicht wirklich der Polizeipräsident der ehemaligen deutschen Hauptstadt: Er wurde der Polizeipräsident, den die Sowjets für die deutsche Hauptstadt vorgesehen hatten. Das wusste Markgraf und das vergas er nie – und sollte er es vergessen haben, so hätte sein mächtiger Ziehvater ihn daran erinnert.

Zaisser wurde es 1953 zum Verhängnis, dass er den Sowjets so nahe war. Diesmal den falschen Sowjets, nämlich denen, die auch in Ost-Berlin den Stall ausmisten wollten, die aber in Moskau gegen die klugen Taktierer um Chruschtschow unterlagen. Er verlor alle seine Ämter und verschwand in der Versenkung.

Markgraf erging es vier Jahre vorher ähnlich, aber er fiel nicht so tief wie sein Gönner, weil er nicht so hoch stand wie dieser. Markgrafs Sturz war auch nur eine kurze Episode, danach stand er auf, schüttelte sich und nahm mit der Hilfe von ganz oben einen neuen Anlauf, einen Anlauf, der ihn sehr viel weiter bringen sollte als ins Polizeipräsidium von Berlin.

Der Polizeipräsident der Russen

Markgraf macht Fehler. Er ist pragmatisch und zynisch zugleich. Die Russen lieben diese Eigenschaften, aber sie mögen es nicht, wenn man sie vor aller Augen zelebriert und dabei Schaden anrichtet. Markgraf brüskiert die neuen demokratischen Herren der Stadt, indem er ihnen permanent zeigt, dass sie eigentlich nichts zu sagen haben. Das ist eine historische Tatsache und dürfte niemanden wirklich verwundert haben. So hat er dem Bürgermeister Ferdinand Friedensburg eine lange Nase gemacht, als er die Amtsenthebung missachtete, die dieser über ihn verfügte hatte. Er hat das Parlament gedemütigt, indem er seine Polizisten nicht eingreifen ließ, als die Abgeordneten im Stadthaus von einem durch die SED abgeordneten Mob belästigt und an ihrer Arbeit gehindert wurden. Er hat Friedensburg bloßgestellt, indem er demonstrativ nichts tat, um die Entführungen von Kritikern der SED und der Sowjets aus Berlin/West zu unterbinden. Markgraf tat so, als ginge das Friedensburg, also den Bürgermeister der Stadt Berlin, nichts an – was ja auch praktisch stimmte, denn die Alliierten geruhten nicht einmal, dem regierenden Bürgermeister die Namen der Deutschen zu nennen, die sie aus politischen Gründen in Gewahrsam genommen hatten.

Dabei hatte Bürgermeister Friedensburg schlau und fair sein wollen: Er hatte nicht die Russen angesprochen, die die eigentlichen Drahtzieher hinter den Verschleppungen waren, sondern alle Alliierten. Dennoch bekam er keine Antwort, von keiner Seite. Also fühlte sich Markgraf auch nicht in die Pflicht genommen. Er sah sich als Beamter der Sowjets, die ihn eingesetzt hatten. Das sagte er Friedensburg und allen anderen.

Die Empörung war groß. Aus dem Westen wurde scharf geschossen, man machte Markgraf die Rechnung auf: Dass er die

Berliner Polizei mit Kommunisten durchsetzte, dass er Fachleute verjagte, wenn sie politisch nicht auf seiner Linie lagen, dass er illoyal den demokratisch gewählten Berliner Politikern gegenüber war.

Das alles prallte an Markgraf ab. Es prallte alles an ihm ab, weil die Fakten für ihn sprachen. Und weil ein Wilhelm Zaisser ihn schützte. Auch als Friedensburg entsetzt aus Ost-Berlin floh und im Westen der Stadt einen demokratischen Polizeiapparat mit dem SPD-Mann Johannes Stumm als Polizeipräsident gründete, die sogenannte Stumm-Polizei (»StuPo«), blieb Markgraf ungerührt und auf seinem Posten.

Das Desaster der Polizeipräsidentenschaft von Zaissers Zögling Paul Markgraf konnte ungebremst weitergehen. Er tat seine Arbeit, so wie er es gelernt hatte: militärisch. Das heißt, er säuberte die Stadt ziemlich schnell von gewöhnlichen Kriminellen. Die Verbrechensrate war nach dem Krieg in die Höhe geschossen, sank aber nun – auch durch die Arbeit Markgrafs – kontinuierlich. Gleichzeitig tat er aber auch das, was er politisch für notwendig hielt und was die SMAD von ihm erwartete: Er verdrängte alle Nicht-Kommunisten aus der Leitung des Berliner Polizeiapparats und ersetzte sie durch SED-Leute.

Die Öffentlichkeit diskutierte die sich häufenden Entführungen von Regimegegnern auf West-Berliner Boden. Bei helllichtem Tag wurden auf offener Straßen Journalisten wie der *Abend*-Reporter Dieter Friede oder Freiheitsaktivisten wie Walter Linse niedergeschlagen und in Autos gezerrt, die mit ihnen in den Ostsektor rasten. Dort wurden diese Entführungsopfer dann wegen staatszersetzender Tätigkeit zu langjähriger Zwangsarbeit verurteilt oder sie verschwanden in den Gefängnissen des sowjetischen Geheimdienstes.

Dieter Friede, Journalist beim US-lizensierten *Der Abend*, wurde am 2. November 1947 in den Osten gelockt und als Spion festgenommen.[8] Friede kam ins Dresdner Gefängnis der sowjetischen Staatssicherheit, wo ihn 1950 ein Sondertribunal wegen »Terror, Spionage und Gruppenbildung« zu zehn Jahren Zwangsarbeit in Workuta, UdSSR, verurteilte. Er kehrte erst im Oktober 1955 nach Deutschland zurück. Walter Linse wurde 1953 in Moskau zum Tod verurteilt und erschossen.

Es kam zu katastrophalen Überreaktionen. So versuchten zwei Polizisten am Savignyplatz (Britischer Sektor), mit einem Häftling aus dem Gefängnis Moabit die S-Bahn nach Potsdam zu besteigen, wo er ins Gerichtsgefängnis eingewiesen werden sollte. Doch der Gefangene riss sich los und schrie: »Hilfe, ich werde entführt.« Mehrere Passanten stürzten sich sofort auf die beiden Polizisten und schlugen sie zusammen. Der Häftling entkam. Aufgrund der andauernden Berichterstattung über solche Übergriffe neigte die Bevölkerung zur Selbsthilfe, um weitere »Deportationen« zu verhindern.[9]

Der Chefredakteur des *Abend*, Maximilian Müller-Jabusch, warf in einer Sonderausgabe seiner Zeitung dem Polizeipräsidenten Markgraf aktives Mitwirken an der Entführung seines Mitarbeiters Dieter Friede vor. In dieser schwierigen Situation veröffentlichte der *Telegraf* Listen über die Parteizugehörigkeit der Mitglieder der Polizeiführung: Die SED beherrschte den Berliner Polizeiapparat. Selbst Jakob Kaiser, dessen Ost-CDU mit der SED in einem demokratischen Block kooperierte, forderte daraufhin die Absetzung des Polizeipräsidenten. Paul Markgraf war zur Symbolfigur der Missachtung deutscher Rechtsstaatlichkeit durch die Sowjets und ihre Sachwalter geworden.

Anfang August 1945 war der Leiter der Berliner Schutzpolizei, der Sozialdemokrat Karl Heinrich, in Markgrafs Dienstzimmer von einem sowjetischen Offizier verhaftet worden. Heinrich hatte die einseitige, Kommunisten bevorzugende Personalpolitik in der

Berliner Polizei kritisiert und wollte die einrückenden Amerikaner darauf aufmerksam machen. Die Sowjets planten, Karl Heinrich anzuklagen – wegen Sabotage und bewaffnetem Widerstand (in seiner Tasche hatte man eine Pistole gefunden, Berliner Polizisten durften aber zu jener Zeit noch keine Waffen tragen). Doch zu dem geplanten Schauprozess kam es nicht mehr: Heinrich starb im November 1945 im Krankenrevier des NKWD-Gefängnisses Berlin-Hohenschönhausen.[10]

Dass ausgerechnet Markgraf, der bekanntermaßen an Karl Heinrichs Verschwinden beteiligt war, sich nun ähnlichen Entführungsfällen gegenüber desinteressiert zeigte, erzürnte die Berliner Stadtverordneten ganz besonders. Am 13. November 1947 entzog die Stadtverordnetenversammlung aufgrund eines Antrages von SPD und CDU Markgraf das Vertrauen. Doch er blieb einfach im Amt.

Herta und Heidi

Markgrafs ärgster Feind in West-Berlin war nicht der Bürgermeister Friedensburg. Der war auf Ausgleich aus. Friedensburg nahm die Polizei und Markgraf vor Kritik in Schutz und geriet deswegen durch seine eigene Partei unter Beschuss. Der Bürgermeister forderte wiederholt den Polizeipräsidenten Markgraf auf, den »aufsichtsführenden Bürgermeister regelmäßig und umfassend über die Polizeifragen zu unterrichten«.[11] Friedensburg wollte ein gutes Einvernehmen mit Markgraf – doch Markgraf sah dazu keine Veranlassung.

Aber eine militante »Kampfgruppe gegen Unmenschlichkeit« (KgU) unter der Führung des Aktivisten Rainer Hildebrandt (später Gründer des Mauermuseums am Checkpoint Charlie) wühlte den Osten auf. Systematisch sammelte sie von West-Berlin aus Zeugenaussagen und Belege für Übergriffe des SED-Staates bzw. der Sowjets. Ihr Hauptbeobachtungsgebiet waren die ehemaligen Nazi-KZs, die die Russen erst befreit hatten und nun für ihre eigenen Zwecke nutzten. Nachdem die Häftlinge der Nazis die Lager verlassen hatten, wurden diese schnell wieder gefüllt – mit wirklichen und vermeintlichen Nazis, mit Opfern von Denunziationen, vor allem aber mit Kritikern der Sowjetmacht bzw. der SED.

Gleich nach dem Krieg begann im Osten die Jagd auf Spione und sogenannte Diversanten – also Störer der sozialistischen Ordnung. Wer in die Fänge des NKWD geriet, hatte kaum eine Chance, seine Unschuld zu beweisen. Militärtribunale fällten Urteile im Schnellverfahren, Geständnisse wurden durch Folter erzwungen.[12] Auf sogenannte Wirtschaftssabotage stand die Todesstrafe. Aber dieses Delikt beging schon der, der seiner Ablieferungspflicht für Kartoffeln oder Fleisch nicht nachkam. Man orientierte sich pauschal an der Direktive Nr. 38, die der Alliierte Kontrollrat am 1. Oktober 1945 erlassen hatte: Diese regelte die Bestrafung von Kriegsverbrechern, aber auch die Inhaftierung von Personen, die den Zielen der Alliierten gefährlich werden konnten. Darunter fiel schon das Abreißen von Wahlplakaten der SED. Vor den Militärtribunalen gab es keine Verteidiger, die Verhandlungen waren nicht öffentlich. In vielen Fällen waren Urteile und Strafmaß in einer »vorbereitenden Gerichtsverhandlung« bereits festgelegt worden. Auch gegen Kinder und Jugendliche wurden harte Strafen verhängt.[13]

Vorbild war wieder einmal die UdSSR, wo die Strafmündigkeit bereits bei zwölf Jahren begann. Es wurden auch Jugendliche zwischen 14 und 20 Jahren zum Tode verurteilt (siehe den Fall Gladow, S. 107). 1947 waren von 77 Todeskandidaten in der Sowjetzone 66 Jugendliche. Aber auch die Haft in den sogenannten Speziallagern konnte tödlich enden: Zwischen Mai 1945 und Februar 1950 starben mindestens 3417 Kinder und Jugendliche während der Haft in den ehemaligen NS-Konzentrationslagern Sachsenhausen und Buchenwald und den ehemaligen Kriegsgefangenenlagern der Nazis, sogenannten Stalags (Stammlager). Todesursachen waren Folter, Entkräftung, Hungerkrankheiten, TBC usw.[14]

Bürger der Sowjetzone wurden Opfer von Massenverhaftungen, bei denen angebliche Naziverschwörungen aufgedeckt wurden. Die Angehörigen der Opfer erfuhren nichts über den Grund der Verhaftung, auch das Strafmaß wurde ihnen nicht mitgeteilt. Am 1. Februar 1946 befanden sich 74 088 Personen in den sowjetischen Gefängnissen und Lagern auf dem Boden der Sowjetzone. Am 18. April 1945 hatte Lavrentij Berija, der sowjetische Generalkommissar für die Sicherheit, befohlen, die Festgenommenen nicht mehr in die Sowjetunion zu deportieren, sondern sie an Ort und Stelle zu inhaftieren. Es waren einfach schon zu viele festgenommene Deutsche in die Sowjetunion gebracht worden, wo man sie kaum noch unterbringen und versorgen konnte. Am 27. Juli 1945 folgte eine Anordnung, die besagte, dass die von den sowjetischen Dienststellen Verhafteten von der übrigen Bevölkerung vollständig zu isolieren waren.[15]

So wurde das ehemalige KZ Buchenwald bei Weimar zu einem Speziallager Nr. 2 für 10 000 bis 15 000 Personen umgewidmet. Aus dem KZ Sachsenhausen bei Oranienburg und seinem Außenlager Jamlitz wurden die Speziallager Nr. 7 und Nr. 6. Sachsenhausen war das größte sowjetische Speziallager – dort konnten 60 000 Menschen inhaftiert werden. 26 143 Häftlinge starben an Unterernährung, Krankheiten, Kälte und Misshandlungen.[16]

Am 9. Juli 1947 und am 14. Mai 1948 wurde der SED-Chef Wilhelm Pieck wegen der Häftlinge bei der SMAD vorstellig: Es ging ihm um die hohe Zahl der verhafteten Jugendlichen. Die

Russen glaubten immer noch an die Nazipropaganda von bewaffneten Werwolf-Terrorgruppen, die angeblich Anschläge gegen die Besatzer verüben wollten. Sie hielten die bekanntesten Schüler-Widerstandsgruppen gegen die Nazis, die Edelweißpiraten, die eigentlich aus dem Rheinland kamen, durch Evakuierungen aber auch Kontakt zu ostdeutschen Jugendlichen gefunden hatten, für antisowjetische Terrorgruppen und verfolgten deren Angehörige mit besonderem Eifer. So wurden im August 1948 in Güsten im Salzlandkreis (Sachsen-Anhalt) zwölf Jugendliche verhaftet, die dem örtlichen Edelweißclub angehörten. Die Sowjets warfen ihnen vor, Anschläge auf die Eisenbahn und Terrorakte gegen SED-Funktionäre zu planen – »im Kriegsfall«.[17]

Diejenigen, die in einem der sowjetischen Speziallager inhaftiert waren und freikamen, durften nicht über ihre Haftzeit reden. Wer das dennoch tat, kam erneut in Haft. Es wundert also nicht, dass die ersten Berichte über die Zustände in den Speziallagern erst nach der Wende an die Öffentlichkeit kamen. 1990 erklärte das sowjetische Innenministerium, zwischen 1945 und 1950 seien 122 671 Deutsche in sowjetischen Speziallagern gefangen gewesen. 42 889 dieser Menschen hatten die Haft nicht überlebt. Das heißt: Rund ein Drittel wurde in der Haft oder durch die Haft ermordet.[18] Viele verließen das Lager mit einer Herzerkrankung oder mit TBC.

1950 wurden die Speziallager durch die Sowjets aufgelöst: 15 088 Häftlinge wurden in die Freiheit entlassen, aber 13 945 Gefangene wurden der DDR übergeben, damit sie diese in ihren Gefängnissen unterbrachte. Bei der Auflösung des Speziallagers Nr. 3, das sich in dem alten Zuchthaus Bautzen aus dem Jahr 1900 befand, entdeckte die Volkspolizei in den Verliesen 33 Kleinstkinder, deren Existenz in keinen Akten vermerkt war. Sie veranlasste die Verlegung der Babys in Kinderheime der DDR.

Hildebrandts »Kampfgruppe gegen die Unmenschlichkeit« kümmerte sich besonders um die Zustände in diesen berüchtigten Speziallagern. Gegründet wurde die KgU im Jahr 1948 durch Rainer Hildebrandt und Ernst Benda, den späteren Präsidenten des Bundesverfassungsgerichts und Bundesinnenminister von 1968 bis 1969. Am 23. April 1949 erhielt die Gruppe von der Alliierten Kommandantur eine Lizenz als politische Organisation – dazu dürfte auch die Rolle der Kampfgruppe in der Affäre um den Berliner Polizeipräsidenten beigetragen haben. Die Kampfgruppe wurde von amerikanischen Geheimdiensten finanziert und auch kontrolliert – in der ersten Besatzungszeit vom militärischen Abwehrdienst der USA, dem CIC (Counter Intelligence Corps), später von der CIA. Die KgU war militant und stramm antikommunistisch.

Begonnen hatte alles mit einem Suchdienst für in der SBZ verschleppte Menschen – deshalb auch das große Interesse an den sowjetischen Sonderlagern und -gefängnissen. Bald wurden jede Art von Widerstand gegen das SED-Regime und die Rote Armee unterstützt, Sabotage-Akte durchgeführt und großflächig Spionage betrieben. Der KgU arbeitete bei seinem Suchdienst nach Vermissten mit dem RIAS zusammen, warb über dessen Sendungen aber auch Mitarbeiter in der DDR an. Kopien der angelegten Karteikarten gingen routinemäßig an den US-Geheimdienst. Die Kampfgruppe sammelte auch Informationen über SED-Funktionäre, die nach dem baldigen Ende der DDR bestraft werden sollten. Angeblich war sogar die Ermordung eines SED-Kreisvorsitzenden durch vergiftete Pralinen geplant, wurde aber nicht ausgeführt – wie so vieles, denn nicht alle Mitglieder der Kampfgruppe waren auch für Aktionen zu haben, bei denen Menschen getötet wurden.

Was immer Hildebrandts Kampfgruppe auch trieb – sie war bestens informiert. In der SBZ und später in der DDR gab es viele verbitterte Menschen, die Informationen über die Übergriffe der Behörden sammelten und weitergaben. So erfuhren die KgU auch, dass im Sommer 1947 zwei Frauen ins Speziallager Sachsenhausen bei Oranienburg eingeliefert worden waren: die Schwestern Herta und Heidi Lies.

In Sachsenhausen lies die Lagerleitung die Schwestern Lies sofort von den übrigen Gefangenen isolieren. Nach vier Monaten im Lager brachte Herta Lies im Herbst 1947 ein Kind zur Welt. Das Kind überlebte im Lager nur ein Jahr.

Nach dem Tode des Kindes änderte sich alles für die Schwestern Lies. Ab Ende 1948 wurden sie wie gewöhnliche Häftlinge behandelt. Herta musste in der Lagerwäscherei arbeiten, Heidi wurde in der Großküche mit Kartoffelschälen beschäftigt. Das wunderte ihre Mithäftlinge. Sie versuchten herauszufinden, was es mit dem Kind auf sich gehabt hatte. Doch die beiden Schwestern schwiegen.

Erst 1949 redete Herta Lies über ihr Schicksal und über das ihres Kindes. Und bald wusste das gesamte Lager Bescheid – was auch bedeutete, dass die Zuträger von Hildebrandts KgU davon erfuhren: Herta Lies war bis zu ihrer Inhaftierung die Hausangestellte in der Privatwohnung des Berliner Polizeipräsidenten Markgraf in der Pfeilstraße in Niederschönhausen gewesen. Er war auch der Vater des Kindes von Herta Lies. Sie hatte die Schwangerschaft zu spät bemerkt. Als Markgraf davon erfuhr, verlangte er sofort eine Abtreibung. Mit dem Sozialismus waren die Moralvorstellungen der wilhelminischen Gesellschaft noch längst nicht verschwunden.

Die Ärzte verweigerten den Eingriff, sie fürchteten um das Leben Hertas – die Schwangerschaft war schon zu weit fortgeschritten. Der Polizeipräsident Paul Markgraf löste das Problem auf seine Weise. Er ließ seine Hausangestellte verhaften und im KZ Sachsenhausen verschwinden. Da Hertas Schwester Heidi von der Schwangerschaft wusste und sich über die Behandlung ihrer Schwester beschwerte, wurde auch sie ins KZ gesteckt.[19]

Das KZ Sachsenhausen war das sowjetische Lager in der SBZ, das von der Kampfgruppe gegen Unmenschlichkeit am besten durchdrungen wurde. Hildebrandts Gruppe hatte sogar genaue Lagepläne der Belegung in den Baracken angefertigt. Die KgU verfügte über ein Heer an hochmotivierten eigenen Zuträgern, die vor allem aus den Lagern jede Veränderung berichteten.

Die Kampfgruppe residierte in einer Villa in der Höhmannstraße 4 im feinsten Grunewald. Sie lebte angeblich nur von Spenden, aber vor dem Haus stand ein Posten der britischen Besatzungstruppen und sicherte die KgU-Männer. In ihrer Kartei waren bis Frühjahr 1949 schon 12 000 Suchanträge erfasst. Das Schicksal von 8500 SBZ-Häftlinge hatte die Gruppe bis dahin dokumentiert – die Hälfte davon war tot. Allein im Mai 1949 gingen 1800 Suchanträge bei Hildebrandts Leuten ein. 90 Prozent davon konnten mithilfe der gesammelten Informationen aus dem Osten abgeklärt werden. Im Gründungsmonat der BRD saßen nach Recherchen der KgU immer noch 48 000 in den vier Ex-KZs, die die Sowjets betrieben – bis 1947 waren es allerdings elf Lager gewesen.[20] Von diesen 48 000 Gefangenen, die im Frühjahr 1949 einsaßen, waren mindestens 5000 Jugendliche.

Die Kampfgruppe wollte mit dem Berliner Polizeipräsidenten einen besonders exponierten Funktionär der Sowjets treffen – und das gelang ihr durch die Nachricht von den Schwestern Lies im KZ-Sachsenhausen.

Markgraf dementierte die Meldung, er habe die Schwestern ins KZ Sachsenhausen einliefern lassen, um seinen Fehltritt zu vertuschen. Die Kampfgruppe bot daraufhin drei Zeugen auf. Markgraf drohte mit einer Anzeige wegen Verleumdung gegen Hildebrandts Aktivisten. Doch so weit kam es nicht mehr. Zaisser hatte genug – vor allem hatten die Russen genug. Sie wollten sich so kurz nach dem Bonner Coup und der bevorstehenden DDR-Gründung keinen Berliner Polizeipräsidenten leisten, der seine peinliche Affäre in eines ihrer Speziallager entsorgte. Egal, wie wasserfest die Geschwister-Lies-Geschichte wirklich war und wie tief sie selbst darin verstrickt waren – die Sowjets wollten diese Hypothek so schnell wie möglich loswerden. Paul Markgraf musste verschwinden, auch wenn er lieber um seinen »guten Ruf« gekämpft hätte. Da bot sich die Kompanieführerschule in der Sowjetunion an.

Die zweite Karriere

Im Dezember 1950 war Markgraf wieder in Deutschland. In Berlin wollte man ihn nicht mehr verwenden. So kam er nach Prenzlau, wo er das Kommando über die dortige Bereitschaftspolizei übernahm. Bei der DDR-Bereitschaftspolizei ging es in Richtung Militär – weg vom Polizeidienst. Natürlich beobachtete Hildebrandts KgU diese Entwicklung, es wurde ein eigenes Büro für Volkspolizei-Angelegenheiten eingerichtet. Und die westalliierten Geheimdienste gaben sich Mühe, den Kordon der Geheimnistuerei zu durchbrechen. Das gelang ihnen, indem sie allen Bereitschafts-Vopos, die sich in den Westen absetzten, das »Fahrgeld« erstatteten, wenn sie die Geheimnummer ihrer Vopo-Gruppe ausplauderten. Im Monat April 1951 z. B. gaben allein 127 Volkspolizisten ihre Dienstausweise in West-Berlin ab. Natürlich nicht nur wegen der »Fahrgelderstattung«.[21]

Markgraf musste sich nicht lange in Prenzlau mit den feldgrauen Uniformen herumplagen. Bereits 1951 wechselte er in das Ministerium für Staatssicherheit MfS zu seinem Patron Wilhelm Zaisser. Dieser saß nun auf Wunsch der Sowjets im Parteivorstand und war Kandidat des Politbüros.

Markgraf war nervös geworden. Das Jahr in der UdSSR und die Affäre Herta Lies hatten den sonst so gradlinigen Karrieristen irritiert. Er hielt es nun nirgendwo mehr lange aus. Vom MfS wurde er ins Verkehrsministerium der DDR versetzt. Dort schulte er in der Hauptabteilung Kraftverkehr/Transportwesen die Mitarbeiter militärisch. Es hatte fast den Anschein, als hätte man nach seinem Fall als Polizeipräsident in Berlin nicht mehr so recht gewusst, was man mit Markgraf anfangen sollte. Bis 1956 fungierte er immerhin noch als Oberst der Kasernierten Volkspolizei (KVP). Über diese Position gelangte er endlich wieder dorthin, wo er hingehörte: zum Militär. Erst diente er in der neu geschaffenen Nationalen Volksarmee (NVA), dann wurde er Kommandeur der Grenzpolizei. Doch auch diese Position passte ihm nicht so recht. So landete er schließlich wieder beim MfS – aber in dessen militärischer Abteilung, als leitender Offizier des Berliner Wachregiments Feliks Dzierzynski.

Die Sache mit den Schwestern Lies, die er ins KZ Sachsenhausen hatte stecken lassen, hing ihm in der Öffentlichkeit nicht nach. Sie war vergessen. Auch im Westen. Dort ging man nämlich einer Kampagne auf den Leim, mit der die SMAD und ihre deutschen Polithelfer die peinliche Angelegenheit erfolgreich vertuscht hatten. Dass Markgraf 1949 gestürzt war, war offensichtlich – daran gab es nicht zu deuteln. Aber der Grund für seinen Sturz war noch unklar. Plötzlich tauchten Gerüchte auf, die Russen hätten ihn loswerden wollen, weil er ein Ewiggestriger war und sich gegen sie gestellt hatte.

»Verschwindet Markgraf aus der Berliner Polizei, dann werden wir endlich populärer. Vor allem kann man uns dann nicht mehr den Vorwurf machen, wir halten Ritterkreuzträger«, raunte sein ehemaliger Stellvertreter Gyptner im Kreise der Altkommunisten im Ostberliner Polizeipräsidium in der Linienstraße 85/87. Und Insider des Polizeiapparates wussten plötzlich zu berichten, dass er den Sowjets durch etwas unangenehm aufgefallen war, was sie nicht in jedem Falle goutierten: Pflichtbewusstsein. So soll er Kollegen der Kripo vor Strafverfolgung geschützt haben. Diese Ost-Berliner Beamten hatten sich geweigert, die Schieber vor den sowjetischen Intourist-Hotels hochgehen zu lassen. Sie wollten lieber an die großen Fische heran, die in den Nobelhotels mit den hohen russischen Offizieren Geschäfte machten. Daraufhin hätten die SMAD-Oberen die Geduld mit Markgraf verloren und ihn abgezogen.

Eine sehr gewagte Geschichte angesichts der notorischen Unterwürfigkeit Markgrafs gegenüber den Sowjets. Er wusste, wem er seine Funktion in der SBZ und sein Überleben in der UdSSR verdankte, und er wusste, wer am längeren Hebel saß in der SBZ. Und gegen dieses Wissen soll Paul Markgraf gehandelt haben, um ein paar Großschieber festzusetzen?

Das Ganze klingt eher nach einem der raffinierten Ablenkungsmanöver, wie sie gewiefte Geheimdienstler entwickeln, wenn sie von der eigentlichen Ursache ablenken wollen. Zu einem solchen Manöver war allenfalls Wilhelm Zaisser fähig.

Der Westen fiel darauf herein. Der *Spiegel* druckte nur wenige Tage nach der Gründung der DDR die ganze neue, schön klingende Markgraf-Geschichte. Im Westen glaubte man, den Sowjets eins auszuwischen – in Wirklichkeit aber rettete der Artikel den Hals des verhassten Paul Markgraf.[22]

Paraffin

Demontage-Müller

Es war der 21. Juli 1949. Der Weststaat bestand bereits 75 Tage. Und in Dortmund kochte die Volksseele über. Eine aufgebrachte Menschenmenge jagte durch die Flure des Stadthauses. Sie trieb einen Mann vor sich her. Erwin Müller, Gesellschafter der örtlichen Werkstätten für Eisenkonstruktion und Kranbau. Vor wenigen Wochen eine fast bankrotte Klitsche. Neuerdings ein florierendes Unternehmen mit 120 Mitarbeitern.

Die wilde Jagd ging über alle Treppen und Etagen des weitläufigen Gebäudes. Das Opfer blutete bereits aus mehreren Wunden, aber es gelang ihm immer wieder, sich loszureißen und zu fliehen. Treppauf, treppab. Schließlich rettete sich Erwin Müller in die Hauptkasse des Behördenkomplexes. Dort versteckte er sich hinter der Tür des riesigen Panzerschranks. Die Kassierer sahen die Not des blutenden Erwin Müller, aber sie unternahmen nichts. Selbst die Polizei, die im Gebäude, das auch für Justiztermine genutzt wurde, patrouillierte und aufmerksam geworden war, rührte sich nicht. So konnten die wütenden Dortmunder den Schutzsuchenden ergreifen und weiter verprügeln.

Im Gutachten, das der leitende Arzt des Dortmunder Krankenhauses am nächsten Tag an das britische Militärgericht schickte, hieß es: »Ausgedehntes Haematom (Blutgeschwulst) am linken Ohr und Scheitelbein, Blutergüsse über Kopf und linker Oberlippe. Hautabschürfungen auf dem Scheitel, den beiden Kniegelenken, im linken Rippenbogen, heftige Druckschmerzen an der Bauch- und Rückenmuskulatur, Schwellungen und Schmerzen der Finger- und der Handgelenke, leichte und mittelschwere Verletzungen durch Gewaltanwendung (Faustschläge, Püffe und Stöße). Bettlägerig für fünf bis sechs Tage.«[1]

Das lädierte Opfer Erwin Müller hatte noch im April 1949 mit seinen Werkstätten kurz vor der Schließung gestanden. Grund war eine landesweite Frühlingflaute im Baugewerbe gewesen. Doch in der jungen BRD ereilte Müllers Firma ein ganz azyklischer Aufschwung. Während andere Baufirmen weiter darbten, bekamen die Dortmunder Werkstätten für Eisenkonstruktion und Kranbau einen lukrativen Großauftrag. Mitte Mai wurde das marode Unternehmen von einer sogenannten »Demontagebrise« erfasst.

Die militärbehördliche R. D. & R-Division (*Reparation. Dismantling & Restitution*) in Düsseldorf befahl der Dortmunder Baufirma den Abriss der örtlichen Paraffinwerke. Obwohl die Westalliierten ein Ende der Demontagen versprochen hatten, wurden weiter Industrieanlagen abgebaut und weggeschafft. Das war die Rettung für Erwin Müller. Der Geschäftsführer der Werkstätten konnte nicht nur seine Leute weiter beschäftigen: Er stellte sogar weitere 100 Arbeiter ein und begann mit dem Abbau der Dortmunder Paraffinfabrik. So wurde Erwin Müller im ganzen Ruhrgebiet bekannt – allerdings nicht als Retter seiner Firma und wegen der zusätzlichen Arbeitsplätze. Erwin Müller wurde zur Unperson. Er hieß nur noch Demontage-Müller.

Die Menschen, die ihr Brot auch in der neuen BRD hart verdienen mussten, sahen in ihm das Symbol einer destruktiven Siegerpolitik. Als bei einer Veranstaltung ein Zivilist auftauchte, von dem gemunkelt wurde, es handele sich bei ihm um den Demontage-Müller aus Dortmund, wurde der arme Mann nach seinem Namen gefragt. Er antwortete wahrheitsgemäß. Daraufhin wurde er von einem Mob verprügelt. Später stellte sich heraus, dass es nicht den verhassten Erwin Müller aus Dortmund, sondern einen britischen Offizier namens Miller getroffen hatte. Die britischen Besatzer zeigten sich verärgert – zumal mittlerweile im Ruhrgebiet die Auffassung zu hören war, trotz der Verwechslung habe der Volkszorn mit dem Briten nicht den Falschen getroffen.

Die Fabrik, die der wahre Erwin Müller abtrug, war nicht irgendeine Industrieanlage im Ruhrgebiet. Die Paraffinwerke gehörten zur Schlüsselindustrie. Zumindest emotional.

Am 27. Juli 1914 – also nur wenige Wochen vor Ausbruch des Ersten Weltkriegs – war in Mülheim (Ruhr) mit viel Pomp das Kaiser-Wilhelm-Institut für Kohleforschung eröffnet worden. Kaiser-Wilhelm-Institute gab es nur wenige im Deutschen Reich. Sie waren Einrichtungen der Kaiser-Wilhelm-Gesellschaft zur Förderung der Wissenschaften (KWG) und sollten hervorragenden Wissenschaftlern effektive Forschung ohne Lehrverpflichtung ermöglichen. Die Institute wurden nach dem Krieg von Max Planck und Otto Hahn von Göttingen aus wieder aufgebaut. Die US-Alliierten veranlassten jedoch 1948 eine Namensänderung: Es entstanden die heutigen Max-Planck-Institute.

Die Mülheimer Einrichtung von 1914 sollte neue Erkenntnisse zur »Vermehrung des inneren Wertes der Kohle« liefern – was sie auch über den Weltkrieg hinaus tat. Der Institutsleiter Prof. Franz Fischer gab 1925 bekannt, dass er und sein Mitarbeiter Hans Tropsch mit wenig Energieaufwand aus Kohle Benzin herstellen konnten. Das im Mülheimer Kaiser-Wilhelm-Institut angewandte Verfahren wurde als die Fischer-Tropsch-Synthese bekannt. Die bis dahin gebräuchliche Methode zur Kohleveredelung funktionierte nur, indem man starken Druck auf die Kohle ausübte – das Benzin also unter enormem Energieaufwand aus ihr herauspresste. Die neue Fischer-Tropsch-Synthese aber konnte die Kohle in gefragte Energieträger verwandeln, ohne ihr teure Energie zuzuführen.

Es gab schon seit mehreren Jahrzehnten eine Konkurrenz zwischen Kohle und Öl. Die neuen Techniken – Verbrennung in Autos, Düsenantrieb bei Flugzeugen usw. – funktionierten nicht mehr mit plumper Kohleverbrennung wie früher die Dampfmaschinen in Lokomotiven. Die Kohleförderung, von der ganze Nationen in Europa abhingen, geriet so Anfang der Dreißigerjahre in eine Krise. 1932 verloren allein an der Ruhr über 100 000 Kumpel ihre Arbeit. Die neue Kohleveredelung aber befreite den Kohlebergbau von der Einschränkung seines Produktes auf die bloße Verbrennung in Öfen und Dampfmaschinen, die auch nur mit teurer, hochwertiger Kohle effektiv war. Mithilfe der Destillation bei verschiedenen Siedepunkten konnten aus dem Grundstoff Kohle die unterschiedlichsten Endstoffe erzeugt werden. Die Fischer-Tropsch-Synthese war leicht zu steuern. Man konnte entweder Paraffine oder Benzine gewinnen – je nach Ausrichtung des Synthesevorganges.

Damit eröffneten sich dem darbenden Bergbau an der Ruhr ganz neue Perspektiven. Seine wirtschaftliche Schieflage schien durch die vielfältigen Möglichkeiten der Kohleveredelung behoben zu sein. Selbst bei halber Auslastung erwirtschaftete das Werk in Bergkamen Anfang 1949 in einem Monat aus 17 000 Tonnen Koks im Wert von 237 916 Mark 4093 Tonnen Kohlenwertstoffe im Wert von 3 962 638 Mark.[2]

Da beim Fischer-Tropsch-Syntheseverfahren die Moleküle des Grundstoffs Kohle zerschlagen und die entstehenden Teile zu neuen Produkten zusammengeschweißt werden konnten, war man bei der Produktion nicht mehr auf eine besondere Qualität der Kohle angewiesen. Es konnten ebenso minderwertige, magere Kohlensorten verarbeitet werden wie teure, fette Edelkohle. Das war vor allem deshalb wichtig, weil bei Absatzeinbrüchen zuerst die billigen Sorten auf den Halden liegenblieben. Selbst magerste, teerarme Kohlen konnten nun zu Treibstoffen, Schmierölen, Waschmitteln, Fettsäuren, Kunstgummi, Farben, Arzneien, Nylonstrumpf, Plexiglas usw. veredelt werden.

Auf diese rentablen Paraffinwerke hatten es die britischen Demontagekommissare besonders abgesehen. Das brachte die Menschen im Ruhrgebiet gegen die Besatzer auf. In der Kohleveredelung waren etwa 35 000 Arbeiter beschäftigt. Dabei handelte es sich, worauf die Gewerkschaft besonders hinwies, meistens um Teilinvaliden aus den Gruben, die als Bergleute arbeitslos geworden waren.

Und noch etwas feuerte die Wut der Menschen an: Viele Gewerkschafter nahmen an, dass die Briten deshalb die Demontage der Paraffinindustrie betrieben, weil die hochwirtschaftlichen deutschen Anlagen der Konkurrenz einen beträchtlichen Teil des internationalen Geschäfts streitig machen konnten. Durch die Zerstörung der deutschen Anlagen würden also zukünftige Rivalen auf dem Weltmarkt zerschlagen und – was fast noch wichtiger war, denn der deutsche Außenhandel wurde sowieso von den Alliierten kontrolliert – der wachsende deutsche Markt müsste sich nach ausländischen Lieferanten umsehen, womit wiederum die britische Industrie an der Demontage verdiente. In den Augen vieler Deutscher aus dem Ruhrgebiet wurden die in dieser Mangelzeit wichtigen Veredelungsanlagen zerstört, damit die Briten ihre Produkte in Deutschland besser losschlagen konnten.

Die Fischer-Tropsch-Anlagen an der Ruhr erwirtschafteten aus dem Stand heraus enormen Gewinn. In der jungen, teils uneffektiven Wirtschaft war das ein Kronjuwel im schmalen Portfolio. Zudem wurde bekannt, dass bei der laufenden Demontage aus 100 Millionen Mark Anlagekapital nur zehn Millionen Mark Schrottwert entstehen würde. Zumindest errechneten das die Briten so, wenn sie den demontierten Wert den Deutschen auf ihr Reparationskonto gutschrieben. Im Gegensatz zu den Sowjets führten die Westalliierten von Anfang an Listen, in denen die abgebauten Werte vermerkt waren. Es würde also irgendwann eine fiktive Summe erreicht sein, die 1945 als abzuarbeitende deutsche Bringschuld niedergelegt worden war. Das gab den Westdeutschen zumindest das Gefühl, dass ihr Elend irgendwann ein Ende haben würde. Die Reparationslisten waren also wirtschaftlich und psychologisch wichtig.

Allerdings stand diesen mageren zehn Millionen Mark auf dem Reparationskonto ein Posten von 30 Millionen DM gegenüber. Das waren die Demontagekosten – also die Kosten, die Leute wie Erwin Müller mit ihren Demontagetätigkeiten verursachten. Diese Kosten mussten auch von den Deutschen getragen werden.

Die kollektive Wut stieg. Und sie konzentrierte sich vor allem auf einen Mann: auf den Unternehmer Erwin Müller. Nicht weil er wirklich verantwortlich gewesen wäre für die Ungerechtigkeit des Abbaus lebenswichtiger Industrien. Erwin Müller war ein deutscher Unternehmer, Auftragnehmer der Briten oder besser: Befehlsempfänger der Briten. Das Angebot aus Düsseldorf hatte er jedenfalls nicht ablehnen können, ohne seine Firma und seine persönliche Freiheit aufs Spiel zu setzen. Demontageverweigerung wurde eisern bestraft. Trotzdem wurde er von seinen Landsleuten gepiesackt.

Die Druckknopfstanze

Die Deutschen darbten auch im neuen Weststaat (im Oststaat sowieso) – auch wenn die Versorgung sich seit den Hunger- und Kältetagen von 1946/47 verbessert hatte. Aber der Stand der Vorkriegszeit war noch nicht wieder erreicht. Man hatte seit dem Kriegsende vier Jahre lang Mangel gelitten und geschuftet – oft genug mit leerem Magen und unzureichender Kleidung. Nun wollte man endlich wieder Normalität im Alltag. Hatten die Menschen in den ersten Nachkriegsjahren noch vieles weggesteckt, weil der Krieg sie gelähmt hatte, so verlangten sie jetzt eine qualitative Verbesserung ihrer Lebensumstände. Zumal es einen neuen deutschen Staat gab (ab Oktober sogar zwei), von dessen demokratisch gewählten Politikern man mehr Engagement für die Versorgung erwartete als von den Besatzungsoffizieren. Zwischen 1945 und 1949 war vieles still ertragen worden, weil die Deutschen insgeheim wussten, dass das noch die geringste Strafe für die Verbrechen war, die sie unter den Nazis begangen hatten, und dass es durchaus schlimmer hätte kommen können.

Jetzt aber war der Sühne- oder Reuegedanke, so subkutan er auch vorher vorhanden gewesen sein mag, verschwunden. Die große Mehrheit der Deutschen war der Meinung, man habe genug gebüßt für die Toten des Weltkrieges, nun sei es an der Zeit, wieder besser zu leben. Ohne Asche auf dem Haupt. Diese überraschende Wandlung vom armen Sünder zum wütenden Opfer ist moralisch fragwürdig. Psychologisch verständlich ist sie aber dennoch – in Anbetracht der Leiden des besiegten Landes in den ersten Jahren nach dem Zusammenbruch. Auch wenn diese Leiden in keinem Verhältnis stehen zu dem millionenfachen Leid der Opfer des Krieges, egal auf welcher Seite der Front.

Ein britischer Geschäftsmann berichtete deutschen Freunden von einer besonderen Blüte des Demontageunwesens. Der Brite hatte an der Demontage eines für die Rüstung relevanten Betriebes teilgenommen. Als alles abgebaut war, bleiben Feinbleche übrig, für die es keine Verwendung mehr gab. Er beschloss, daraus Druckknöpfe herzustellen, die man zum Beispiel in der Textilindustrie bei Hosen und Jacken verwenden konnte. Da dazu in seiner Heimat nur veraltete Maschinen vorhanden waren, blätterte man in den Katalogen der britischen Demontagebehörde. In Aachen wurde man fündig. Dort arbeitete eine hochmoderne Maschine, die aus Feinblechen beste Druckknöpfe stanzte. Also wurde auf Befehl der Briten diese Technik in Aachen demontiert und nach Mittelengland gebracht. Die Produktion in Aachen war damit am Ende. Dafür begann nun in England die Produktion von Druckknöpfen aus den Feinblechen der ehemaligen deutschen Rüstungsindustrie. Allerdings musste man feststellen, dass die aus Deutschland herbeigeschaffte Stanzmaschine nur die Oberteile der Druckknöpfe herstellte. Die zweite Maschine, die für die Druckknopf-Unterteile zuständig war, hatte man in Aachen vergessen. Genauer gesagt war in dem Antrag bei den Besatzungsbehörden diese zweite Maschine nicht aufgeführt gewesen. Sie stand nun in Deutschland – ebenso untätig und nutzlos wie ihr Gegenstück in Mittelengland.

Die Deutschen zeigten sich entsetzt angesichts solcher Verschwendung wichtiger Produktionsmittel. Sie fragten den Briten, ob er sein Verhalten für richtig halte. Die Antwort des Mannes ließ sie verständnislos schweigen. Er sagte »im Bewußtsein guten Gewissens«, die Deutschen hätten doch den Krieg verloren, und Geschäft sei Geschäft; das habe nichts damit zu tun, dass er mit den Deutschen befreundet sei und stets befreundet bleiben werde.[3]

Erwin Müller hatte am 21. Juli 1949 seinen schwarzen Tag. Erst fand sein persönlicher Termin vor einer Spruchkammer statt. Es war bereits sein zweites Entnazifizierungsverfahren. Sein erstes hatte er am 1. November 1946 problemlos hinter sich gebracht. Doch als Müller in Dortmund bekannt wurde als Demontageunternehmer, nahm sich der Oberste Spruchkammerleiter der Stadt seinen Fall noch einmal vor und fand prompt juristische Fehler. Auffällig war allerdings, dass er selbst Müller im November 1946 höflich als entnazifiziert entlassen hatte. Nun wurde der Fall noch mal aufgerollt – offensichtlich auf Druck der öffentlichen Meinung, die Müller abgrundtief hasste, seit er für die Briten das Paraffinwerk plattmachte. Ob Müller wirklich ein Nazi gewesen war, blieb dennoch unklar. Was das Ost-Berliner *Neue Deutschland* nicht daran hinderte, den Dortmunder Unternehmer weiterhin als »Gestapo-Müller« zu titulieren, um seine Theorie, in der BRD machten die alten Nazis mit den Alliierten gemeinsame Sache, ein weiteres Mal zu belegen.[4]

Die ND-Redakteure wussten sehr wohl, dass Erwin Müller nicht identisch war mit dem mysteriösen Gestapo-Chef Heinrich Müller, SS-Gruppenführer und Generalleutnant der Polizei. Dieser Gestapo-Müller war 1945 in Berlin bei einem Bombenangriff ums Leben gekommen und auf dem jüdischen (!) Friedhof an der Großen Hamburger Straße beerdigt worden. Gestapo-Müller – Demontage-Müller: Das war keine Verwechslung des ND; es war Absicht. Man wollte Stimmung machen. Das war im Westen nicht anders, wie die aus der Luft gegriffenen Zahlen von Toten im Uranbergbau Wismut belegen. (Siehe S. 169.)

Dabei hatte der Dortmunder Demontage-Müller schon genug Ärger. Er selbst sah sich in der Nazi-Sache als Verschwörungsopfer der deutschen Bürokratie, die wegen seiner britischen Schutzherren nicht offen gegen ihn vorgehen konnte und ihm deshalb auf diesem Weg zu schaden versuchte. Nach dem zweiten Entnazifizierungsverfahren eilte der Unternehmer an diesem 21. Juli in weißem Hemd und schwarzem Anzug zum Militärgericht der Briten, wo er um 15 Uhr als Zeuge in einem Prozess gegen sechs Demontageverweigerer auszusagen hatte. Die Angeklagten waren ehemalige Angestellte in Müllers Firma. Sie hatten sich geweigert, im Auftrag der Briten die Paraffinwerke abzutragen. Daraufhin waren sie von Müller gefeuert und von den Briten vor Gericht gestellt worden. Auf dem Weg zu dieser Verhandlung wurde Müller von einer Gruppe Paraffiner – also Arbeiter in der Kohleveredelungsfabrik, die zur großen Hoesch-Gruppe gehörte – ergriffen und durch das Rathaus gejagt. Die aggressive Gruppe der 50 Paraffinwerker hatte schon während des Entnazifizierungsverfahrens gegen Müller randaliert und damit gedroht, ihn zu verprügeln. Doch der deutsche Spruchkammervorsitzende Steffen hatte sie zur Ruhe ermahnt und ihnen väterlich geraten: »Das könnt ihr draußen vor der Tür abmachen.«

So stand Demontage-Müller am 21. Juli 1949 allein gegen 50 wütende Paraffiner, die um ihre Arbeitsplätze fürchteten, und gegen die ganze Stadt, die es ihm übel nahm, dass er für die Briten die Demontagearbeit machte und das profitabelste Werk der Stadt zerlegte.

Telegramm an Truman

Die Paraffinwerke zur Kohleveredelung waren im Hoesch-Konzern nur ein kleines Rädchen. In der Dortmunder Filiale arbeiteten 600 Menschen – wie gesagt: meistens bei Unfällen invalid gewordene Bergleute oder Frauen, die ihre Kinder alleine ernähren mussten. Bei Hoesch waren insgesamt über 40 000 Menschen beschäftigt. Und dennoch erwirtschafteten die Paraffinwerker in normalen Zeiten ein Viertel des Konzernreingewinns. So machte die Kohleveredelung die Zechen Hoeschs erst rentabel, während viele Bergwerke im Pott rote Zahlen schrieben. Es ging also nicht allein um die kleine Kohleveredelungsfabrik in Dortmund. Es ging um die deutsche Kohleindustrie. Das Kreuz, das Erwin Müller tragen musste, war auf jeden Fall längst zu schwer für ihn.

Die Briten sahen den Angriff auf Demontage-Müller als einen Angriff auf ihre Autorität an. Sie stellten zuerst die Deutschen zur Rede, die Müller pflichtgemäß hätten schützen müssen, es aber nicht getan hatten. So auch die Polizei, die vor und im Gebäude Stellung bezogen hatte. Noch in der Nacht holte die Militärpolizei aber auch 31 Paraffiner aus ihren Betten und beförderte sie in Gefängniszellen. In Einzelzellen, damit sie sich nicht untereinander absprechen konnten. Am nächsten Morgen begannen die Vernehmungen.

Britische Soldaten sichern die Demontage bei der Ruhrchemie

Für die Demontageverweigerer, die am gleichen Tag mithilfe der Aussage des lädierten Unternehmers Müller hätten verurteilt werden sollen, stellte der Hoesch-Generaldirektor Hansen eine Kaution. Sie belief sich auf 100 Mark pro Mann. Betriebschef Ohme wurde angewiesen, Sonderverpflegung aus der Werksküche zu organisieren und ins Gefängnis bringen zu lassen.

Die deutsche Öffentlichkeit empfand alle Demontagen als Angriff auf ihre Überlebensfähigkeit. Das betraf nicht nur die Fabriken, die nach der innovativen Fischer-Tropsch-Synthese arbeiteten. In Bochum hingen an den Knotenpunkten der Stadt große Plakate, die die Namen der deutschen Demontagearbeiter beim Bochumer Verein, einem Stahl- und Kohleverbund, öffentlich machten. Trotz Drohungen und Versprechungen vonseiten der Briten wollten kaum noch Deutsche bei den Abbauarbeiten helfen.

Daraufhin wurden 21 Arbeiter von den Briten zwangsverpflichtet. Trotz Strafandrohung kamen nur zwölf Arbeiter zur Demontage. Die Abbaumaßnahmen, die oft Teile eines Werkes betrafen (aber meistens wichtige Teile, die die Produktion dann ganz abwürgten), wurden während des normalen Schichtbetriebes durchgeführt. Deshalb fürchtete man, die anwesenden Arbeiter der laufenden Schicht könnten, da ja ihre Arbeitsplätze in Gefahr waren, aufmüpfig werden und sogar mit Gewalt gegen die Demontierer vorgehen. Doch in den Werken blieb es ruhig.[5]

Dafür appellierten Werksleitung und Gewerkschaftsführung des Bochumer Vereins in einem Telegramm an US-Präsident Truman – in Sachen Demontageprotest standen Gewerkschafter und Unternehmer ausnahmsweise zusammen. Man glaubte im britisch besetzten Ruhrgebiet, die USA seien weniger auf Demontage fixiert als die Briten. Aber auch der amerikanische Kongress hatte sich nicht auf eine neue Demontagepolitik einigen können, obwohl viele Abgeordnete gebetsmühlenartig darauf hinwiesen, dass die willkürlichen Demontagen lebenswichtiger Industrien im Widerspruch standen zu dem gigantischen Aufbauprogramm des Marshallplans, den die Amerikaner finanzieren mussten.

Stimmen gegen die Demontage gab es sogar in Großbritannien. Eigentlich war es nur der vertrackten Besatzungsgeographie zu verdanken, dass alle wichtigen Demontageaktionen in der britischen Zone stattfanden. In dem Truman-Telegramm aus Bochum wurde darauf hingewiesen, dass diese Demontage den Sowjets in die Hände spielte (womit man bewies, dass auch in Deutschland verstanden wurde, dass sich das Verhältnis der Alliierten untereinander spätestens seit der Berliner Blockade von 1948 grundlegend geändert hatte).

Von den zwölf Bochumer Demontageverweigerern wurden sechs zu je zwei Monaten Gefängnis verurteilt. Die Verteidigung ging jedoch in die Berufung. Später hob das Berufungsgericht der Kontrollkommission der britischen Zone alle Schuldsprüche auf. Allerdings verurteilte das Gericht den Verteidiger der Demontageverweigerer, Dr. Budde, zu einer Geldstrafe von 2000 Mark, weil er in den Medien und in der Öffentlichkeit heftig gegen die in der ersten Instanz verhängte Gefängnisstrafe polemisiert hatte.[6]

Nicht nur die SPD trat für die Demontageverweigerer ein. Sie plädierte jedoch auch im Bundestag dafür, dass der neue deutsche Staat den Arbeitern, die von den Besatzern für ihren passiven Widerstand verurteilt wurden, Rechtshilfe leisten und für ihre Familien sorgen sollte. So sagte der SPD-Abgeordnete Henssler am 30. September 1949 in Bonn: »Deswegen haben wir hier den Wunsch ausgesprochen, zu beschließen, daß diesen Menschen einmal die Prozeß- und Haftkosten bezahlt werden und daß ihnen zum andern der Lohn- und Gehaltsausfall vergütet wird. Das wäre eine praktische Maßnahme zur Hilfe für die Menschen, die nicht bereit sind, die Demontagen stillschweigend hinzunehmen. Wir würden damit zum Ausdruck bringen, daß wir uns mit diesen Menschen solidarisieren. Das ist dringend erforderlich.« Die Sozialdemokraten kritisierten auch die scharfe Rüge, die der stellvertretende britische Gouverneur, der Brigadier Barraclough, den Kommunisten wegen ihrer Haltung gegenüber den Demontagen erteilt hatte.[7]

Nicht nur auf den Straßen wurden lautstarke Proteste gegen die offensichtlich eigennützige Demontagepolitik der Briten laut. Im September 1949 schrieb *Die Zeit* ebenso wütend wie pathetisch: »Die Demontageproteste kommen weder aus einem propagandistischen Bedürfnis, noch aus einem nationalistischen Überschwang. Sie entspringen der ernsten Sorge aller besonnenen Deutschen, daß hier mehr vernichtet werden könnte als nur industrielle Werke, nämlich das deutsche Vertrauen zu den Werten der abendländischen Welt.«[8]

Und selbst dieses 1949 schon bedächtige Organ sprach davon, dass in der Demontagefrage ein »Wettrennen zwischen Zerstörung und gesundem Menschenverstand« stattfinde, und erhob eine Drohung, die jetzt öfter zu hören war: »Wollte man sich irgend etwas ausdenken, das geeignet wäre, auf lange Sicht einen deutschen Nationalismus zu züchten, auf lange Sicht Deutschland für die Argumente des Ostens empfänglich zu machen, so könnte man nichts Besseres erfinden als die bisherige westliche Demontagepolitik.«

Die Argumente gegen die Demontage kamen aus allen Parteien. Man war sich einig, dass die willkürliche Zerstörung ein Unrecht gegen Deutschland war. Die KPD musste sich allerdings bösen Spott gefallen lassen, weil sie bei ihrer Kritik an den Westalliierten so tat, als habe es Demontage in der sowjetischen Zone nie gegeben. Dort war der Abbau von Industrieanlagen mit der

Gründung der DDR zwar weitgehend abgeschlossen, aber nur deshalb, weil die Russen vorher schon alles abgeräumt hatten, was nicht niet- und nagelfest gewesen war.[9]

Es wurde als besonderer Affront angesehen, dass die Japaner – auch Kriegsgegner der USA im Zweiten Weltkrieg und ebenso wie Deutschland unter Siegerrecht gestellt – nach dem in Deutschland entwickelten, besonders effektiven Fischer-Tropsch-Verfahren weiterproduzieren durften. In Westdeutschland aber wurden diese Werke nach dem Washingtoner Abkommen als Kriegsindustrie abgebaut. Selbst die DDR durfte weiter Kohleveredelung betreiben – und die daraus entstandenen Produkte in die BRD verkaufen.

Eine Ausnahme gab es: das Hydrierwerk Wesseling bei Köln. Es durfte weiterlaufen. Der Grund für diese Großzügigkeit wurde schnell bekannt: Der britische Konzern Shell wollte das rentable Werk übernehmen.[10]

Als besonders hart wurde im Ruhrgebiet die Demontage des Hydrierwerkes Bergkamen empfunden. In der Gemeinde lebten 7000 Menschen. Im Krieg war das Werk bombardiert worden. 500 Arbeiter starben bei zwei schweren Grubenunglücken. In vielen Familien waren deshalb die Frauen die einzigen Ernährer. 300 dieser Frauen hatten Arbeit in dem Hydrierwerk gefunden. Die Demontage riss wieder ein Loch in das mühsam geflickte soziale Netz.

Dabei wurde die demontierte Technik in den meisten Fällen nicht anderswo neu in Betrieb genommen. Die Demontage geschah meistens (»zu drei Viertel«, MdB Henssler, SPD) mit dem Schneidbrenner – die Anlagen wurden also nicht schonend zerlegt, um sie wieder in Betrieb nehmen zu können, sie wurden zu Schrott gemacht. Der Wert dieses Schrottes betrug nur einen geringen Teil des Werts der zerstörten Technik. Auf den Reparationslisten aber fand sich nur der Schrottwert wieder.

Man konnte sich des Eindrucks nicht erwehren, dass es weniger um eine Überantwortung von Werten ging, mit denen die Kriegsschuld abgetragen werden sollte, als um eine möglichst tiefgehende Zerstörung der sich im Aufbau befindlichen neuen Produktion. »In erster Linie wird zerstört und nicht demontiert«, klagte der SPD-Abgeordnete Henssler noch am 30. September 1949 im Bundestag. Als Beweis dafür wertete er die Weigerung der Briten, das hochmoderne Thyssen-Stahlwerk weiterarbeiten zu lassen und mit den Erlösen ausschließlich Reparationsschulden Deutschlands gegenüber Großbritannien abzutragen.

Dabei wurde von deutscher Seite immer wieder darauf hingewiesen, dass man nichts gegen die Demontage der wirklich rüstungsrelevanten Betriebe gehabt habe. Aber diese 335 Rüstungsfabriken, denen »freilich niemand bei uns eine Träne nachweint« (Henssler, SPD), waren bereits abgebaut und zerstört, als noch mal so viele Fabriken der sogenannten Friedensindustrie zur Demontage befohlen wurden. Zudem wurde bitter beklagt, dass immer nur ein geringer Bruchteil des Werts der abgebauten Anlagen als geleistete Reparationen zu Buche schlug – oft genug gelangten die zerstörten Produktionsanlagen nicht einmal auf die genau beobachtete Reparationsliste, wodurch ein Ende der Demontagen in immer weitere Ferne rückte.

Die Paraffiner, die Demontage-Müller fast totgeschlagen hatten, kamen einigermaßen ungeschoren davon. Hauptschläger Heinrich Hackert versuchte, sich zu entlasten, und verpfiff seine Mitangeklagten. Bei der Gegenüberstellung im Gefängnishof identifizierte er Buchhalter Heinrich Stenzel und Paraffineur Helmut Schrader. Die übrigen Festgenommenen wurden vom Gefängnisarzt haftunfähig geschrieben. Schon am nächsten Mittag zogen die Haftentlassenen in Dreierreihen durch Dortmunds Hauptstraßen. Sie sangen den »Antidemontagesong« und nahmen in der Werksküche Dortmund-Hörde mit ihren Unterstützern ein gemeinsames Essen ein.

Es stellte sich heraus, dass einige an der Schlägerei Beteiligten am Tattag Urlaub genommen hatten, um der Entnazifizierungsverhandlung von Erwin Müller beizuwohnen. Der Betriebschef Dr. Ohme dazu: »Ich werde mich hüten, jemand daran zu hindern, in eine Entnazifizierungsverhandlung zu gehen.«[11]

Die Anklage lautete auf »Durchführung einer Verfolgung gegen eine Person wegen deren Zusammenarbeit mit der Militärregierung. Vergehen gegen Verordnung 1, Artikel II, Paragraph 42 der Militärregierung«. Das wog in etwa so schwer wie Landfriedensbruch. Betriebsdirektor Dr. Werres und Betriebsratschef Fritz Engelhardt wurden wegen intellektueller Urheberschaft ebenfalls vor Gericht gestellt. Ihr Verteidiger Ferdinand Marx wies die Anschuldigung der Urheberschaft jedoch zurück: »Was geschah, kam aus der kochenden Volksseele. Die hat sich selbst Luft verschafft, weil ein alter Nazi Nutznießer des vierten Reiches wurde. Mit der Demontage hat es überhaupt nichts zu tun.«

Da fühlten sich sogar die Briten überrumpelt. Sie wussten sowieso, dass Kaution und Gerichtskosten für die Paraffineure gleichermaßen von Gewerkschaften, Kohlenbergbauleitung und dem Hoesch-Konzern getragen wurden. Deshalb wurden die, für die eine Kaution gestellt worden war, gar nicht erst angeklagt.

Nur der geschundene Erwin Müller musste weiter leiden und das Bett hüten. Er konzentrierte sich nun auf die nächste Runde seines künstlich in die Länge gezogenen Entnazifizierungsverfahrens. Vom Krankenbett aus klagte er an: »Ein ganz dreckiges Wahlmanöver. Deshalb mußte ich zum Gestapospitzel und Ariseur gemacht werden. Gewisse Leute brauchen heute einen Prügelknaben.«[12]

Das Crèmeschnittchen

Die Selbstmördertür

Im Januar 1949 gewann ein Crèmeschnittchen die Rallye Monte Carlo, die zum ersten Mal seit 1939 wieder stattfand (allerdings nur in der Klasse bis 1100 cm^3). Die Autowelt stand Kopf. Vor allem als der unscheinbare Kleinwagen 1951 auch noch die 24 Stunden von Le Mans und 1952 die Mille Miglia gewann.

Dieser Renault 4CV war doch gar kein richtiges Auto: Er war nur 3,66 Meter lang und 1,43 Meter breit und 1,47 Meter (!) hoch, hatte aber serienmäßig vier Türen, die beide am sogenannten B-Holm befestigt waren: Die Vordertüre ging nach hinten auf und wurde deshalb »Selbstmördertür« genannt. Die Hintertür hingegen öffnete sich nach vorne. Eine seltsame Anordnung, die Verwirrung stiftete. Für seine Größe verfügte der 4CV über einen relativ geräumigen Kofferraum – der aber befand sich unter der Fronthaube. Der Motor, den man dort vergeblich suchte, war im Heck versteckt, die Wasserkühlung klebte direkt an der dünnen Rückenlehne, was wie eine Sitzheizung wirkte – im Winter. Im Sommer konnte das Sitzen im Fond wegen der Hitzeentwicklung zur Tortur werden.

Der winzige Motor leistete 17 PS. Der Name 4CV, *quatre chevaux* – also vier Pferde, meinte nicht die PS-Stärke des Wagens (*chevaux vapeur*), sondern die Steuerklasse (*chevaux fiscaux*) im Produktionsland Frankreich. Der 4CV hatte ein Dreiganggetriebe. Als der Wagen 1959 in der DDR auf den Prüfstand kam, weil man an eine Übernahme der Lizenz des französischen Volkswagens dachte, befanden die Ost-Ingenieure lapidar, der 4CV habe »einen guten elastischen Verlauf der Kraftentfaltung (...), was den Verzicht auf eine vierte Schaltstufe rechtfertigt«.[1]

Schneller als 90 Stundenkilometer konnte man mit der Anfangsversion sowieso nicht fahren. Aber schneller brauchten die Käufer des Wagens auch nicht zu sein, denn er wurde vor allem in der weitläufigen französischen Provinz genutzt – und dort waren Ende der Vierzigerjahre die meisten Straßen noch unbefestigt. Dafür lag der Durchschnittsverbrauch bei nicht mehr als sechs Liter auf 100 Kilometern.

Der 4CV erinnerte mit seinem Heckmotor an den VW Käfer, das Lieblingsauto der Deutschen – wobei der Käfer keine Wasserkühlung, sondern eine Luftkühlung hatte. Es gab da auch eine untergründige Verwandtschaft, über die man 1949, im Jahr des Monte-Carlo-Sieges, in Deutschland nur allzu gerne redete. Dazu später.

Der 4CV war der Wagen des Volkes – in Frankreich und in den Beneluxländern. Aber nicht in Deutschland. Dort dominierte der VW Käfer. Dennoch fuhren viele Deutsche den 4CV und machten ihn so auch zu einem deutschen Phänomen: Der 4CV war das meistverkaufte Auto im Saargebiet, das 1949 noch wirtschaftlich an Frankreich angegliedert war und nicht zur neu gegründeten Bundesrepublik Deutschland gehören sollte. Dort fuhren drei Viertel aller Autofahrer den französischen Kleinwagen, der im Gegensatz zu dem etwas größeren Käfer allerdings vier Türen hatte. Man konnte also hinten einsteigen, was den Fahrkomfort merklich verbesserte.

Dennoch war der 4CV außerhalb des Saarlandes keine Konkurrenz für den etwas PS-stärkeren VW Käfer. Zwischen dem

Saargebiet und dem restlichen Deutschland, also zwischen dem Saargebiet und der französischen Besatzungszone bzw. der Bundesrepublik Deutschland gab es eine Zollgrenze, die streng kontrolliert wurde. Wer im Saarland einen 4CV kaufte, musste beim Kauf in dem Saar-Auto-Contor von Renault in Saarbrücken eine Verpflichtung unterschreiben, »das Fahrzeug im Saargebiet zu benutzen und dasselbe ohne schriftliche Zustimmung der Firma Saar-Auto-Contor (…) weder weiterzuverkaufen, noch außerhalb des Saargebietes zuzulassen, zu verleihen oder zu vermieten.«[2]

Für deutsche Autos wie den VW Käfer musste, wenn sie ins Saarland »importiert« wurden, Zoll bezahlt werden. Zudem kostete der 4CV 1949 in der Limousinen-Ausführung »Grand Luxe« 456 000 Francs, was umgerechnet etwa 4000 D-Mark ausmachte. Der 4CV wurde von Frankreich zollfrei ins Saargebiet geliefert – deshalb auch das Verbot des Wiederverkaufs nach »Deutschland«.

Vom VW Käfer wurden im Jahr 1948 in Wolfsburg 19 220 Exemplare gebaut. Davon waren 4500 Autos in den Export gegangen, es blieben also noch 14 720 für Deutschlands Straßen. Opel in Rüsselsheim exportierte im selben Jahr nur 1324 Wagen ins Ausland. Mehr als diese 5824 VW- und Opel-Wagen wurden 1948 aus Deutschland nicht exportiert. Die Briten, die den Deutschen vorwarfen, sie überschwemmten mit ihren Käfern den internationalen Markt, exportierten aus ihren heimischen Fabriken im selben Jahr insgesamt 179 013 Automobile. Der deutsche Exportmarkt war also winzig und machte bei den PKW nur drei Prozent der britischen Ausfuhren aus.[3]

Bereits 1949 baute Renault 300 Stück 4CV täglich. Die Käufer mussten – nicht nur im Saarland – mehr als ein Jahr warten. Sie konnten ihr Auto in 25 Monatsraten abbezahlen. Aber schon nach einem Dreivierteljahr konnten sie das noch nicht abbezahlte Auto fahren, falls es ausgeliefert war.

Der VW Käfer kostete ab 1946 in den deutschen Besatzungszonen mit Bezugsschein 5000 RM, was einem inflationsbereinigten Preis von 17 900 Euro entspricht. Im März 1949 – knapp zwei Monate vor der BRD-Gründung – wurde die Export-Limousine vorgestellt (Typ 11 A). Dieser VW Käfer verfügte über eine leicht verbesserte Ausstattung mit mehr Chrom. Der Wagen hatte attraktive Radkappen und bessere Stoßstangen und kostete in der Standardausführung 5300 DM (das hieß für den Export: 5450 DM – also 1450 DM mehr als der 4CV im Saarland), für die Cabrio-Ausführung musste der sportliche Fahrer schon 7500 DM hinlegen. Das war deutlich teurer als der französische Konkurrent 4CV. Da wartete man im Saarland gerne ein paar Monate.

Kriegskinder

Dabei hatten VW Käfer und Renault 4CV eine ähnliche Geschichte. Beide waren Kriegskinder. Ferdinand Porsche hatte schon 1934 vom Reichsverband der deutschen Automobilindustrie den Entwicklungsauftrag für einen Volkswagen bekommen. Vom späteren KdF-Wagen wurden auch ab Ende 1938 einige Vor-Serienwagen produziert – für die Werbung und für Ausstellungen. Mit dem Bau des Volkswagenwerkes war bereits begonnen worden (siehe S. 152). Aber es wurden noch keine Käfer an Kunden ausgeliefert. (Der Ausdruck »Käfer« kam in Deutschland erst 1961 auf. Da das VW-Werk bis dahin keine anderen PKW baute, sagte man einfach »VW« und jeder wusste, welches Auto gemeint war.)

Im Krieg wurden die unfertigen Werksanlagen bei Fallersleben (später Wolfsburg) nur für Militärfahrzeuge genutzt. Die Autoproduktion begann erst im Sommer 1945. Bis zur Jahreswende wurden in Wolfsburg nur 1785 Autos hergestellt – vor allem für den Gebrauch durch die Besatzungsmächte und die Deutsche Post. Doch ab 1946 konnten auch Normalbürger einen VW erwerben – auf Bezugsschein. Damit begann der Siegeszug des Käfers – eines robusten, kleinen, sparsamen PKWs für breite Käuferschichten. Bis zur Ende der Produktion in Wolfsburg Mitte 1974 und in Emden Anfang 1978 wurden weltweit (also auch in Mexiko und Brasilien) 21 529 464 VW Käfer gebaut. 15,8 Millionen davon in Deutschland. Der Käfer war das Symbol der Wirtschaftswunderzeit in Deutschland.

Auch der 4CV sollte schon in den Dreißigerjahren entstehen – und wurde wie der VW durch den Krieg erst mal gestoppt. Louis Renault spielte kurz vor Kriegsbeginn mit dem Gedanken, einen Kleinwagen ins Programm aufzunehmen, der breiten Schichten des Volkes den Zugang zur Automobilität ermöglichte. Doch der Krieg verlangte auch in Frankreich von der Industrie die Umstellung auf militärische Produktion. Als die deutsche Wehrmacht Frankreich besetzte, wurde der Bau von zivilen Fahrzeugen ganz verboten. Das galt auch unter der Vichy-Regierung. Dennoch beschäftigte man sich ab 1941 bei Renault heimlich mit dem alten Plan, einen Kleinwagen für alle zu bauen.

Solche geheimen Projekte gab es in vielen besetzten Ländern – als Vorbereitung für die Zeit nach dem Sieg über die Deutschen und als Trotzreaktion auf das Diktat der Besatzer. Im belgischen Oostende baute der Betreiber der Küstenlinie Selvop neben den von den Deutschen befohlenen militärischen Projekten 25 Straßenbahnzüge für das zivile Leben nach dem deutschen Abzug. Die Bahnen wurden getarnt in die Industriestadt Charleroi geschleppt und dort 1945 in Betrieb genommen.[4]

Schon kurz nach Kriegsende war ein Prototyp des 4CV für Testfahrten fertig. Der neue Renault 4CV mit dem typischen

17-PS-Motor konnte auf dem Pariser Autosalon 1946 vorgestellt werden. Die Produktion begann – die Franzosen liebten ihren 4CV.

Ab 1955 gab es eine Version mit 24 PS, die die magische Grenze von 100 km/h knackte. 1959 war sogar eine 30-PS-Version erhältlich. Als Renault die Produktion des 4CV einstellte (um sich auf den R4 zu konzentrieren, mit dem man dem sehr populären 2CV von Citroën Paroli bieten wollte), waren 1,2 Millionen Autos der Reihe verkauft worden.

Der heimliche VW

Im Saargebiet hatte dieses kleine Auto ein ganz besonderes Image. Es wurde liebevoll Crèmeschnittchen genannt, ein Äquivalent zur französischen Koseform *motte de beurre* – deutsch: Butterklumpen. Die saarländischen 4CV-Fahrer nannten ihren Kleinwagen »Crèmeschnittchen«, weil es sie farblich an ein beliebtes Kaffeeteilchen erinnerte – eine Kreation aus viel Butter, Sahne, Glasur und Zucker, die beige-gelb war.

Das war auch die Farbe der ersten 4CV, die ab 1946 das Saargebiet überschwemmten. Der Grund: Während der deutschen Besatzung waren die Renault-Werke in Billancourt bei Paris gezwungen, Fahrzeuge und Fahrzeugteile für die Wehrmacht herzustellen. Die Farbe für diese Wehrmachtsprodukte war normiert und wurde in großen Mengen bereitgestellt. Als die Deutschen abzogen, ließen sie diese Farbbestände in Billancourt zurück. Da man dort 1945/46 sehr eingeschränkt war, was Material anging, nutzte man bei Renault für die erste Serie des 4CV den beige-gelben Tarnlack der Wehrmacht. Aus Kostengründen – aber auch, um sich mit dem grellen Beige-Gelb vom Einerlei der schwarzen Fahrzeuge der Nachkriegszeit abzusetzen. Überhaupt warb Renault aggressiv für seinen neuen Kleinwagen: Zur Einführung kreiste ein Hubschrauber über Paris, der einen 4CV an einem Seil baumeln ließ.

Dafür dass die typische Crèmeschnittchenfarbe etwas heller und gelber war als das Wehrmachts-Beige, hatten die saarländischen Autofahrer eine plausibel klingende Erklärung, die auch das restliche Deutschland beeindruckte: Im zentralen Renault-Werk Billancourt seien während des Kriegs Panzer gebaut worden, hieß es – unter anderem die Panzer für Rommels Wüstenarmee in Nordafrika. Diese Panzer seien mit einer besonderen Tarnfarbe lackiert worden, einem Crème-Beige, das dem Wüstensand der Sahara ähnele und deshalb dort ideal tarne. Die Restbestände dieses Wüstenlacks wurden also verantwortlich gemacht für die südlich helle Farbe der ersten 4CV-Serie.

Zwar wurde später nachgewiesen, dass in Billancourt keine Panzer für Rommels Afrikakorps gebaut wurden. Die Herkunft der Wüstentarnfarbe blieb aber unbestritten: Renault lackierte die ersten 4CV in »Ivoire« (d. i. Elfenbein, Farbcode 314) – und das ist nichts anderes als der Wehrmachtsfarbton »Dunkelgelb«, der später als Norm RAL 7028 festgeschrieben wurde und ab 1943 Basisfarbe des deutschen Militärs wurde. Den Farbton »Ivoire« wiesen nur die Fahrzeuge der Modelljahre 1947 und 1948 auf. Bis 1953 aber wurde diese Farbe noch für das Armaturenbrett, die Felgen und die Fensterrahmen des 4CV verwendet.[5]

Natürlich heißt das nicht, dass 75 Prozent der saarländischen Autofahrer in Wehrmachtsnostalgie schwelgten. Das crèmefarbene Äußere der niedlichen Crèmeschnittchen erlaubte auch andere Assoziationen: der tiefe Süden, die Hitze der Sahara, das lichte-leichte Leben im Mittelmeerraum. Und damit konnten nach dem Krieg und den Nachkriegsjahren viele Deutsche etwas anfangen, die mit der Ästhetik der Nazis nichts mehr zu tun haben wollten.

Ein anderer Hintergrund beflügelte die Fantasie der technikbegeisterten 4CV-Käufer in Deutschland noch viel mehr als die Wüstenfarbe. Seit der 4CV 1947 ins Saarland ausgeliefert wurde, verglich man ihn mit dem deutschen Pendant, dem VW Käfer, und stellte erstaunliche Ähnlichkeiten fest: Beide hatten eine Tropfenform, ihr Motor saß im Heck.

Da bei der gleichzeitigen Entwicklung in Deutschland und in Frankreich eine Produktkopie ausgeschlossen war, musste es eine andere Ursache geben. Sie war schnell gefunden: Der Erfinder des deutschen VW Käfers und des französischen 4CV von Renault musste derselbe Ingenieur sein.

Und wirklich – es stellte sich heraus, dass Ferdinand Porsche an der Entwicklung beider Wagen beteiligt war. Der Käfer ging ganz klar auf sein Konto: Er hatte schon Anfang der Dreißigerjahre die Idee zu einem Volkswagen gehabt. Sein Brezelkäfer (wegen der schmucken Brezelfensterchen im Heck) war serienfertig, konnte aber nicht zu den Massen gelangen, die ihn über ein KdF-Bezahlsystem anbezahlt hatten, weil der Krieg die zivile Produktion verhinderte. Als Wolfsburg dann 1945 den Käfer zu bauen begann, konnte das VW-Werk auf die Vorarbeit von Ferdinand Porsche zurückgreifen.

Ferdinand Porsche

Wie aber gelangte Porsches Know-how nach Billancourt?

Ferdinand Porsche war im Dezember 1945 in Baden-Baden als Belasteter des NS-Regimes verhaftet worden. Bis Anfang 1948 hatte er in französischer Gefangenschaft gesessen. Das Pariser Innenministerium wollte vom Ingenieurswissen seines prominenten Gefangenen profitieren und zwang Porsche deshalb 1946, an der Entwicklung des französischen Kleinwagens 4CV mitzuarbeiten.

Er bekam sämtliche Konstruktionsakten in seine Zelle und vertiefte sich in die Vorarbeit der französischen Kollegen.

Porsche war Autobauer mit Leib und Seele. Das Nazireich war untergegangen. Die Produktion seines Volkswagens in Wolfsburg lief nur schleppend an und wurde von der Besatzungsmacht mit Argwohn beäugt. Die Briten dachten nicht daran, das deutsche Massenauto bis zur Konkurrenzfähigkeit gedeihen zu lassen – das würde die Chancen des eigenen Autobaus beschneiden. In Frankreich aber entstand ein neuer Kleinwagen für alle, so wie Ferdinand Porsche ihn sich seit mehr als zehn Jahren erträumte. Was sollte ihn also daran hindern, mit Renault zu kooperieren?

Es kam zu neun Fachgesprächen des Österreichers mit den 4CV-Konstrukteuren von Renault. Im Zuge dieser Treffen bekam Ferdinand Porsche auch die Gelegenheit, ein Testfahrzeug aus Billancourt Probe zu fahren.

Die Franzosen behaupteten später, ihre eigenen Pläne für das neue Auto seien 1946 bereits so weit entwickelt gewesen, dass Porsche nichts mehr zu dem 4CV habe beitragen können. Porsches Sohn Ferry aber berichtet in seinem Buch über den Vater, dieser habe mit »zahlreichen Verbesserungsvorschläge« in die Entwicklung des Renault 4CV eingegriffen.[6]

Der 4CV kam 1947 auf den Markt. Die Treffen Porsches mit den Renault-Ingenieuren fanden ab Anfang 1946 statt. Es wäre also nur ein knappes Jahr Zeit geblieben, die Änderungen in die Entwicklung des Fahrzeugs einzubringen. Angesichts der komplizierten Planung einer Automobilproduktion für die Masse ist eine Mitwirkung Porsches unwahrscheinlich. Vielmehr scheint es so gewesen zu sein, wie französische Teilnehmer später auch berichteten: Dem französischen Innenministerium ging es um politische Ziele, die Autobauer aber wollten endlich ihren 4CV auf den Markt bringen. Die Gespräche mit Porsche waren für sie eine lästige Pflichtübung, die sie absolvierten, ohne dass das eine Konsequenz für ihre Fertigung gehabt hätte.

Dennoch – den Deutschen, vor allem den Saarländern, die die Segnungen der französischen Wirtschaft gerne in Kauf nahmen (das war das zollfreie Crèmeschnittchen nämlich wirklich), aber unter der politischen Gängelung durch Frankreich litten, war es eine Genugtuung, sich sagen zu können, dass an dem sensationellen Erfolg des französischen VWs auch der VW-Erfinder Ferdinand Porsche beteiligt war.

Dabei war der 4CV längst nicht so zuverlässig wie der Käfer: Das Crèmeschnittchen enthielt wenig Blech, es war so leicht, dass ein starker Mann es anheben konnte. Die Batterie war nicht leistungsstark, und es kam öfter vor, dass die Bremsen versagten, weil die Bremskolben festsaßen.[7]

Auf der saarländischen 4CV-Fansite befinden sich zahlreiche Berichte von Pannen mit dem Lieblingsauto, mit dem die Saarländer den Osten Frankreichs und den Südwesten Deutschlands erkundeten. Ein Besitzer namens Chall aus dem saarländischen Nunkirchen schreibt: »Nach drei Jahren treuer Dienste kündigte während eines Ausflugs ein lauter Knall mitten auf der Autobahn das Ende an: Ein Kolben war abgerissen und hatte den dicken Motorblock durchschlagen. Das Auto wurde für viel Geld von einem Unternehmen bis nach Saarlouis geschleppt. Noch mehr Kosten verursachte dann der Einbau eines neuen Motors. Schon einige Wochen später wurde das Crèmeschnittchen der Challs gegen einen Opel Rekord eingetauscht.«

Solche Erlebnisse trübten jedoch den Erfolg des 4CV kaum.

Renault ließ seinen Kleinwagen im britischen Acton, im belgischen Haren und im spanischen Valladolid nachbauen. Die spanische Autofirma Fasa verkaufte ihren Renault 4/4 auf der iberischen Halbinsel bis 1959 26 294 Mal. In Japan baute der Nutzfahrzeughersteller Hino Diesel den 4CV ab 1953. Die japanische Version für Rechtslenker wurde in ganz Fernost als Taxi eingesetzt.

Weil die Nachfrage nach Kleinwagen in Frankreich und im Saargebiet enorm war, wurde der 4CV zuerst nicht in die USA exportiert. Ab 1956 lieferte Renault jedoch seine Dauphine, die »amerikanischer« aussah, in die USA. Im Schlepptau der Dauphine gelangten dann auch 15 000 4CV in die Vereinigten Staaten – sie wurden vor allem von ehemaligen GIs gekauft, die in Frankreich stationiert gewesen waren und den Wagen dort liebgewonnen hatten.

In Frankreich – und damit auch im Saargebiet – gab es verschiedene Sonderausführungen. Das Modell *Affaires* war eine extreme Sparversion, es hatte keinerlei Chrom, die Sitze waren wie Liegestühle nur mit Stoff bespannt, und der Wagen verfügte über kein Zündschloss mit Schlüssel. Er wurde einfach nur aufgeschlossen und mittels Knopfdruck gestartet. Die Überfallkommandos der französischen Gendarmerie fuhren in den Großstädten eine dunkelblau-weiß lackierte Sonderausführung mit 33-PS-Motor und größerer Heckscheibe. Ein Misserfolg war nur das Modell *Commerciale*, das statt Rücksitz eine offene Ladefläche hatte. Da das Beladen durch den Heckmotor behindert wurde, kauften nur wenige Gewerbetreibende den *Commerciale*.

Mit Beginn der Renault-Werksferien im 6. Juli 1961 rollte der letzte 4CV vom Montageband. Nach dem Ende der vierwöchigen Ferien begann eine neue Ära: Der Nachfolger Renault 4 wurde gebaut. Der R4 wurde nicht mehr nur im Saarland, das seit 1957 politisch und seit 1959 wirtschaftlich zur BRD gehörte, sondern in ganz Deutschland ein erfolgreicher Klein- und Allzweckwagen und machte dem ewig rollenden VW Käfer wie kein anderes Modell Konkurrenz.[8]

Helden der Arbeit

Ein Bergmann in Moskau

Am 13. Oktober 1948 geschah in einem Stollen der Karl-Liebknecht-Grube in Ölsnitz im Zwickauer Revier ein Wunder. Ein Bergmann namens Adolf Hennecke (im Westen mokierten sich Neider sofort über den Vornamen) erfüllte in 616 Meter Tiefe die vorgegebene Norm mit 380 Prozent. Hennecke erhielt für seinen Förderrekord 1,5 Kilogramm Fettzulage, drei Schachteln Zigaretten, eine Flasche Schnaps, 50 Mark Prämie und einen Blumenstrauß des Kollektivs.[1]

Die größte Ehre seines Lebens widerfuhr Adolf Hennecke aber, als er Ende April 1949 in die Sowjetunion reisen durfte. Das war fünf Monate vor der Gründung des Staates, dessen Galionsfigur der Steiger aus dem Zwickauer Bergbau jetzt schon war. In der SBZ hatte am 5. Februar eine große Konferenz aller Hennecke-Aktivisten stattgefunden – von der SED mit Eifer organisiert, denn der Elan der erst vier Monate alten Bewegung hatte nachgelassen.

In Moskau stand ein Besuch bei Alexei Stachanow auf dem Programm. Stachanow galt als Pionier eines einzigartigen Systems der Leistungssteigerung in der Wirtschaft der sozialistischen Staaten. Alexei Stachanow, am 3. Januar 1906 als Sohn einer Bauernfamilie geboren und damit nur ein Jahr jünger als Hennecke, der

1905 in Westfalen zur Welt gekommen war, hatte seit seinem 19. Lebensjahr, also seit 1925, als Bergarbeiter im ukrainischen Donezk-Gebiet unter Tage gearbeitet. Im Gegensatz zu dem Steiger Hennecke war Stachanow nur einfacher Hauer – also ein Bergmannsgeselle. Am 31. August 1935 hatte Stachanow die durchschnittliche Förderleistung eines ukrainischen Bergmannes um das 13-Fache übertroffen. Damals war er 29 Jahre, also erheblich jünger als sein Kumpel aus der Ostzone: Hennecke war bei seinem Rekord 1948 schon 43 Jahre alt – eigentlich zu alt für solche Kraftakte. Aber das hatte seine Gründe, wie wir noch sehen werden.

Adolf Hennecke im Oktober 1948

Ebenso wie später hinter Hennecke stand auch hinter Stachanows Leistung, die er mithilfe zweier anderer Hauer vollbracht hatte, ein Propagandakonzept des Staates: Die Stachanow-Bewegung sollte ein neues Arbeitsethos befördern. Die Kumpel in der UdSSR würden ihrem Vorbild Stachanow nacheifern und die niedrige Produktivität der sowjetischen Wirtschaft erheblich steigern. Das hoffte jedenfalls die KPdSU.

Stachanows Kraftakt hatte sich seinerzeit auch in Deutschland ausgewirkt – allerdings anders als 1948/49. Die russische Bildhauerin Vera Muchina schuf für die Pariser Weltausstellung von 1937 ein fast 25 Meter hohes Standbild: »Kolchosbäuerin und Arbeiter«. Die sowjetische Führung erklärte die Skulptur zum Denkmal für »werktätige Helden« wie Alexei Stachanow. Da die Ausstellung von 1937 als ein »Kräftemessen« zwischen dem neuen faschistischen Deutschland und Stalins erstarkendem Sowjetstaat verstanden wurde, gewann Muchinas Kunstwerk eine weltpolitische Bedeutung. Am rechten Seine-Ufer standen sich also die Pavillons von Nazideutschland und der Sowjetunion direkt gegenüber. Deshalb sorgten die symbolsüchtigen Deutschen dafür, dass von ihrer »Trutzburg« ein riesiger Adler mit Hakenkreuz auf das Arbeiterpaar lüstern herablugte.[2]

Stachanow hatte schon zu Weihnachten 48/49 seinem »kleinen Bruder« in der Sowjetzone ein anfeuerndes Glückwunschtelegramm geschickt. Auch Hennecke war ein Aktivist der Stachanow-Bewegung, er wurde zum Stachanow der DDR. In der »Ehrengalerie des Aufbaus« (*Tägliche Rundschau*, das parteiamtliche Organ der Ostzone) wurden unentwegt (»täglich«) neue Rekorde an der Arbeitsfront gemeldet – in allen Industriezweigen gab es fleißige Arbeiter, die es dem Vorzeigeaktivisten Adolf Hennecke nachtun wollten, der am 18. Oktober 1948 statt der üblichen 6,3 Kubikmeter (Hauer-Norm) 24,4 Kubikmeter Kohle gefördert hatte.

Nur die Reichsbahn hinkte noch etwas hinterher. Dort hatte sich bis Anfang Mai 1949 immer noch kein Rekordhalter gefunden. Das verärgerte die SED-Funktionäre, die auf die Vorbereitungen der Staatsgründung im Westen starrten. Wenn der Westen sich schon abkoppelte von einer gemeinsamen Entwicklung der Zonen, dann sollte der Osten doch wenigstens zeigen, dass er in Sachen Aufbau die Nase vorne hatte.

Kurz vor dem magischen Bonner Termin im Mai 1949 konnte auch die Bahn unter ihrem ehrgeizigen Generaldirektor Willi Kreikemeyer endlich Vollzug melden. Der Bahnchef hatte die durchschnittliche Achsenzahl der Ostzüge von 120 auf 240 Achsen verdoppeln lassen. Nun zogen die Güterzüge in der Zone jeweils 3000 bis 4000 Tonnen Last. Auf den Lokomotiven solcher Giganten, die durch das eingleisige Land zogen, standen die neuen Hennecke-Nachahmer. Die Sowjets hatten seit 1945 überall in der Zone das zweite Gleis abgebaut und in Richtung Osten geschafft. Das machte den Bahnverkehr schwierig. Hinzu kam, dass in der Sowjetzone vorwiegend Braunkohle verfeuert wurde – auch auf den Dampfloks. Da Braunkohle weniger Kalorienwert hat als Steinkohle, musste auf den Tendern die dreifache Menge an Kohle verfeuert werden. Ein Rekordjäger schippte sich also die Seele aus dem Leib.

Es wird von einem Aktivisten berichtet, der zwischen Cottbus und Berlin-Schönweide dreimal die Lok hatte auswechseln müssen. Durch die 360 Achsen im Schlepptau (neuer Rekord!) war die Zugmaschine mehrmals abgerissen. Der Transport hatte bei der Kraftanstrengung vier Stunden länger gebraucht als normal.[3]

Der übereifrige Kreikemeyer fiel in Ungnade – zumal als er beim sogenannten UGO-Putsch so unglücklich agierte, dass streikende Bahnarbeiter tagelang sein Zentralbüro belagerten (siehe S. 119).

Ackermann oder der Umweg

Die Hennecke-Bewegung war ein Teil der umfassenden Sowjetisierung der ostdeutschen Gesellschaft. Es ging darum, sich großflächig abzusetzen von einer spektakulären Wende in der Politik, die den Osten beinahe tiefgreifend verändert – und damit der DDR einen anderen Charakter verliehen hätte. Diese Wende war von Anton Ackermann ausgegangen, einem der Getreuen aus Ulbrichts Umfeld: Ackermann hatte seit Anfang 1946 – wie es erst aussah, mit Rückendeckung von ganz oben, vielleicht sogar aus Moskau – einen eigenen deutschen Weg zum Kommunismus deklariert. Seine Thesen lösten eine Welle der Begeisterung aus: Bedeutete dieser »deutsche Weg« doch eine Befreiung von der sturen Bevormundung durch das Vorbild UdSSR.

Die Praktiker im Osten wussten, dass die Bevölkerung alles andere als begeistert von den Russen und ihrem Umgang mit Deutschland war. Die Übergriffe von Angehörigen der Roten Armee auf deutsche Frauen in den ersten Nachkriegstagen waren noch nicht vergessen, ebenso wenig wie die Behandlung Andersdenkender durch die sowjetische Ordnungsmacht und ihre deutschen Statthalter. Umso stärker setzten die Kommunisten auf Ackermanns Vision eines eigenen sozialistischen Staates auf deutschem Boden, der seine Entscheidungen losgelöst von der starren Besatzungsbürokratie treffen konnte.

Anton Ackermann stammte aus Thalheim im Erzgebirge. Schon 1928 wurde er von der KPD zur politischen Weiterbildung nach Moskau geschickt. Er kämpfte in Spanien in den Internationalen Brigaden und lebte ab 1940 in der Sowjetunion. Dort unterzeichnete er den Gründungsaufruf des Nationalkomitees Freies Deutschland mit. Obwohl er eine wichtige Funktion beim deutschen Programm des Rundfunks in Moskau innehatte, gehörte er nicht zu der engen Gruppe um Ulbricht, die 1945 mit dem ersten Flugzeug in die Heimat kam. Er führte eine eigene Gruppe an – die Gruppe Ackermann, die im Raum Chemnitz aktiv wurde.

In der Nacht vom 5. auf den 6. Juni 1945 schrieb Ackermann – nicht Ulbricht und nicht Pieck – den Gründungsaufruf der KPD, die damit im Rennen der neuen Parteien einen Vorsprung hatte. Ackermanns Handschrift ist unverkennbar: Es soll keine Sozialistische Einheitspartei geben (die dann ein Jahr später doch entstand), die SPD wird ebenso ihren Platz finden wie die neu gegründete KPD, es sollen bürgerliche Parteien entstehen, die das Spektrum abdecken, das früher das Zentrum und die Demokratische Partei DP vertraten.[4]

Ackermanns Name stand hinter Wilhelm Pieck und Walter Ulbricht ganz oben auf dem Gründungsaufruf. In der neuen KPD war er für Kultur zuständig – das war in der Nachkriegszeit ein wichtigerer Posten als in unseren Tagen. Schon im Februar 1945 hatte Ackermann in Moskau bei seinem Sender *Freies Deutschland* eine ungewöhnliche Position vertreten. »Die Entwicklung ist im Einzelnen in den verschiedenen Ländern sehr unterschiedlich, aber das beweist, dass nicht eine landfremde Gewalt bestimmend wirkt«, schrieb er mit Blick auf die südosteuropäischen Länder. Im November 1945 arbeitete er seine These zu einer Grundposition seiner Partei aus: Es ging um den eigenen deutschen Weg zum Sozialismus.[5]

Ackermann bediente sich bei seinem gefährlichen Balanceakt eines raffinierten Schachzuges: Er griff auf Marx und Engels zurück, weil er wusste, dass ihm deren Argumentation auch in Moskau niemand so leicht aus der Hand schlagen würde. In Ländern mit bürgerlich-demokratischen Regierungsformen, so Karl Marx, könne sich der Übergang zum Sozialismus durchaus anders als in Russland vollziehen – nämlich friedlich und evolutionär. Aus dieser Erkenntnis folgerte Ackermann, dass es für jedes Land einen eigenen Weg zum hohen Ziel der Verwirklichung der kommunistischen Idee geben müsse. Zu allem Überdruss für die Orthodoxen in der Partei zitierte Ackermann auch noch Lenin: »Kein anderer als Lenin hat betont, dass es der größte Fehler wäre, die Wahrheit über die Allgemeingültigkeit der russischen Erfahrung zu übertreiben und ›sie auf mehr als einige Grundzüge unserer (d. h. der russischen) Revolution auszudehnen‹ (…) in diesem Sinne müssen wir einen besonderen deutschen Weg zum Sozialismus bejahen.«[6]

Im Januar 1946 erschien Ackermanns Artikel »Gibt es einen besonderen deutschen Weg zum Sozialismus?«. Er schlug ein wie eine Bombe. Die Partei – es war ja noch die KPD und noch nicht die SED – war wie umgekrempelt. Wenige Tage vor der Gründung der SED, nämlich am 19. April 1946, fand im Deutschen Theater in der Berliner Schumannstraße der 15. Parteitag der KPD statt. Anton Ackermann sagte: »Die Sozialistische Einheitspartei wird eine unabhängige Partei sein, weil sie in ihren Entschlüssen völlig frei sein wird, weil sie die grundlegenden Lehren des Marxismus nicht als Schema, nicht als starre Glaubenssätze betrachtet, sondern auf die spezifisch deutschen Verhältnisse und den spezifisch deutschen Weg der Entwicklung anwenden wird.«[7]

Drei Tage später kam es zur Gründung dieser neuen Partei im Admiralspalast. Doch die SED war alles andere als unabhängig und in ihren Entschlüssen völlig frei.

Anton Ackermann – immerhin Mitglied des Zentralsekretariats – musste im Herbst 1948 wegen seiner spezifisch »deutschen Sichtweise« Selbstkritik üben. Im Januar 1949 wurde er degradiert – zum Kandidaten des Politbüros. Vier Jahre später wurde er wegen seiner »versöhnlichen Position« im Zuge des Aufstandes vom 17. Juni 1953 seiner Funktion als Mitglied des ZK enthoben.

Von den 14 Mitgliedern des Zentralsekretariats, die im Admiralspalast unter dem Jubel der Delegierten gewählt worden waren, wurden schon nach wenigen Jahren zehn Mitglieder entmachtet und teilweise sogar aus der Partei ausgeschlossen. Sie waren meistens Anhänger der Thesen von Ackermann, also des eigenen Weges, den Deutschland hätte gehen sollen.

Dieses *roll back* verstärkte sich erheblich, als es 1947/48 im Lager der sozialistischen Staaten Osteuropas zu kriseln begann: Jugoslawiens Präsident Tito, der sein Land ohne die Hilfe der Roten Armee von den deutschen Besatzern befreit hatte, beanspruchte gegenüber Moskau Freiheit für die nationale Entwicklung. Die UdSSR reagierte aggressiv, der Streit schaukelte sich hoch, bis Tito schließlich ganz aus dem Lager der sowjetisch dominierten Staaten Europas ausscherte. Daraufhin wurde in der DDR der Druck zur Konformität gewaltig.

Auch in der Arbeitswelt sollte klargestellt werden, dass die Sowjetunion das Maß aller Dinge war und blieb. Deshalb taten die SED-Betriebsorganisationen ab 1948 alles, um nach dem russischen Vorbild eine Musterarbeiterbewegung in Gang zu bringen. Dort hatte im Jahr 1935 der Bergarbeiter Stachanow mit seinem guten Beispiel eine Welle von Rekorden in der Kohleförderung initiiert. Am 31. August war es Stachanow im Irmino-Schacht bei Stalino, dem heutigen Donezk (Ukraine), gelungen, die gängige Förderungsnorm um unglaubliche 1400 Prozent überzuerfüllen. Er förderte 14 Mal so viel Kohle, wie eigentlich erwartet wurde. In der ganzen Sowjetunion formierte sich daraufhin – von oben gesteuert – eine gewaltige Stachanow-Bewegung, in der sogenannte »Helden der Arbeit« in Mammutschichten unglaubliche Produktionsleistungen erbrachten. Der Clou der Sache war, dass sich die Musterarbeiter ständig gegenseitig überbieten mussten. Doch diese Logik machte die sogenannte »Bewegung« zu einer fragwürdigen Veranstaltung. Zudem musste ein Arbeitsbereich für den Rekord lange vorher präpariert werden. Eine ganze Arbeitsbrigade war damit beschäftigt, »günstige Arbeitsbedingungen zu schaffen« – eine Brigade, die nicht produzierte. Deren reguläre Arbeit blieb während der Vorbereitung des Rekords liegen oder musste von Kollegen zusätzlich zur eigenen Arbeit erledigt werden.[8]

Die SED versprach sich von ihrer Hennecke-Bewegung »eine neue Einstellung zur Arbeit, einen neuen mächtigen Aufschwung der Arbeitsproduktivität«. Die Vorbereitungen begannen schon Monate vorher. Sorgfältig wurden die verschiedenen Regionen geprüft: Welche eignete sich am besten als Ausgangspunkt der Bewegung? Die Entscheidung fiel auf Sachsen – dort waren die Menschen am ehesten für eine Bewegung im Arbeitsleben zu begeistern, glaubte man. Dann hieß es: Welcher Industriezweig ist dafür geeignet? Natürlich orientierte man sich auch in dieser Frage an der Sowjetunion. Dort hatte Stachanow seine Erfolge im Bergbau eingefahren. Damit war das geklärt. Wen sollte man als Protagonisten der Bewegung auswählen? In der UdSSR hatte man sich 1935 für einen Komsomolzen entschieden, also für einen Jungkommunisten. Diese waren am ehesten für eine Aktivistenbewegung zu haben. In Deutschland aber wollte man vor allem die Facharbeiter und die erfahrenen Industriearbeiter einbinden, da die am dringendsten gebraucht wurden. Also wurde ein älterer Kollege ausgewählt. Er sollte auch unbedingt Mitglied der SED sein, um die besondere Rolle der Partei bei der hoffentlich einsetzenden Rekordjagd zu unterstreichen.

In unseren Tagen wurde behauptet, die Idee für die Sonderschicht habe die damalige Revierdirektion von Henneckes Karl-Liebknecht-Schacht gehabt, angeregt von sowjetischen Zeitungsredakteuren in der Ostzone. Die Berliner Parteiführung habe sich erst Tage nach Henneckes Leistung an die Spitze der Bewegung gesetzt. Auch habe Hennecke selbst den Vorschlag gemacht, eine spektakuläre Sonderschicht einzulegen, um einen Förderrückstand von 13 000 Tonnen in seinem Revier aufzuholen.[9] Selbst wenn die Initiative von Zwickau ausgegangen sein sollte, was unter diesen Umständen schwer vorstellbar ist: Eine gesellschaftliche Bewegung dieses Ausmaßes war ohne die SED damals nicht möglich.

In Berlin waren die Weichen sowieso längst gestellt: Mit den Vorgaben der Partei versehen machte sich eine Delegation von Genossen auf den Weg ins sächsische Industrierevier. Dort wurden die örtlichen Parteisekretäre und die Betriebsdirektoren ins Gebet genommen: Gemeinsam sollte der richtige Kandidat für die wichtige Aufgabe gefunden werden. Relativ schnell stieß man auf Adolf Hennecke. Er war zwar schon 43 Jahre alt, aber er arbeitete bereits seit über 20 Jahren in Bergbaugruben, verfügte also über genügend Erfahrung. Hennecke war nicht nur Parteimitglied (eigentlich war er in die SPD eingetreten, aber die gehörte ja seit April 1946 zur SED), er hatte sogar schon eine SED-Parteischule besucht. Er war also überqualifiziert in dem Sinne, dass man hätte annehmen können, er sei ein Parteikader und kein richtiger Arbeiter – womit sein Rekord in den Ruch geraten könnte, ein SED-Fake zu sein. Aber die Parteijury war so begeistert davon, den richtigen Mann gefunden zu haben, dass sie über dieses Manko hinwegsah.

Als man Hennecke persönlich traf, zeigte sich, dass die Sache nicht so einfach war, wie sich die Genossen das vorstellten. Er wollte erst partout nicht mitmachen. Adolf Hennecke äußerte, er befürchte, dass seine Kollegen ihm seinen Rekord übelnehmen könnten. (Nach der Lesart der Historiker des Bergbau-Museums Oelsnitz wollte er seinen Ruhm ohne die Parteibegleitung genießen.) Schließlich sei mit der Leistung des Aktivisten auch eine unausgesprochene Heraufsetzung der Arbeitsnorm verbunden. Wenn ein Mann wie Hennecke ein Mehrfaches der verlangten Kohlemenge förderte, dann mussten andere auch die geltende Norm überschreiten. Solche Aktivitäten waren innerhalb der Arbeiterschaft verpönt. Aus diesem Grund hatte schon vor Hennecke ein jüngerer Kumpel namens Frank Franik eine Hochleistungsschicht abgelehnt – aber das sollte nach dem Willen der Genossen nicht unbedingt an die große Glocke gehängt werden.

Henneckes Einwände wollten die Parteileute nicht gelten lassen. Man machte ihm klar, welche Aufstiegsmöglichkeiten er hatte, wenn er mitmachte – und wohl auch, was ihm »entging«, wenn er sich weigerte. Derart eingeschüchtert willigte Hennecke ein.

Nur Tage nach dem Rekord erschien in allen Zeitungen des Landes ein Brief des Zentralsekretariats: Die Leistung sei wegweisend, ja, sogar »revolutionär« und helfe bei der ersehnten Erfüllung des Wirtschaftsplanes. Vor allem aber sei sie eine »schlagende Antwort auf die Marshallplan-Politik im Westen« und stehe in der »revolutionären Tradition der deutschen Arbeiterbewegung«.[10]

In Sachsen, wo die Begeisterung für die gemeinsame sozialistische Sache von jeher besonders glühte, kam man auf die Idee, eine goldene Fahne zu stiften, die über dem Betrieb wehte, der gerade die sensationellsten Leistungen innerhalb der Hennecke-Bewegung vollbracht hatte. Die Sachsen machten Schule mit ihrem Übereifer. Die deutsche Wirtschaftskommission – Hauptlenkungsorgan der sozialistischen Zentralwirtschaft – beschloss, »fortschrittliche Betriebe« in der ganzen Zone mit einer »Wanderfahne« zu ehren. Zudem bekamen Arbeitsaktivisten aus einem Fonds der Kommission bis zu 50 000 Ost-Mark Prämien für besonderen Einsatz und wurden an ihren Standorten wie Könige gefeiert.[11]

Im Westen sah man diesen Eifer mit einem Anflug von Neid. Die Aktivistenbewegung mit dem naiven Aufbaueifer wurde süffisant mit ähnlichen Veranstaltungen im Nationalsozialismus verglichen. Die *Zeit* schrieb sogar, Dr. Ley hätte seine helle Freude an den Henneckes des Ostens gehabt. Das war natürlich unfair – mit der Arbeitsfront des Robert Ley, der während der Nazijahre eine straffe Lenkung des Arbeitslebens und der Arbeit praktiziert und die Gewerkschaften ausgehebelt hatte, hatten Hennecke und Konsorten nichts zu tun. Die *Zeit* raunte düster, Hennecke sei »ein Glied in jener Kette, die Ostdeutschland vom Westen losreißen und für immer mit dem Bolschewismus verbinden soll«.[12]

Trotz Henneckes inniger Beziehung zu seinem Vorbild Stachanow fand die von ihm initiierte Aktivistenbewegung auch in der Ostzone nicht nur glühende Anhänger. Jeder wusste: Hennecke schaffte seine propagandistische Förderleistung nur mithilfe eines eingespielten Apparats, der es ihm ermöglichte, die vom Durchschnittsarbeiter geforderte Norm um astronomisch erscheinende Produktionsergebnisse zu überflügeln. Wer seine Normvorgabe nicht erreichte, stand auch im Sozialismus als Faulenzer da. Ein Hennecke aber zeigte allen (und auch denen im Westen), dass die Arbeitsnorm, deren Höhe vielerorts beklagt wurde und die 1953 zu einem veritablen Volksaufstand in der DDR führen sollte, offensichtlich nicht hoch genug angesetzt war, ja, dass man sie mit der richtigen sozialistischen Grundhaltung überbieten konnte. Wer das nicht konnte, hatte entweder die falsche Grundhaltung oder war ein Drückeberger.

Kein Wunder, dass die Kollegen der Aktivisten diese nur dann feierten, wenn sie dazu gezwungen waren. Oder dass sie das Feiern dazu benutzten, ihren Unmut auszudrücken, indem sie beispielsweise in einer »allzu aktivistischen Aktivistenversammlung von reaktionären Arbeitern weit über das zu erfüllende Soll hinaus auf Schultern, Rücken und so weiter« klopften.[13] Die Aktivisten wurden also bewusst so frenetisch gefeiert, dass es ihnen wehtat.

In Leipzig stimmte die liberale Blockpartei LDPD dem Antrag der SED, eine Straße nach Adolf Hennecke zu benennen, zwar gezwungenermaßen zu. Sie schlug dafür aber ausgerechnet die Straße vor, die vom Südbahnhof zur städtischen Irrenanstalt führte. Und nicht nur die ostdeutschen Arbeiter verfluchten den Normbrecher und seine Anhänger – wie natürlich auch die Gewerkschaften, die sofort verstanden, dass die permanenten Arbeitsrekorde der Sache der Arbeiter nicht dienten. Selbst die allmächtigen Sowjets verloren allmählich die Geduld mit der speziellen Spielart des ostdeutschen Arbeitseifers.

Die Wirtschaftsexperten der Russen waren weniger ideologisch und klassenkämpferisch gestrickt als die Propagandaleute. Sie schauten auf die Realitäten und die Zahlen. Und dort schnitten Hennecke und seine Normenakrobaten nicht wirklich gut ab. Bei den Rekordversuchen war die ganze Schicht auf den Aktivisten ausgerichtet. Während der »Held der Arbeit« vorne Wunderdinge vollbrachte und die Planer in den SED-Büros jubeln ließ, ruhte der Rest der Produktion. Eine Brigade mit dem Aktivisten an der Spitze hatte sich ausschließlich um die neue Normsteigerung zu kümmern. Was aber brachte es dem einzelnen Betrieb wirtschaftlich, wenn ihm unterm Strich nicht viel mehr blieb als die Propagandaleistung? Die reale Arbeitsmoral vieler Belegschaftsmitglieder sank zusehends, während der Aktivist gefeiert wurde und seine Leistungen als Durchschnittswerte gehandelt wurden.

Als eine Erhebung ergab, dass die Konzentration auf die Aktivistenbewegung die Rentabilität der volkseigenen Werke »beträchtlich geschmälert« hatte, wollten die sowjetischen Wirtschaftsleute von dem ganzen Zauber nichts mehr wissen. Er wirkte sich negativ auf die Reparationsleistungen aus – und da verstand die Zentrale in Moskau keinen Spaß. Zudem hatte man in der Sowjetunion längst erkannt, dass die auf eine Person zugeschnittene Kampagne wenig brachte. Neben dem Stachanow-System wurde ab Februar 1949 in allen Wirtschaftsbereichen eher auf die Verbesserung der Qualität geachtet als auf die punktuelle Steigerung der Produktion. Die *Prawda* propagierte im Februar 1949 erstmals den Sowjetarbeiter Tschutkich als neues Vorbild, der in seiner Brigade eine besondere Methode zur Sicherstellung einer Produktion ohne den üblichen Ausschuss praktizierte.[14]

Auf einer Tagung der Industriegewerkschaft Bergbau in Halle kochte die Wut unter den Arbeitervertretern hoch. Deshalb wurde auch kein Alkohol ausgeschenkt, was sonst bei solchen Gelegenheiten üblich war. Als die SED-Funktionäre die Betriebsvertreter dazu aufriefen, neue Aktivistengruppen zu bilden, schlug ihnen kalte Ablehnung entgegen – ja »eisige Resonanz«.[15]

Hennecke selbst hatte die Wut der Basis mittlerweile am eigenen Leib zu spüren bekommen. Einige Kollegen bewunderten ihn ehrlich, sie schrieben ihm Briefe und Gedichte und feierten ihn als »sozialistischen Helden«. Für viele andere aber war seine Aktivistentätigkeit eine Propagandalüge der SED, die eine Politik der höheren Leistung bei gleichem Lohn unterfüttern sollte.

Eine erste Losung, die die SED sofort nach dem Rekord ausgab, lautete: »Erst besser arbeiten, dann besser leben.« Nach den Entbehrungen der ersten Nachkriegszeit wollten aber auch die Menschen in der SBZ und in der jungen DDR endlich vor allem ein besseres Leben – und weniger schuften müssen. Die Bewegung wirkte also konträr zu dem Willen der meisten Menschen.

In Henneckes Haus in Lugau wurden die Fensterscheiben eingeworfen. An dem Dienstwagen, der ihm zur Verfügung gestellt wurde, wurden die Reifen plattgestochen. Einmal brannte der Wagen sogar. Morddrohungen gingen bei Hennecke ein.[16]

Doch nicht nur die Person Hennecke geriet ins Zwielicht. Auch seine Leistung wurde 1949 in Zweifel gezogen. So wusste die Belegschaft des Schachtes natürlich um die akribischen Vorbereitungen des Rekords: Der Steiger hatte sich ein geeignetes Flöz aussuchen können, die sonst marode Technik funktionierte ausnahmsweise, und zwei Helfer sorgten dafür, dass seine Kohle sofort abtransportiert wurde, sodass er ungehindert und ohne Verzögerung weiterschuften konnte. Es wurde sogar behauptet, dass Kumpel die Kohle vorher gelockert hätten, damit Hennecke schneller arbeiten konnte. Das erwies sich aber im Nachhinein als falsch.

Der Ost-Gewerkschaftsbund FDGB verbreitete 1949 eine Rede, die auf der Bitterfelder Zonenkonferenz 1948 gehalten worden war. Darin wurde die feindliche Propaganda der westlichen Medien gegen die Aktivistenbewegung harsch kritisiert: »Gestattet mir in diesem Zusammenhang einige Worte zu jenen gemeinen Angriffen, die die Westpresse, besonders die UGO-Presse, täglich gegen die Hennecke-Aktivisten losläßt. Ich möchte den Hennecke-Aktivisten und Adolf Hennecke selbst sagen, der täglich Gegenstand der dreckigsten Anwürfe der Berliner Westpresse ist: Weshalb diese Angriffe auf euch? Weil man nichts so sehr fürchtet wie die Entwicklung der Masseninitiative in unserer Zone, weil man die Bedeutung dieser Initiative für unsere Planerfüllung kennt und weil man diese Planerfüllung nicht will. Die Klassengegner wissen, daß die Hennecke-Aktivisten die besten, die klassenbewußtesten Arbeiter sind. Sie haben einen fabelhaften Instinkt. Sie merken es manchmal viel eher als wir, wo die entscheidende Stelle ist, gegen die sie vom Standpunkt ihrer Interessen loshauen müssen. Herbert Warnke (*Vorsitzender des FDGB*) rief unter dem Beifall der Konferenz: Wir sagen euch, Hennecke-Aktivisten: Es ist eine Ehre, von dieser Bande des ›Tagesspiegel‹ und des ›Telegraf‹ beschimpft zu werden. Es wäre ein schlechtes Zeichen für unsere Tätigkeit, wenn die Presseorgane des Monopolkapitals uns loben würden.«[17]

Die SBZ bzw. die DDR hatte ein Problem. Die Wirtschaft war immer noch nicht produktiv genug. Ideologisch geboten war der Einheitslohn, aber der gleiche Lohn für alle war bloß ein zugkräftiges Propagandainstrument. Ökonomisch war er ein Desaster. Die Masse der Arbeiter tat nur noch das Nötigste. Die junge Wirtschaft aber brauchte eine höhere Produktivität, also Höchstleistungen. So hatte der Steinkohlenbergbau im Revier Zwickau-Oelsnitz, dem Heimatrevier von Steiger Hennecke, vor allem unter der schlechten Ausbildung der Bergleute zu leiden. Die erfahrenen Hauer und Steiger waren von der Sowjetisch-Deutschen Aktiengesellschaft SAG Wismut mit Zulagen und Deputaten in den Uranbergbau abgeworben worden – die Wismut-Abbaustätten Schlema und Johanngeorgenstadt liegen nicht weit weg von Zwickau-Oelnitz (siehe S. 169). Dem Kohlebergbau blieben die ungelernten Arbeiter und die schlechte Technik.[18]

Im Jahr 1949 ging die SED auf breiter Front gegen diesen Missstand vor: Die Betriebsräte wurden abgeschafft. 100 000 Vertrauensleute wurden als Aktivisten geschult, die ihre Kollegen antreiben sollten. Ab Anfang 1950 wurden verdiente Mitarbeiter als »Helden der Arbeit« ausgezeichnet, verbunden damit waren 10 000 Ost-Mark und eine bevorzugte Behandlung bei der Zuteilung von Neubauwohnungen und Urlaubsplätzen.[19]

Die Skepsis, die Adolf Hennecke aus der Arbeiterschaft entgegenschlug, sollte seinen weiteren Werdegang in der jungen DDR nicht hemmen. 1950 wurde der Steiger Adolf Hennecke – mittlerweile 45 Jahre alt und gezeichnet von den langen Arbeitsjahren unter Tage – zum Studium an die Bergakademie Freiberg geschickt. Bei den Wahlen im Oktober desselben Jahres gelangte er in die Volkskammer. Das ehemalige SPD-Mitglied avancierte in eine leitende Position in der Staatlichen Plankommission der DDR und zum Mitglied des Zentralkomitees der SED. Im ZK blieb er bis zu seinem Tod 1975. Sein Grabmal befindet sich in der Gedenkstätte der Sozialisten auf dem Zentralfriedhof Friedrichsfelde in Berlin-Lichtenberg. Der 13. Oktober 1948, der Tag, an dem Adolf Hennecke im Zwickauer Untertagbau seine Förderleistung vollbrachte, wurde in der DDR als »Tag der Aktivisten« gefeiert.

Hennecke blieb nicht die einzige Galionsfigur der Aktivistenbewegung: Die Zittauer Weberin Frida Hockauf setzte das, was Hennecke im Bergbau geleistet hatte, in der Textilindustrie fort. Ihre Parole lautete: »So wie wir heute arbeiten, werden wir morgen leben.« Im September 1953 gab sie diese Losung auf einer Gewerkschaftstagung im VEB Mechanische Weberei Zittau aus. Die Weberin versprach, bis zum Jahresende mit 45 Meter bestem Stoff über dem Plan zu bleiben. Zehn Meter davon webte sie für den Weltgewerkschaftskongress in Wien, 15 Meter für die Gesellschaft für Deutsch-Sowjetische Freundschaft, 20 Meter für den Geburtstag von Wilhelm Pieck. Frida Hockauf hatte für ihre Arbeit eine eigene Methode entwickelt, die unter ihrem Namen Verbreitung fand – allerdings nur in Aktivistenkreisen: Sie bediente mehrere mechanische Webstühle gleichzeitig, die zeitversetzt gestartet wurden.

Ebenso wie Hennecke bekam auch sie den Frust der Kollegenschaft zu spüren – einmal wurden bei einem neuerlichen Rekordversuch fehlerhafte Spulen für sie angeliefert, ein andermal hatten Saboteure die Ketten ihres Webstuhles gekappt.

Frida war nicht mehr die Jüngste, als der Aktivistenruhm sie ereilte: Mit 50 Jahren webte sie die legendären 45 Meter über der Norm, die sie berühmt machten. Sie hatte es noch schwerer als Hennecke, denn die wackere Weberin musste ausgerechnet nach dem Volksaufstand vom Sommer 1953 antreten, um der totgelaufenen Bewegung einen neuen Schwung zu versetzen. Das gelang kaum noch so wie 1949. Frida Hockauf wurde dennoch in die Volkskammer gewählt.[20]

Im Jahr 1949 erhielt Adolf Hennecke als einer der ersten Preisträger den soeben gestifteten Nationalpreis der DDR 1. Klasse. Für die 1. Klasse gab es 100 000 Mark – ein Vermögen. (»Hübsche Backfische knicksten gazellengleich vor Adolf Hennecke, als sie ihm einen Scheck über 100 000 DM (Ost) überreichten«, dichtete *Der Spiegel.*) Neben dem »Helden der Arbeit« erhielten den »Nationalpreis erster Klasse« u. a. Heinrich Mann (wegen *Der Untertan*, er wartete allerdings in Santa Monica bei Los Angeles vergeblich auf seine Ausreisegenehmigung) und der Kulturbund-Präsident Johannes R. Becher.

Bertolt Brecht, der Dichter der Arbeiterklasse, saß im Berliner Ensemble und schmollte – man hatte ihn aus der Liste der Preisträger aussortiert, weil andere berücksichtigt werden mussten. Etwa Carl Orff, der westdeutsche Komponist, der den Veranstaltern nicht den Gefallen tat, zur Verleihung anzureisen und seinen Preis später sogar zurückgab – und natürlich der unvermeidliche Adolf Hennecke. Brechts Frau Helene Weigel (für ihre »Mutter Courage« auch Preisträgerin 1949), die bessere Diplomatin, musste lange intervenieren, bis man zwei Jahre später auch Brecht den Nationalpreis 1. Klasse zusprach.

Bei der Verleihungsfeier 1949 kam es zum Eklat. Unter den 3. Klasse-Preisträger war auch ein Aktivistenkollektiv – 14 Schlosserlehrlinge aus dem Bahnbetriebswerk Dresden-Friedrichsstadt. Ihnen fiel die undankbare Aufgabe zu, zu Beginn der Feierstunde vor dem Nationaltheater das Hennecke-Lied abzusingen, was sie auch taten. Dabei kam es jedoch zu »abfälligen Zwischenrufen« aus der Bevölkerung, die sich spärlich versammelt hatte. (»Nur zwei Dutzend Weimarer standen am Goethe-Schiller-Denkmal vor dem ›Nationaltheater‹, um die preisgekrönten ›Helden der

Arbeit‹, wie Paul Wandel die Aktivisten der Faust und der Stirn getauft hatte, zu sehen.«) Wie später verlautete, habe sich die »unflätige Sturheit« der Weimarer Gehör verschafft – die Bürger hatten sich wütend darüber gezeigt, dass sie das ganze Hennecke-Theater mit ihren Steuern bezahlen mussten.[21]

An Adolf Hennecke prallte so etwas ab. 1965 und 1970 wurde er mit dem Vaterländischen Verdienstorden in Gold ausgezeichnet. 1964 bekam er den Karl-Marx-Orden.

Anmerkungen

Das Jahr 1949

1 »Ich suchte den göttlichen Funken«, in: Der Spiegel 21/1949 vom 19.05.1949
2 Herbert Lilge (Hg.): Deutschland 1945–1964. Bundeszentrale für politische Bildung. Hannover 1969. S. 55

Roter Schnee

1 »Und dann wurde es finster«, in: Trierischer Volksfreund vom 11./12. Juli 2009
2 »Roter Staub über den Ruinen von Prüm«, in: Die Zeit 29/1949 vom 21. Juli 1949
3 Ebenda
4 Brief des Prümer Bürgermeisters an den Landrat Rüdel, vom 16. Juli 1949. Landeshauptarchiv Rheinland-Pfalz. LHA Koblenz, Bestand 700,172, Nr. 13, Bl. 1 http://www.landeshauptarchiv.de/fileadmin/blick/images/15.07.0.1.full.jpg
5 »Roter Staub über den Ruinen von Prüm«, in: Die Zeit 29/1949 vom 21. Juli 1949
6 Brief des Prümer Bürgermeisters an den Landrat Rüdel, vom 16. Juli 1949
7 »Geputzt und verpackt«, in: Der Spiegel 30/1949 vom 21.07.1949
8 Trierische Landeszeitung vom 16. Juli 1949
9 Brief des Prümer Bürgermeisters an den Landrat Rüdel, vom 16. Juli 1949
10 »Roter Staub über den Ruinen von Prüm«, in: Die Zeit 29/1949 vom 21. Juli 1949
11 »Und dann wurde es finster«, in: Trierischer Volksfreund vom 11./12. Juli 2009
12 »Geputzt und verpackt«, in: Der Spiegel 30/1949 vom 21.7.1949
13 »Roter Staub über den Ruinen von Prüm«, in: Die Zeit 29/1949 vom 21. Juli 1949

Catch-as-catch-can

1 »Ringkampf um die Existenz«, in: Der Spiegel 15/1949 vom 9.4.1949
2 München, Stadtarchiv, Chronik 1949, Juni
3 »Alte Wildsau«, in: Der Spiegel 29/1949 vom 14.7.1949
4 »Pfui, Schiiiebung!« von Friedrich Giersig. Auf: http://www.menschenschreibengeschichte.at/index.php?pid=30&kid=1181&ihidg=13971
5 »Mit christlicher Moral«, in: Der Spiegel 28/1950 vom 13. Juli 1950
6 http://www.dailymail.co.uk/news/article-3522538/I-shocked-astounded-Panama-tax-scam-lawyer-son-Nazi-SS-officer-dreaded-Death-s-Head-division-fled-South-America-SPIED-Cuba-CIA-brother-reveals.html

Krieg im Zoo

1 Bernhard Grzimek: Mein Leben. München 2009, S. 210
2 Grzimek, S. 250f.
3 »Die Tiere sind vergiftet worden«, in: Der Spiegel 41/1949 vom 13.10.1949
4 Ebenda
5 Grzimek, S. 249f.
6 Grzimek, S. 263
7 »Der Reiz des Exotischen« Teil 2, in: Süddeutsche Zeitung vom 11. Mai 2010
8 »Büste des Nazi-Zoodirektors soll weg«, in: Berliner Morgenpost vom 17.09.2015
9 »Des Müllers Lust«, in: Der Spiegel 50/1951 vom 12.12.1951

Der Staat und der Tod

1 »Gnadenlos«, in: Der Tagesspiegel vom 10.5.2009
2 »Mord auf der Hamsterfahrt«, in: Berliner Zeitung vom 9.5.2009
3 »Gnadenlos«, in: Der Tagesspiegel vom 10.5.2009
4 »Stadt der Morde«, in: Der Tagesspiegel vom 18.02.2012
5 »Hohlspiegel«, in: Der Spiegel 9/1948 vom 28.2.1948
6 »Gnadenlos«, in: Der Tagesspiegel vom 10.5.2009
7 Annett Gröschner: Unvollständige Chronik der Gladowbande. Szenische Lesung. http://www.annettgroeschner.de/orange/archiv/kriegspfad/die-gladowbande/szenische-lesung
8 Horst Cornelsen: Werner Gladow und seine Bande, in: Thomas Brasch: Engel aus Eisen. Frankfurt a. M. 1981.
9 »Personalien: Gustav Voelpel«, in: Der Spiegel 14/1948 vom 3.4.1948
10 »Der Scharfrichter, der einer Räuberbande half«, in: Berliner Morgenpost vom 11.5.1979

11 Brasch, S. 146
12 »Russisch Roulett«, in: Der Spiegel 11/1978
13 Annett Gröschner: Unvollständige Chronik der Gladowbande. Szenische Lesung. http://www.annettgroeschner.de/orange/archiv/kriegspfad/die-gladowbande/szenische-lesung
14 Brasch, S. 196
15 Brasch, S. 202 und S. 208
16 Brasch, S. 215
17 Brasch, S. 218

Wir unterschreiben nicht

1 Brief Kurt Müllers vom 31. Mai 1956 an den DDR-Ministerpräsidenten Otto Grotewohl (erstmals veröffentlicht in: »Aus Politik und Zeitgeschichte«, Beilage zur Wochenzeitschrift: »Das Parlament«, B 11/90, 9. März 1990, S. 16–29. Hier zitiert nach: Kurt Müller (1903–1990) zum Gedenken. Hrsg. v. Dieter Dowe, Forschungsinstitut der Friedrich-Ebert-Stiftung bonn 1991, S. 55–86, bs. S. 55–57, 59, 82)
2 »Politisch nicht orientiert«, in: Der Spiegel 4/1949 vom 22.1.1949
3 »Eine patriotische Rolle«, in: Der Spiegel 6/1949 vom 5.2.1949
4 »Wer war wer in der DDR?«. http://www.bundesstiftung-aufarbeitung.de/wer-war-wer-in-der-ddr-%2363%3B-1424.html?ID=2796

Der UGO-Putsch

1 Von der Währungsreform zum »UGO-Putsch«. Der Eisenbahnerstreik im Sommer 1949. http://www.stadtschnellbahn-berlin.de/geschichte/streik1949/index.php
2 Zeitzeuge Horst Witte, auf: http://stadtschnellbahn-berlin.de/geschichte/streik1949/streiknkn.php
3 »Patronen«, in: Der Spiegel 22/1949 vom 26.5.1949
4 Ebenda
5 Gerhard Keiderling: Die S-Bahn im Visier des Kalten Krieges. Edition Luisenstadt. 1999
6 Von der Währungsreform zum »UGO-Putsch«. Der Eisenbahnerstreik im Sommer 1949. http://www.stadtschnellbahn-berlin.de/geschichte/streik1949/index.php
7 Gerhard Keiderling: Die S-Bahn im Visier des Kalten Krieges. Edition Luisenstadt. 1999

Dr. Katzenbergers Badereise

1 »Was uns nicht gehört«, in: Der Spiegel 18/1949 vom 30.4.1949
2 »Seelen«, in: Der Spiegel 11/1949 vom 12.3.1949
3 »Was uns nicht gehört«, in: Der Spiegel 18/1949 vom 30.4.1949
4 »Karl Arnold«, in: Die Zeit 12/1951 vom 22. März 1951
5 Terence Prittie: Konrad Adenauer. Vier Epochen deutscher Geschichte. Frankfurt a.M. 1976, S. 199
6 Peter Merseburger: Der schwierige Deutsche. Kurt Schumacher. Stuttgart 1995, S. 408
7 »Karl Arnold«, in: Die Zeit 12/1951 vom 22. März 1951
8 »Peinlicher Schildbürgerstreich«, in: Die Zeit 25/1949 vom 23. Juni 1949

Die braune Stadt

1 »Falsche Töne von rechts«, in: Die Zeit 22/1949 vom 2.6.1949
2 »Über alles in der Welt«, in: Der Spiegel 11/1949 vom 12.3.1949
3 »Erbe«, in: Der Spiegel 23/1949
4 Herbert Lilge (Hrsg.): Deutschland 1945–1963. Bundeszentrale für politische Bildung. Hannover 1967, S. 87
5 Lilge, S. 64
6 »Endlich Flüchtlingszentrale«, in: Die Zeit 5/1949 vom 3. Februar 1949
7 »Der Flüchtlingsminister«, in: Die Zeit 43/1949 vom 27.10.1949
8 »Lastenausgleich in der Ostzone«, in: Die Zeit 39/1949 vom 29.9.1949
9 »Fragwürdiger Schuss«, in: Der Spiegel 4/1949 vom 22.1.1949
10 Ebenda

Der Stoff, aus dem die Träume sind

1 Richard Lourie: Sacharow. München 2003, S. 152ff.
2 Lourie, S. 155
3 »Erz, Genossen, Erz«, in: Der Spiegel 26/1996 vom 24.6.1996
4 Lourie, S. 151
5 Alexander Hertel: Sowjetische Atombombe: Wettrüsten mit deutscher Hilfe. 29. August 1949: Die Sowjetunion zündet ihre erste Atombombe. MDR.
6 »Erz, Genossen, Erz«, in: Der Spiegel 26/1996 vom 24.6.1996
7 »Stalinismus – Sterben für die Bombe«, in: Die Zeit 26/2005 vom 23. Juni 2005
8 Michael Beleites: Altlast Wismut. Frankfurt a.M. 1992, S. 28
9 Beleites, S. 9

10 Beleites, S. 27
11 Beleites, S. 24
12 »Kanonen statt Zucker«, in: Die Zeit 44/1949 vom 3. November 1949
13 »Schlimmer als Mord«, in: Der Spiegel 25/1949 vom 16. Juni 1949
14 Beleites, S. 19f.
15 »Schlimmer als Mord«, in: Der Spiegel 25/1949 vom 16. Juni 1949
16 Manfred Popp: Hitlers Atombombe. Warum es sie nicht gab, in: Spektrum der Wissenschaft. Heft 12/2016 vom Dezember 2007
17 »Personalien«, in: Der Spiegel 12/1954 vom 17.3.1954
18 »Stalinismus – Sterben für die Bombe«, in: Die Zeit 26/2005 vom 23. Juni 2005
19 »Erz, Genossen, Erz«, in: Der Spiegel 16/1996 vom 24.6.1996

China Connection

1 »Die kleine Lampe schwelte«, in: Der Spiegel 15/1949 vom 9.4.1949
2 »Wunderpille« Pervitin. Drogeneinnahme für das Vaterland. 3sat. https://www.3sat.de/page/?source=/scobel/162187/index.html
3 »Drogen – Deutschlands großer Rauschangriff«, in: Der Tagesspiegel vom 09.07.2012
4 Klinische Wochenschrift, 1938, Heft 36, S. 1257ff.
5 »Zweiter Weltkrieg. Crystal Meth – Sieben Fragen und Antworten zu Hitlers Wunderdroge«, in: Die Welt vom 04.03.2016
6 »Wach und heiter und so weiter«, in: taz vom 30.12.2001
7 Pharmazeutische Waffen – Amphetamine im Krieg, in: »Damals« – Das Magazin für Geschichte vom 17.02.2011 – www.damals.de/de/8/Pharmazeutische-Waffen-â€«-Amphetamine-im-Krieg.html?aid=190224&cp=1&action=showDetails
8 »Wach und heiter und so weiter«, in: taz vom 30.12.2001
9 Baumgärtner, Born, Pauly: Crystal Meth. Berlin 2015, S. 23
10 »Zweiter Weltkrieg. Crystal Meth. Sieben Fragen und Antworten zu Hitlers Wunderdroge«, in: Die Welt vom 04.03.2016
11 »Wach und heiter und so weiter«, in: taz vom 30.12.2001
12 Ebenda
13 Horst Bosetzky: Der kalte Engel. Berlin 2013
14 Baumgärtner, Born, Pauly, S. 26ff.
15 »Die kleine Lampe schwelte«, in: Der Spiegel 15/1949 vom 9.4.1949
16 »Es gibt zu viele«, in: Der Spiegel 30/1950 vom 27. Juli 1950
17 Baumgärtner, Born, Pauly, S. 25

18 »Pharmazeutische Waffen – Amphetamine im Krieg«, in: »Damals« – Das Magazin für Geschichte vom 17.02.2011 – www.damals.de/de/8/Pharmazeutische-Waffen-â€«-Amphetamine-im-Krieg.html?aid=190224&cp=1&action=showDetails

Markgraf und das Mädchen

1 Hans Ehlert und Armin Wagner: Genosse General! Die Militärelite der DDR in biografischen Skizzen. Berlin 2003, S. 479

2 SBZ von 1945 bis 1954. Hrsg. vom Bundesministerium für Gesamtdeutsche Fragen. Berlin 1964, S. 37

3 Volker Koop: Besetzt. Sowjetische Besatzungspolitik in Deutschland. Berlin 2008, S. 265

4 Wolfram Wette: Militarismus in Deutschland. Geschichte einer kriegerischen Kultur. Frankfurt a. M. 2011, S. 221

5 Wolfgang Leonhard: Die Revolution entlässt ihre Kinder. Köln. 23. Auflage. 2006, S. 420

6 Helmuth Müller-Enbergs: Aufstieg und Fall des Wilhelm Zaissers; in: Horch & Guck. Heft 42. 2003

7 Daniel Niemetz: Das feldgraue Erbe. Wehrmachtseinflüsse im Militär der SBZ/DDR. Berlin 2009, S. 275

8 Landesarchiv Berlin LAB, C Rep. 101, Nr. 167

9 Gerhard Keiderling: Um Deutschlands Einheit: Ferdinand Friedensburg und der Kalte Krieg in Berlin. Köln 2009, S. 279

10 Susanne Muhle: Auftrag Menschenraub. Göttingen 2015, S. 275ff.

11 Gerhard Keiderling, S. 171

12 Koop, S. 224

13 Koop, S. 225

14 Koop, S. 226

15 Koop, S. 228

16 Koop, S. 230f.

17 Koop, S. 232f.

18 Koop, S. 234

19 »Vorsicht bei Gesprächen«, in: Der Spiegel 25/1949 vom 16.06.1949

20 Koop, S. 230f.

21 »Remilitarisierung – Fahrgeld zurück«, in: Der Spiegel 30/1951 vom 27.09.1951

22 »Rezept Korea«, in: Der Spiegel 44/1949 vom 27.10.1949

Paraffin

1 »Da staunten die Engländer«, in: Der Spiegel 31/1949 vom 28.07.1949
2 »Aus strategischen Gründen«, in: Der Spiegel 26/1949 vom 23.06.1949
3 »Demontage-Histörchen«, in: Die Zeit 39/1949 vom 29. September 1949
4 »Gestapo-Müller darf weiter demontieren«, in: »Neues Deutschland« vom 8.10.1949
5 »Demontage in Bochum«, in: Die Zeit 2/1949 vom 13.1.1949
6 »Die Woche«, in: Die Zeit 12/1949 vom 24. März 1949
7 Deutscher Bundestag – 11. Sitzung. Bonn, Freitag, den 30. September 1949. Protokoll S. 210ff.
8 »Der Weg zum Demontagefrieden, in: Die Zeit 35/1949 vom 1. September 1949
9 Deutscher Bundestag – 11. Sitzung. Bonn, Freitag, den 30. September 1949. Protokoll S. 210ff.
10 »Der Weg zum Demontagefrieden«, in: Die Zeit 35/1949 vom 1. September 1949
11 »Da staunten die Engländer«, in: Der Spiegel 31/1949 vom 28.07.1949
12 Ebenda

Das Crèmeschnittchen

1 Kraftfahrzeugtechnik 4/1959, S. 141–145 und 8/1959, S. 313–316
2 www.saar-nostalgie.de
3 »Furchtbare deutsche Konkurrenz«, in: Der Spiegel 5/1949 vom 29. Januar 1949
4 Georges Allaert, Yvan Ballaert u. a.: »Die Küstenstraßenbahn«. Oostende 2010, S. 65
5 Jaques Borgé, Nicolas Viasnof: »Renault – l'Empire de Billancourt". Paris 1977. Deutsche Ausgabe: Darmstadt 1980
6 John Bentley, Ferry Porsche: »Porsche. Ein Traum wird Wirklichkeit«. München 1983
7 www.saar-nostalgie.de
8 »Renault 4 CV. Cremeschnittchen zum Sechzigsten«, in: Spiegel-Online vom 07. Mai 2007

Helden der Arbeit

1 »Sonderschicht. Vor 55 Jahren sorgte Adolf Hennecke für Aufsehen«, in: Mitteldeutsche Zeitung vom 10.10.2003
2 Willy Kulke: Helden der Arbeit. Der rennt wie Hennecke. In: Damals – Das Magazin für Geschichte 1/2018

3 »Räder müssen rollen«, in: Der Spiegel 18/1949 vom 30.4.1949
4 Wolfgang Leonhard: Die Revolution entlässt ihre Kinder. Köln 2006, S. 480
5 Leonhard, S. 518
6 Leonhard, S. 520
7 Leonhard, S. 538
8 Leonhard, S. 642
9 »Bergbaumuseum Oelsnitz erforscht ›Heldentat‹ von Adolf Hennecke«, in: »Focus« vom 10.10.2013
10 Leonhard, S. 643f.
11 »Fahnen«, in: Der Spiegel 18/1949 vom 30. April 1949
12 »Es wird gehennecket«, in: Die Zeit 1/49 vom 6. Januar 1949
13 Ebenda
14 »Brigaden«, in: Der Spiegel 9/1949 vom 26.2.1949
15 »Hennecke-Dämmerung«, in: Die Zeit 2/1949 vom 20. Januar 1949
16 »Sonderschicht. Vor 55 Jahren sorgte Adolf Hennecke für Aufsehen«, in: Mitteldeutsche Zeitung vom 10.10.2003
17 http://www.ddr-geschichte.de/Wirtschaft/sozialist__Arbeit/Aktivisten/aktivisten.html
18 »Sonderschicht. Vor 55 Jahren sorgte Adolf Hennecke für Aufsehen«, in: Mitteldeutsche Zeitung vom 10.10.2003
19 WDR: Stichtag. 22. Februar 2010 – Vor 35 Jahren: DDR-Vorzeige-Bergarbeiter Adolf Hennecke stirbt
20 »Eine fast vergessene Aktivistin«, in: Sächsische Zeitung vom 29.09.2003
21 »Weimarer Nationaltheater«, in: Der Spiegel 36/1949 vom 1.9.1949

Abbildungsnachweis

S. 28: © Bundesarchiv/Bild 183-R78389
S. 39: © Hoffmann, Heinrich/Bayerische Staatsbibliothek/bpk
S. 56: © Felicitas Timpe/bpk – Bildagentur
S. 100: © Rudolph/Bundesarchiv/Bild 183-S94715
S. 110: © Bundesarchiv/Bild 183-10087-0001
S. 120: © bpk – Bildagentur
S. 128: © Eschen, Fritz/SLUB/Deutsche Fotothek
S. 138: © bpk – Bildagentur
S. 151: © GERMIN/SLUB/Deutsche Fotothek
S. 173: © Behr, Gerhard/SLUB/Deutsche Fotothek
S. 191: © GERMIN/SLUB/Deutsche Fotothek
S. 207: © Pisarek, Abraham/SLUB/Deutsche Fotothek
S. 211: © Heilig/Bundesarchiv/Bild 183-08749-0001
S. 239: © Peter Kleu/Fotoarchiv Ruhr Museum
S. 255: © Hubmann, Hanns/bpk – Bildagentur
S. 260: © Kolbe, Albert/Bundesarchiv/Bild 183-W0514-301